KB214331

무작정 따라하는
AI 활용 업무혁신 레시피

무작정 따라하는

AI 활용 업무혁신 레시피

정호용, 석재민, 김명석, 한주원 지음

AI, 데이터 분석, RPA, BI 등
최신 기술을 활용한
업무혁신 완벽 가이드!

AI를 활용한 14개의 실전 과제,
따라만 하면 나도 프로가
될 수 있다!

MONOBOOKS

새로운 도구를 쓸 줄 안다는 것은 문제에 접근하는 방식, 문제를 해결하는 방식이 이전과는 달라진다는 것을 의미합니다. 인류 역사를 살펴봐도 새로운 도구를 먼저 손에 쥔 사람들이 승리하는 순간들이 많았습니다. 이제는 디지털 기술이 새로운 도구가 되었습니다. 디지털 기술을 활용하면서 우리는 세상을 더 정확하고 선명하게 볼 수 있게 되었고, 기존에 풀지 못하던 문제를 풀게 되었으며, 이전에 하지 못하거나 생각하지 못했던 혁신적인 일들을 해낼 수 있게 되었습니다.

디지털 기술을 장착하고, 잘 활용할 수 있다면 남들보다 현저히 유리한 고지에서 게임을 시작할 수 있습니다. 이러한 기술에 대해 어떤 관점을 택하느냐에 따라 개인과 기업의 운명이 달라지고 있으며, 이는 국가의 경제성장에까지 영향을 미칩니다.

하지만 디지털 기술의 중요성이 점점 더 커져 가고 있는 데 반해, 대부분의 직장인들에게 디지털 기술은 여전히 어렵고 멀게만 느껴지는 게 사실입니다. 디지털 기술을 다루고 활용하는 것은 일부 개발자나 연구원들처럼 전문가의 일이며, 나와는 관련 없는 기술이라고 생각하는 직장인들이 많습니다. 이 말은 당신에게도 아직 기회가 있다는 것을 의미합니다. 지금부터 시작하면 남들보다 먼저 멋진 도구를 손에 쥐고, 경쟁 우위에 설 수 있다는 뜻입니다. 다행히 디지털 기술은 점점 더 대중화되고, 접근하기도, 배우기도 쉬워지고 있습니다. 기술을 더욱 쉽게 접하고 활용할 수 있는 새로운 도구들도 속속 등장하고 있습니다.

'일프로 시리즈'는 디지털 시대를 살아가야 하는 직장인들, 특히 자신의 일은 똑 부러지게 잘하지만, 디지털 기술에는 영 자신이 없는 직장인들을 위해 시작된 프로젝트입니다. KT는 몇 년 전부터 전체 임직원들을 대상으로 실무형, 프로젝트 중심의 디지털 교육으로 의미 있는 성과를 만들어왔습니다. 그리고 그 과정에서 평범한 직장인들이 AI 인재가 되는 모습을 여러 번 목격했습니다. 본 프로젝트는 KT의 이런 성공 경험을 우리의 고객이고 동료이며 동반자인 여러분들과 함께 나누기 위한 노력입니다.

'일프로 시리즈'는 아직은 어렵고 낯설게만 느껴지는 디지털 기술을 좀 더 쉽게 학습하고, 활용할 수 있도록 준비되었습니다. '기술은 사람의 상상력을 현실로 만드는 도구일 뿐이다'라고 생각합니다. 처음부터 너무 어려운 도구로 배우다가 압도되거나 지레 포기하기보다는, 내가 일상에서 당장 써먹을 수 있는 쉬운 도구로 배우는 것이 가장 좋은 방법이라고 생각합니다. 그래야만 실전에서 제대로 힘을 발휘하는 진짜 내 것으로 만들 수 있습니다.

《무작정 따라하는 AI 활용 업무혁신 레시피》는 AI, 데이터 분석, RPA 등 첨단 기술을 활용해 업무혁신을 이끄는 방법을 소개하는 책입니다. 14개의 실전 예제를 따라하기만 하면 복잡한 기술을 쉽게 이해하고 활용할 수 있도록 돕습니다. 각 예제는 비즈니스 도메인별 문제를 해결하는 방식으로 구성되어 있어, 독자가 자신의 업무와 관련된 예제를 선택해 단계별로 따라가며 학습할 수 있습니다. 이 책의 저자들은 각 분야에서 현역으로 활약하고 있는 전문가들로 실전에서 바로 활용 가능한 다양한 업무 기술들을 얻을 수 있을 것입니다. 이 책이 여러분의 훌륭한 업무 파트너가 되어 내일의 성장을 이끌어 줄 것이라 확신합니다.

KT 인재실
진영심 상무

업무혁신 워크북
소개 및 목적

0 업무혁신 워크북 소개 및 목적

업무혁신 워크북을 통해 배우게 될 내용

안녕하세요. 이 책은 AI를 활용한 업무혁신을 방법을 자세하고 친절하게 알려 주는 워크북입니다. 이 워크북은 AI, 데이터 분석, RPA, BI, 생성형 AI 등 최신 기술을 활용해 업무를 혁신하고자 하는 여러분을 위해 준비했습니다. 처음 접하는 분들도 쉽게 이해하고 적용할 수 있도록 구성했습니다.

여러분은 이 책을 통해 다음과 같은 내용을 배우게 됩니다.

- 문제를 찾아내고 정의하는 방법
- 과제를 구체화하고 실행에 옮기는 과정
- 결과를 도출하고 평가하는 단계

특히, 실제 업무에 바로 적용 가능한 14개의 예제를 통해 직접 실습해 볼 수 있습니다. 이론과 실습을 병행하며 각 기술의 활용법과 그 놀라운 효과를 직접 체감하실 수 있을 겁니다. 더 큰 성과를 얻기 위해서는 다음과 같이 해 보세요.

- 각 장의 내용을 순서대로 학습하세요.
- 실습 예제를 꼭 따라 해 보세요.
- 부록의 추가 자료, 용어 사전, FAQ, 예제 코드를 적극 활용하세요.

여러분의 아이디어와 이 책의 가이드가 만나 놀라운 혁신이 이루어질 거라 확신합니다. 작은 변화가 큰 혁신으로 이어지는 순간을 함께 만들어갑시다.

자, 이제 출발할 준비가 되셨나요? 혁신의 세계로 함께 떠나볼까요?

업무혁신 워크북의 구성 및 활용 방법

이 워크북은 두 개의 핵심 파트로 구성되어 있어, 단계별로 쉽게 따라하며 배울 수 있습니다. 여러분의 업무 혁신 여정에 든든한 동반자가 되어 줄 것입니다.

Part I : 무작정 따라하면 되는 업무혁신 내비게이션

ㆍ 업무 현장에서 바로 적용 가능한 14개의 혁신 사례를 소개합니다.

ㆍ 각 사례는 내비게이션처럼 따라만 하면 되도록 상세한 가이드를 제공합니다.

ㆍ 필요한 데이터와 코드가 상세하게 모두 준비되어 있습니다.

ㆍ 이를 통해 복잡해 보이는 기술도 쉽게 익히고, 자신감을 얻을 수 있습니다.

Part II : 업무혁신 과제 레시피

ㄴ 문제 발견부터 해결까지, 혁신의 전 과정을 함께 걸어갑니다.

ㄴ 직관과 체계적인 방법을 모두 활용하여 진짜 문제를 찾아냅니다.

ㄴ 데이터를 중심으로 문제를 명확히 정의하고, 다양한 관점에서 바라봅니다.

ㄴ AI, 데이터 분석, RPA, BI, 생성형 AI 등 최신 기술을 어떻게 활용할지 구체적으로 안내합니다.

ㄴ 여러분의 아이디어를 실제 프로젝트로 구현하는 방법을 상세히 설명합니다.

이 워크북과 함께라면, 복잡해 보이는 기술도 두렵지 않습니다. 한 걸음씩 나아가다 보면, 어느새 여러분도 업무혁신의 주인공이 되어 있을 것입니다.

'업무혁신 과제' 레시피

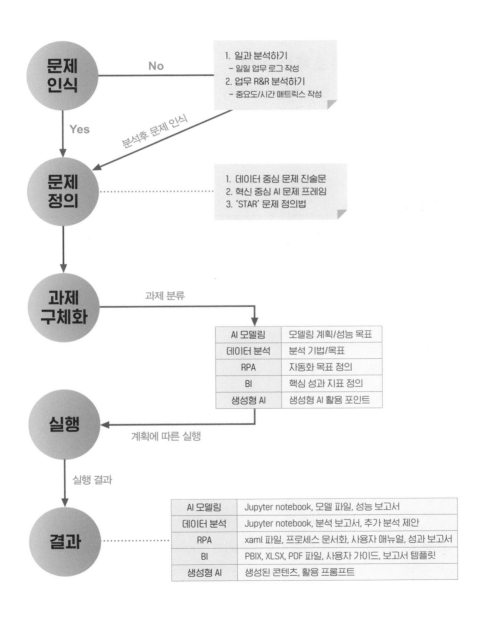

문제 인식

No →
1. 일과 분석하기
   - 일일 업무 로그 작성
2. 업무 R&R 분석하기
   - 중요도/시간 매트릭스 작성

Yes ↓

분석후 문제 인식 →

문제 정의

1. 데이터 중심 문제 진술문
2. 혁신 중심 AI 문제 프레임
3. 'STAR' 문제 정의법

↓

과제 구체화

과제 분류 →

AI 모델링	모델링 계획/성능 목표
데이터 분석	분석 기법/목표
RPA	자동화 목표 정의
BI	핵심 성과 지표 정의
생성형 AI	생성형 AI 활용 포인트

실행

계획에 따른 실행 →

↓ 실행 결과

결과

AI 모델링	Jupyter notebook, 모델 파일, 성능 보고서
데이터 분석	Jupyter notebook, 분석 보고서, 추가 분석 제안
RPA	xaml 파일, 프로세스 문서화, 사용자 매뉴얼, 성과 보고서
BI	PBIX, XLSX, PDF 파일, 사용자 가이드, 보고서 템플릿
생성형 AI	생성된 콘텐츠, 활용 프롬프트

CONTENTS

Part I

- 업무 현장에서 바로 적용 가능한 14개의 혁신 사례를 소개합니다.
- 각 사례는 내비게이션처럼 따라만 하면 되도록 상세한 가이드를 제공합니다.
- 필요한 데이터와 코드가 자세하게 모두 준비되어 있습니다.
- 이를 통해 복잡해 보이는 기술도 쉽게 익히고, 자신감을 얻을 수 있습니다.

무작정 따라하면 되는
업무혁신 내비게이션

업무혁신 내비게이션
활용법

내비게이션 사용법

'업무혁신 내비게이션'은 AI, 데이터 분석, RPA 등 최신 기술을 활용한 혁신의 여정으로, 여러분을 안내할 믿음직한 동반자입니다. 처음 접하는 기술이 어렵게 느껴지더라도 걱정하지 마세요. 이 내비게이션은 누구나 쉽게 따라갈 수 있도록 세심하게 설계되었답니다.

내비게이션의 목적

이 책의 목적은, 누구나 쉽게 따라 할 수 있는 14개의 예제를 통해 다양한 비즈니스 혁신 방법을 배우고 적용하는 것입니다. 이 내비게이션이 안내하는 대로 따라만 하면 여러분은 새로운 기술과 방법을 활용하여 업무 효율성을 높이고, 더 나은 결과를 얻을 수 있습니다.

내비게이션의 활용 방법

1. 예제 선택하기

◆ 내비게이션에는 14개의 예제가 있습니다. 각 예제는 특정 비즈니스 도메인과 관련된 문제를 해결하는 방법을 보여줍니다.

◆ 예제를 선택할 때는 여러분의 업무와 가장 관련성이 높은 예제를 고르면 됩니다. 예를 들어, 마케팅 업무를 혁신하고 싶다면, 마케팅 관련 예제를 선택하세요.

2. 예제 따라하기

◆ 각 예제는 단계별로 설명되어 있습니다. 단계를 하나씩 따라가면서 예제를 완성하세요.

◆ 예제는 간단한 설명과 함께, 필요한 도구와 자료를 제공하며, 여러분이 쉽게 따라 할 수 있도록 돕습니다.

3. 도구 설치 및 설정

◆ 예제를 따라하기 위해 필요한 도구를 설치하고 설정합니다. 예를 들어, 데이터 분석 예제는 Excel이나 특정 소프트웨어를 사용할 수 있습니다.

◆ 도구 설치가 어려운 경우, 설명서나 온라인 튜토리얼을 참고하세요.

4. 데이터 수집 및 준비

◆ 예제를 수행하기 위해 필요한 데이터를 수집합니다. 데이터는 여러분의 비즈니스 도메인과 관련된 정보일 수 있습니다.

◆ 데이터를 정리하고, 필요한 경우 전처리 과정을 거쳐 분석에 적합한 형태로 만듭니다.

5. 단계별 실행

◆ 각 단계는 구체적인 작업 내용과 목표를 포함하고 있습니다. 예제를 단계별로 차근차근 실행하면 자연스럽게 익힐 수 있습니다.

◆ 단계를 실행하면서 궁금한 점이 생기면, 설명서를 참고하거나 추가 자료를 찾아보세요.

6. 결과 확인 및 적용

◆ 예제를 완료한 후, 결과를 확인하고, 여러분의 업무에 어떻게 적용할 수 있을지 생각해 보세요.

◆ 결과를 분석하여, 개선할 점이나 추가로 시도해 볼 수 있는 방법을 찾아보세요.

예제로 살펴보는 업무혁신

현물 REC 매도 적정 시기 및 시세 예측

#AI #데이터 사이언스 #AIDUez #2023 우수

현물 REC 매도 업무에 너무 많은 시간이 소요되는 것 같아.
어떻게 하면 이 과정을 더 효율적으로 만들 수 있을까?

업무 시간을 체계적으로 분석해 보면 어떨까?
2주 정도 일일 업무 로그를 작성하고, 시간 사용 패턴을 분석해 보자!

날짜	업무 내용	소요 시간	주요 활동	문제점
6/1	시장 데이터 수집	2시간	REC 거래 가격, 거래량 조사	데이터 다양, 수집 시간 과다
6/3	데이터 분석	2시간	Excel 활용 데이터 정리	수동 작업으로 인한 오류 발생
6/4	시세 예측 및 의사 결정	4시간	과거 데이터 기반 시세 분석 및 매도 시기 의사 결정	예측의 정확도 낮음
...	...	...	...	...

혁신 과제에서 문제 인식은 전체 프로젝트의 방향을 결정짓는 핵심 단계입니다. 정확한 문제 인식은 효과적인 해결책 도출로 이어지며, 조직의 자원을 효율적으로 활용할 수 있게 합니다. 이 단계는 전체 프로세스의 기반이 되어 후속 단계들의 성공을 좌우합니다.

김도준 대리는 KT 신재생에너지사업팀에서 근무하고 있습니다. 그는 최근 AX 디그리의 디지털 리터러시 과정을 수강하면서 자신의 업무 효율성을 높이고 싶다는 생각을 하게 되었습니다. 특히, REC 매도 시기 결정과 시세 예측에 많은 시간과 노력이 소요되는 문제를 개선하고 싶다는 생각을 했습니다.

김 대리는 여러 문제 인식 방법 중 '일과 분석'을 선택했습니다. 이 방법은 일상적인 업무 패턴을 체계적으로 분석할 수 있어, 그의 업무 특성에 적합하다고 판단했습니다. 그는 이를 통해 시간 사용의 비효율성과 개선 포인트를 명확히 파악할 수 있을 것으로 기대했습니다. 직관적 접근이나 타 부서와의 비교 분석 등 다른 방법들도 고려했지만, 객관적인 데이터에 기반한 분석이 필요하다고 생각했습니다.

김 대리는 2주 동안 자신의 업무 로그를 꼼꼼히 기록했습니다. 그는 날짜, 업무 내용, 소요 시간, 주요 고민사항, 개선해야 할 점 등을 표로 정리했습니다. 정리한 표를 분석하면서 김 대리는 REC 시세 데이터 수집, 외부 요인 분석, 시세 예측 모델 구축 등에 상당한 시간이 소요됨을 발견했습니다. 특히, 예측의 정확도 부족과 의사결정의 주관성이 큰 문제점으로 나타났습니다.

분석 결과, 김 대리는 다음 세 가지 주요 문제점을 파악했습니다.

① 데이터 수집 및 분석에 많은 시간 소요

② 예측 정확도 부족으로 인한 비효율적인 의사결정

③ 외부 요인의 복잡성으로 인한 높은 불확실성.

이러한 문제 인식은 그동안 막연하게 느꼈던 어려움의 실체를 명확히 보여주었고, 개선이 필요한 핵심 영역을 식별하는 데 도움을 주었습니다.

문제 인식 과정에서는 객관성을 유지하는 것이 중요합니다. 자신의 업무를 비판적으로 바라보고, 데이터에 기반한 분석을 수행하세요. 또한, 동료들의 의견을 듣거나 타 부서의 사례를 참고하는 것도 도움이 될 수 있습니다. 자신의 업무 환경에 가장 적합한 문제 인식 방법을 선택하고, 필요하다면 여러 방법을 조합하여 사용하는 것도 고려해 보세요. 마지막으로, 문제 인식은 일회성 과정이 아니라 지속적으로 수행해야 하는 활동임을 명심하세요.

문제 정의

현물 REC 매도 프로세스의 비효율성이 명확해졌어. 그럼 이 문제를 어떻게 해결할 수 있을까? 혁신 중심 AI 문제 프레임을 사용해서 문제를 정의해 보자!

[기존 방식]을 넘어서 [혁신적 AI/데이터 접근]을 통해 [핵심 비즈니스 과제]를 해결하여 [파급 효과]를 [기간] 내에 실현하는 방법은 무엇일까?

구성 요소	내용
기존 방식	수동적인 시장 분석과 직관에 의존한 의사결정
혁신적 AI/데이터 접근	AI 기반 예측 모델을 통한 현물 REC 매도 적정 시기 및 시세 예측
핵심 비즈니스 과제	현물 REC 매도 프로세스 효율화 및 수익성 개선
파급 효과	연간 수익률 10% 향상 및 의사결정 시간 50% 단축
기간	1개월 (다음 달)

수동적인 시장 분석과 직관에 의존한 의사결정을 넘어서 AI 기반 예측 모델을 통해 현물 REC 매도 적정 시기 및 시세를 예측하여 다음 달의 매도 수익률을 10% 향상시키고 의사결정 시간을 50% 단축하는 방법은 무엇인가?

김도준 대리는 현물 REC 매도 프로세스의 비효율성을 인식한 후, 이 문제를 구체적으로 정의해야 할 필요성을 느꼈습니다. 문제 정의는 해결 방향을 결정짓고 혁신 과제의 목표와 범위를 명확히 합니다. 이는 효과적인 해결책 도출과 프로젝트 성공 가능성을 높이는 핵심 요소입니다.

김 대리는 '혁신 중심 AI 문제 프레임'을 선택했습니다. 이 방법은 기존 방식과 혁신적 접근을 대비시키고, 구체적인 목표와 기간을 설정하여 문제를 정의합니다. AI 기술을 활용한 혁신적 해결책을 도출하는 데 적합하다고 판단했기 때문입니다.

김 대리는 다음 단계에 따라 문제를 정의했습니다.

① 팀원들과 현 프로세스의 비효율성을 주제로 토론
② 기존 방식의 한계점 파악
③ AI 기술 활용의 필요성 공감대 형성
④ 혁신 중심 AI 문제 프레임을 활용해 문제 구조화
⑤ 구체적이고 측정 가능한 목표 설정
⑥ 목표 달성을 위한 시간 프레임 설정

'AI 기반 예측 모델을 통해 현물 REC 매도 적정 시기 및 시세를 예측하여 다음 달의 매도 수익률을 10% 향상시키고 의사결정 시간을 50% 단축하는 방법은 무엇인가?'

이 정의는 현 문제점, 혁신적 접근 방법, 구체적 목표, 시간 프레임을 포함하며, 측정 가능한 목표를 제시하여 프로젝트 성공 여부를 객관적으로 평가할 수 있게 합니다.

이 문제 정의를 바탕으로 김 대리는 필요한 데이터, AI 모델 유형, 실행 계획 등 과제 구체화 단계를 진행할 수 있게 되었습니다. 명확한 문제 정의는 프로젝트의 방향을 안내하고 팀의 노력을 집중시킵니다.

효과적인 문제 정의를 위해서는 현재 상황을 객관적으로 분석하고, 측정 가능한 구체적인 목표를 설정하는 것이 중요합니다. 또한, 문제 정의 과정에 이해관계자들을 참여시켜 다양한 관점을 반영하는 것이 좋습니다. 학습자들은 자신의 과제에 이를 적용할 때, 너무 광범위하거나 모호한 문제 정의를 피하고, 구체적이고 실행 가능한 형태로 문제를 정의하도록 주의해야 합니다. 마지막으로, 문제 정의는 프로젝트 진행 중에도 새로운 인사이트에 따라 조정될 수 있다는 점을 유념하세요.

{ AI를 활용해 현물 REC 매도 프로세스를 개선하자!
어떤 데이터와 모델이 필요할지 구체화하자. }

항목	내용
문제 유형 정의	분류 문제 (현물 REC 매도 적정/부적정 시기 분류)
모델링 접근 방식	AIDUez 플랫폼을 활용한 노코드 기반 딥러닝 모델링
가용 인프라	KT 내부 데이터베이스, 공공 데이터 포털, AIDUez 플랫폼
데이터 및 활용 변수	- 과거 3년간 일별 REC 거래 데이터 - 전력 수요 데이터 - 신재생에너지 생산량 데이터 - 경제 지표 데이터
데이터 확보 여부	KT 내부 데이터베이스 및 공공 데이터 포털에서 수집
모델링 성능 목표	정확도 85% 이상

김도준 대리는 현물 REC 매도 프로세스 개선을 위한 문제 정의를 마친 후, 이를 실행 가능한 과제로 구체화해야 할 필요성을 느꼈습니다. 과제 구체화는 추상적인 아이디어를 실제 실행 가능한 계획으로 변환하는 중요한 단계입니다. 이 과정을 통해 프로젝트의 범위, 필요한 자원, 그리고 기대 효과를 명확히 할 수 있어, 성공적인 프로젝트 수행의 기반이 됩니다.

김 대리는 AI 과제로 현물 REC 매도 적정 시기 예측을 선택했습니다. 복잡한 문제를 해결하기 위해선 대량의 데이터를 처리하고 패턴을 인식하는 AI의 능력이 필요하다고 판단했기 때문입니다. AI를 활용함으로써 직관에 의존하던 기존 방식에서 벗어나, 더 정확하고 객관적인 의사결정이 가능해졌습니다.

김 대리는 먼저 문제 유형을 '분류 문제'로 정의했습니다. 현물 REC 매도 시기를 '적정'과 '부적정'으로 분류하는 것이 목표이기 때문입니다. 모델링 접근 방식으로는 AIDUez 플랫폼을 활용한 노코드 기반 딥러닝 모델링을 선택했습니다. 이는 김 대리의 코딩 능력과 시간적 제약을 고려한 선택이었습니다. 데이터 및 활용 변수를 정의하는 과정에서, 김 대리는 과거 3년간의 REC 거래 데이터뿐만 아니라 전력 수요, 신재생에너지 생산량, 경제 지표 등 다양한 변수를 고려해야 한다는 것을 깨달았습니다. 데이터 확보 방법을 검토하면서, KT 내부 데이터베이스와 공공 데이터 포털을 활용할 수 있다는 점을 확인했습니다. 마지막으로, 모델링 성능 목표를 정확도 85% 이상으로 설정하여 구체적이고 측정 가능한 목표를 수립했습니다.

김 대리는 과제 수행 계획을 다음과 같이 수립했습니다.

① 데이터 수집 및 전처리
② AIDUez 데이터 업로드
③ 딥러닝 모델 구축 및 학습
④ 모델 평가 및 최적화
⑤ 예측 시스템 및 의사결정 지원 대시보드 구축

각 단계에서 예상되는 주요 도전 과제로는 데이터의 품질 확보, 적절한 모델 구조 설계, 그리고 모델의 해석 가능성 확보 등이 있었습니다.

이 과제를 통해 김 대리는 현물 REC 매도 수익률을 10% 이상 향상시키고, 의사결정 시간을 50% 이상 단축할 수 있을 것으로 기대했습니다. 또한, 이 프로젝트를 통해 KT 신재생에너지사업팀에 데이터 기반 의사결정 프로세스가 확립될 것으로 예상했습니다. 이는 단순히 현물 REC 매도 프로세스 개선을 넘어, 조직 전체의 디지털 혁신을 촉진하는 계기가 될 것으로 보았습니다.

과제 구체화를 통해 얻은 명확한 계획은 실행 단계의 로드맵 역할을 합니다. 김 대리는 이제 어떤 데이터를 어떻게 수집하고, 어떤 모델을 사용할지, 그리고 어떤 성과를 기대할 수 있는지 명확히 알게 되었습니다. 이는 프로젝트의 방향성을 명확히 하고, 팀원들과의 효과적인 커뮤니케이션을 가능하게 하여 전체 프로젝트의 성공 가능성을 높입니다.

김도준 대리는 현물 REC 매도 프로세스 개선을 위한 과제 구체화를 마치고 실행 단계로 진입했습니다. 실행 단계는 계획을 현실로 옮기는 중요한 과정으로, 프로젝트의 성패를 좌우합니다. 이 단계에서 김 대리는 데이터를 수집하고 모델을 구축하며, 실제로 AI 기반 예측 시스템을 만들어내게 됩니다.

실행

AI 모델을 구축하고 현물 REC 매도 프로세스를 개선할 시간이야!
데이터를 준비하고, 모델을 만들어 성능을 높여보자.

● 실행과정

단계	내용
데이터 수집 및 전처리	– KT 내부 DB와 공공 데이터 포털에서 3년 치 데이터 수집 – 학습용(70%)과 테스트용(30%) 데이터 분할
모델링 및 성능평가	– AIDUez 플랫폼에서 전처리 데이터 업로드 – 딥러닝 분류 모델 선택 및 하이퍼파라미터 설정 – 모델 학습 실행 및 테스트 데이터로 성능평가
모델 최적화	– 필요 시 하이퍼파라미터 조정 및 재학습 – 모델 성능이 목표(정확도 85% 이상)에 도달할 때까지 반복

● 데이터 수집 및 전처리

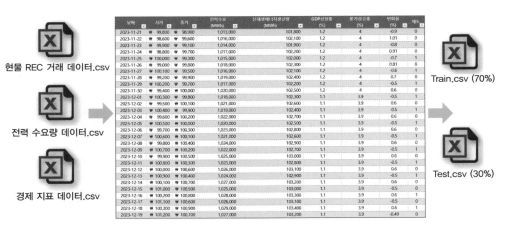

현물 REC 거래 데이터.csv

전력 수요량 데이터.csv

경제 지표 데이터.csv

Train.csv (70%)

Test.csv (30%)

AIDUez에는 단일 테이블 데이터를 업로드해서 학습을 할 수 있으니,
수집한 데이터를 한 개의 테이블로 만들어 보자!

● 모델링 및 성능평가 과정 [전처리]

전처리한 CSV 파일을 불러와 데이터를 전처리 분석해 보자!

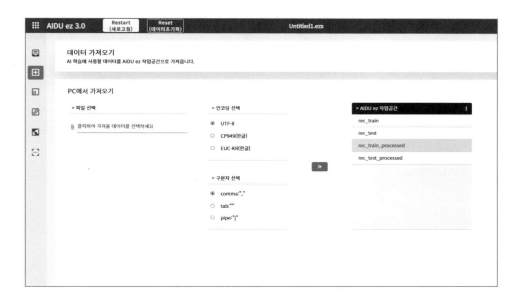

전력수요, 시가 등 데이터가 모두 연속형 변수이니 Standard Scaler로
스케일을 조정하는 게 좋겠어!

모델링 및 성능평가 과정 [모델링]

분류 문제로 설정하고 우선은 가장 작은 모델을 바탕으로 학습을 시작해 보자!

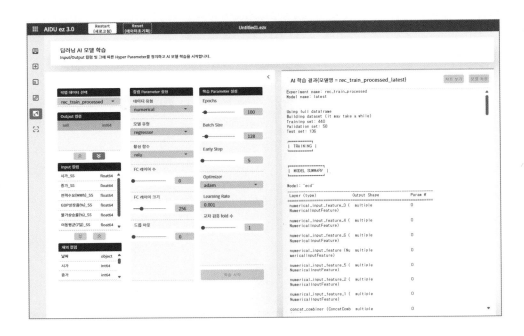

```
===== CROSS VALIDATION 'sell' =====
| index  |     loss  |     error  | mean_squared_error  | mean_absolute_error  |        r2  |
|:-------|----------:|-----------:|--------------------:|---------------------:|-----------:|
| fold_1 | 1.01606   | -0.132539  |             1.01606 |             0.770854 | -0.0500944 |
| fold_2 | 1.09138   | -0.0758703 |             1.09138 |             0.771602 | -0.0327483 |
| mean   | 1.05372   | -0.104205  |             1.05372 |             0.771228 | -0.0414214 |
| std    | 0.0376593 |  0.0283345 |           0.0376593 |          0.000374079 |  0.00867301 |

===== The 'fold_1' model has the lowest loss. 'fold_1' model is saved!! =====
```

크기가 작은 모델인데도, 검증 데이터에서는 각 성능 지표에서 성능이
준수하게 나오는 것 같네!? 테스트 데이터에서도 준수하게 나올까?

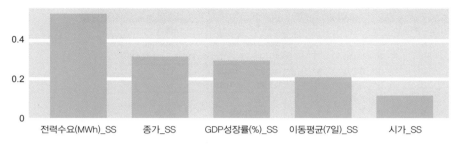

┃ sell_1 변수의 상위 5개 변수의 영향도

전력 수요 데이터가 가장 영향도가 높네. 다음 성능 개선 시 참고해야겠어!

● 모델링 및 성능평가 과정 (성능평가)

테스트 데이터로 결과를 출력해서 엑셀을 활용해 정확도를 확인해 보자!

	A	B	C	D	E	F	G	H	I
1	TRUE	PRED	CORRECT				예측		
2	0	0	TRUE		Confusion Matrix		(Predicted)		
3	0	0	TRUE				TRUE	FALSE	
4	0	0	TRUE		실제	TRUE	11	4	
5	0	0	TRUE		(Actual)	FALSE	7	104	
6	0	0	TRUE						
7	0	0	TRUE		Accuracy		91%		
8	0	0	TRUE		Precision		61%		
9	0	0	TRUE		Recall		73%		
10	0	0	TRUE		F1-Score		67%		
11	0	0	TRUE						
12	1	1	TRUE		실 매도 수입		₩	72,420,000	
13	0	0	TRUE		AI 매도 수입		₩	68,192,000	
14	0	1	FALSE		수익률		-6%		
15	0	0	TRUE						
16	0	0	TRUE						

> 예상은 했지만, 오히려 수입이 떨어졌네. 특히 정확도가 높다고 결과가 좋은 건
> 아니었어. 다른 지표로도 평가해 보고 실제 수익률로 성능을 평가해야겠어.

● 모델링 및 성능평가 과정 (모델링)

> 모델의 파라미터를 점점 늘려가면서 성능을 개선해 보자!

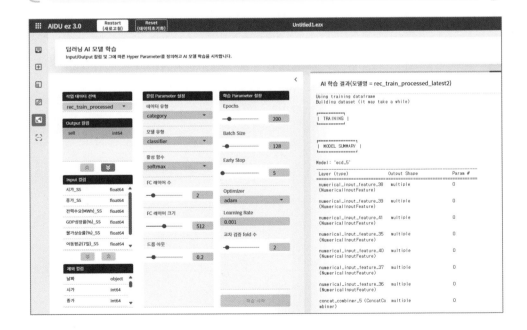

	A	B	C	D	E	F	G	H	I
1	TRUE	PRED	CORRECT				예측		
2	0	0	TRUE		Confusion Matrix		(Predicted)		
3	0	0	TRUE				TRUE	FALSE	
4	0	0	TRUE		실제	TRUE	13	2	
5	0	0	TRUE		(Actual)	FALSE	2	109	
6	0	0	TRUE						
7	0	0	TRUE		Accuracy		97%		
8	0	0	TRUE		Precision		87%		
9	0	0	TRUE		Recall		87%		
10	0	0	TRUE		F1-Score		87%		
11	0	0	TRUE						
12	1	1	TRUE		실 매도 수입	₩	72,420,000		
13	0	0	TRUE		AI 매도 수입	₩	95,192,000		
14	0	0	TRUE		수익률		31%		
15	0	0	TRUE						
16	0	0	TRUE						

> 많은 실험과 반복 끝에 드디어 높은 성능을 보이는 AI 모델을 모델링 했어!

김도준 대리는 현물 REC 매도 프로세스 개선을 위한 AI 모델 구축에 착수했습니다.

김 대리는 KT 내부 DB와 공공 데이터 포털에서 3년 치 REC 거래 데이터, 전력 수요량 데이터, 그리고 경제지표 데이터를 수집했습니다. AIDUez 플랫폼의 요구사항에 맞춰, 이 다양한 데이터를 단일 테이블로 통합했습니다. 데이터 품질 확보를 위해 결측치 처리와 이상치 제거 작업을 수행했고, 날짜를 기준으로 학습용(70%)과 테스트용(30%) 데이터로 나눴습니다.

전처리 단계에서 김 대리는 연속형 변수인 전력수요, 시가 등의 데이터에 Standard Scaler를 적용하여 스케일을 조정했습니다. 이는 모델의 학습 효율을 높이기 위한 중요한 단계입니다.

모델링에서는 분류 문제로 접근하여, 가장 단순한 모델부터 시작했습니다. AIDUez 플랫폼에 데이터를 업로드하고, 딥러닝 분류 모델을 선택했습니다. 초기 모델은 검증 데이터에서 준수한 성능을 보였지만, 김 대리는 테스트 데이터에서의 성능도 확인해야 한다는 점을 인지했습니다.

성능평가 과정에서 중요한 발견이 있었습니다. 단순히 모델의 정확도가 높다고 해서 실제 비즈니스 성과(수익률)가 향상되는 것은 아니었습니다. 이에 김 대리는 정확도 외에 매도 수익률과 같은 직관적인 지표로 모델의 성능을 평가해야 한다는 것을 깨달았습니다.

목표 정확도인 85%를 달성했지만 Recall, Precision, 지표는 만족스럽지 못했고, 실제 수익률도 실제 테스트 데이터에서 김 대리의 의사결정으로 낸 수익률보다 6% 낮은 수치였습니다.

김 대리는 성능 조정을 위해 AIDUez 플랫폼에서 제공하는 하이퍼파라미터 조정 기능을 활용하여 모델의 파라미터를 점진적으로 조정하여 모델링을 반복하였습니다. 이 과정에서 전력수요 데이터가 모델 성능에 큰 영향을 미친다는 점을 발견하고, 이를 중점적으로 고려하여 모델을 개선했습니다. 많은 실험과 반복 끝에, 김 대리는 마침내 높은 성능을 보이는 AI 모델을 구축하는 데 성공했습니다.

김 대리의 노력은 놀라운 결과로 이어졌습니다. AI 모델을 통한 성능 개선으로 추가 수익률이 31% 향상될 것으로 예상되었습니다. 이는 당초 목표였던 10%를 크게 상회하는 수치였습니다. 그는 이를 바탕으로 현물 REC 매도 프로세스의 개선 효과를 구체적인 수치로 제시할 수 있게 되었습니다. 또한, 모델의 예측 결과와 실제 시장 상황을 비교 분석함으로써, 추가적인 인사이트를 도출하고 모델의 지속적인 개선 방향을 설정할 수 있게 되었습니다.

AI 프로젝트를 실행할 때는 데이터의 품질이 결과의 질을 좌우한다는 점을 항상 기억해야 합니다. 따라서 데이터 수집과 전처리에 충분한 시간을 투자하세요. 또한, 모델의 성능뿐만 아니라 해석 가능성도 중요하게 고려해야 합니다. 복잡한 모델이 항상 최선의 선택은 아니며, 때로는 간단하지만 해석 가능한 모델이 실무에서 더 유용할 수 있습니다. 마지막으로, AI 모델은 한 번 만들고 끝나는 것이 아니라 지속적인 모니터링과 업데이트가 필요하다는 점을 명심하세요. 프로젝트 종료 후에도 모델의 성능을 주기적으로 검토하고, 필요 시 재학습을 수행하는 계획을 세우는 것이 좋습니다.

현물 REC 매도 프로세스의 비효율성이 명확해졌어. 이제 이 문제를 어떻게 해결할 수 있을까? 혁신 중심 AI 문제 프레임을 사용해서 문제를 정의해 보자!

비즈니스 임팩트
REC 거래 수익률 : 전월 대비 30% 향상 (목표 10% 초과 달성)
연간 추정 수익 증가 : 약 2억 원 (REC 거래 규모 가정)
업무 효율성 향상 : 데이터 수집 및 분석 시간 80% 감소

● 결과 산출물

항목	내용
AIDUez 공유	– 데이터 전처리, 모델링, 성능평가 과정 상세 기록 – AIDUez 플랫폼 사용 과정 설명
모델링 파일 저장 및 관리	– 최종 모델 파일 : 'REC_prediction_model.h5' – 모델 아키텍처 및 가중치 저장 – KT 내부 서버에 백업 및 버전 관리
성능 보고서	– 최종 모델 수익률 : 31% – 혼동 행렬, 정밀도 – 재현율 곡선 포함 – 주요 예측 변수 중요도 : 전력 수요, 종가 순 – 기존 수동 예측 방식 대비 성능 향상 분석

김도준 대리의 현물 REC 매도 프로세스 개선 프로젝트가 실행 단계를 마치고 결과 도출 단계에 접어들었습니다. 이 단계는 프로젝트의 성과를 측정하고 비즈니스 가치를 입증하는 중요한 과정입니다. 결과 도출을 통해 AI 모델의 실제 성능과 비즈니스 임팩트를 확인할 수 있습니다.

김 대리는 AIDUez 플랫폼에서 수행한 모든 작업을 상세히 기록했습니다. 데

이터 전처리 과정, 모델 구축 단계, 성능평가 방법 등을 단계별로 정리하여 팀원들과 공유했습니다. 주요 코드와 시각화 자료를 포함하여 프로젝트의 전 과정을 추적할 수 있도록 했으며, 특히 AIDUez 플랫폼의 사용 방법과 노하우를 상세히 기록하여 향후 유사 프로젝트에 활용할 수 있도록 했습니다.

최종 모델은 'REC_prediction_model.h5' 파일로 저장되었습니다. 이 파일에는 모델의 아키텍처와 학습된 가중치가 포함되어 있습니다. 김 대리는 모델의 버전 관리를 위해 KT 내부 서버에 백업을 수행하고, 버전별 성능과 특징을 문서로 만들었습니다. 또한, 모델 재현성을 위해 사용된 데이터셋과 하이퍼파라미터 설정도 함께 저장했습니다.

김 대리는 모델의 성능을 다각도로 평가하고 이를 보고서로 작성했습니다. 최종 모델의 정확도는 97.5%, 수익은 전월 대비 30% 증가하였습니다. 성능평가를 위해 혼동 행렬, 정밀도–재현율 곡선 등 다양한 평가 지표를 사용했으며, 이를 시각화하여 보고서에 포함했습니다. 또한, 변수 중요도 분석을 통해 전력 수요, REC 종가가 예측에 가장 큰 영향을 미치는 요인임을 밝혀냈습니다. 기존의 수동 예측 방식과 비교하여 AI 모델의 우수성을 입증하는 내용도 보고서에 포함되었습니다.

이 프로젝트의 결과는 KT 신재생에너지사업팀에 큰 영향을 미쳤습니다. REC 거래 수익률이 전월 대비 30% 향상되어 당초 목표인 10%를 초과 달성했으며, 매도 의사결정 시간은 65% 단축되어 목표인 50%를 크게 상회했습니다. 이는 연간 약 2억 원의 추가 수익 증가로 이어질 것으로 추정합니다. 또한, 데이터 수집 및 분석 시간이 80% 감소하여 업무 효율성이 크게 향상되었습니다. 이러한 성과는 KT의 신재생에너지 사업 경쟁력을 크게 강화하고, 데이터 기반 의사결정 문화를 조성하는 데 기여했습니다.

프로젝트의 성공을 바탕으로, 김 대리는 몇 가지 향후 계획을 수립했습니다. 먼저, 모델의 지속적인 성능 모니터링 및 재학습 체계를 구축하여 시장 변화에 대응할 계획입니다. 장기적으로는 이 AI 모델을 다른 신재생에너지 거래 분야로 확장 적용할 계획이며, 실시간 시장 변화에 더욱 민첩하게 대응하기 위해 강화학습 모델 도입도 검토 중입니다. 이러한 계획들은 KT의 신재생에너지 사업에서 추가적인 가치를 창출하고 시장 선도적 위치를 강화하는 데 기여할 것으로 기대합니다.

이번 프로젝트를 통해 김 대리는 AI 기술의 실무 적용 능력을 크게 향상시켰습니다. 특히 AIDUez 플랫폼을 활용한 노코드 기반의 AI 모델링 경험은 매우 유익했습니다. 프로젝트 초기에는 복잡한 시장 데이터를 AI 모델에 적용하는 것에 어려움을 겪었지만, 팀원들과의 협력과 지속적인 학습을 통해 이를 극복할 수 있었습니다. 또한, 비즈니스 문제를 AI 문제로 전환하는 과정에서 문제 정의의 중요성을 깊이 이해하게 되었습니다. 이러한 경험은 향후 다른 비즈니스 영역에서의 AI 프로젝트에도 큰 도움이 될 것입니다.

이 프로젝트는 AI 기술을 실제 비즈니스 문제에 성공적으로 적용한 사례로, KT의 디지털 혁신을 가속화하는 데 큰 역할을 했습니다. 김도준 대리 개인에게는 AI 전문가로서의 역량을 인정받는 계기가 되었으며, KT 조직 전체에는 데이터 기반 의사결정의 중요성을 각인시켰습니다. 앞으로 AI 기술은 에너지 거래뿐만 아니라 다양한 비즈니스 영역에서 더욱 광범위하게 활용될 것으로 전망됩니다. 이번 프로젝트의 성공 사례를 바탕으로, KT는 AI를 활용한 비즈니스 혁신을 지속적으로 추진할 계획입니다.

2 통신사 고객 이탈 여부 예측

#AI #데이터 사이언스 #파이썬 #2023 우수

최근 우리 KT의 고객 이탈률이 증가하는 것 같아. 특히 장기 고객들의 이탈이 눈에 띄는데, 어떻게 하면 이 문제를 정확히 파악할 수 있을까?

고객 서비스 센터의 피드백을 분석해 보는 건 어떨까요? 최근 접수된 고객 불만 사항이나 문의 내용을 살펴보면 유용한 인사이트를 얻을 수 있을 것 같아요.

● 고객 피드백 분석 테이블

피드백 유형	비율(%)	주요 내용	고객 유형	이탈 위험도
요금 관련	35%	경쟁사 대비 높은 요금제	2년 이상 장기 고객	높음
네트워크 품질	25%	데이터 속도 저하 불만	데이터 heavy user	중간
고객 서비스	20%	응대 지연 및 불친절	전 연령대	중간
약정 관련	15%	장기 약정에 대한 부담	신규 및 재계약 고객	낮음
단말기 혜택	5%	기기 변경 시 혜택 부족	2년 이상 장기 고객	높음

이 데이터를 보니 장기 고객들의 불만이 특히 높네요.
요금과 네트워크 품질 개선이 시급해 보입니다. 또한, 고객 서비스 품질도
전반적으로 향상시켜야 할 것 같아요.

KT의 고객 이탈 문제는 주로 장기 고객들의 요금 불만과 서비스 품질 저하에 기인한 것으로 파악되었습니다. 특히 데이터 사용량이 많은 고객들의 불만이 높아, 이들을 대상으로 한 맞춤형 대책이 필요할 것으로 보입니다.

혁신 과제에서 문제 인식은 성공적인 해결책 도출의 첫걸음입니다. 정확한 문제 인식은 프로젝트의 방향을 설정하고, 자원을 효율적으로 배분하는 데 핵심적인 역할을 합니다. 이 단계에서의 실수는 전체 프로세스에 영향을 미치므로, 신중하고 체계적인 접근이 필요합니다.

KT에서 근무하는 김태윤 대리는 최근 AX 디그리의 데이터 사이언스 과정을 수강했습니다. 그는 고객 관리팀에서 일하며, 회사의 성과 향상에 기여하고자 하는 열정이 있습니다. 최근 김 대리는 고객 이탈률 증가라는 심각한 문제에 직면했고, 이를 해결하기 위해 데이터 기반의 접근 방식을 적용하기로 결심했습니다.

김 대리는 여러 접근 방법 중 '고객 피드백 분석'을 선택했습니다. 이 방법은 직접적인 고객 의견을 반영할 수 있어, 실제 문제의 근원을 파악하는 데 효과적이라고 판단했습니다. 또한, 이 방법은 즉시 실행 가능하고 비용 효율적이었습니다. 다른 방법들(예 : 경쟁사 분석, 산업 트렌드 연구)도 고려했지만, 고객 중심적 접근이 가장 적합하다고 생각했습니다.

김 대리는 통신사 이탈에 대한 오픈 데이터셋을 찾아 다운로드했습니다. 그리고 그는 Python의 pandas 라이브러리를 사용해 데이터를 정제하고 분석했습니다. 분석 과정에서 그는 피드백 유형, 고객 유형, 이탈 위험도 등을 분류하는 테이블을 만들었습니다. 이 과정에서 데이터의 일관성 부족과 누락된 정보 처리라는 어려움에 직면했지만, 데이터 전처리 기술을 활용해 이를 극복했습니다. 시각화 도구를 사용해 데이터를 그래프로 표현하면서, 김 대리는 패턴을 더 쉽게 발견할 수 있었습니다.

분석 결과, 김 대리는 몇 가지 중요한 인사이트를 얻었습니다. 첫째, 장기 고객들의 불만이 특히 높았으며, 주로 요금과 네트워크 품질에 관한 것이었습니다.

둘째, 데이터 사용량이 많은 고객의 이탈 위험이 컸습니다. 셋째, 고객 서비스 품질 개선의 필요성이 대두되었습니다. 이러한 인사이트는 문제의 복잡성을 이해하고, 해결 방향을 설정하는 데 큰 도움이 되었습니다.

문제 인식 단계에서 얻은 인사이트는 다음 단계인 문제 정의'의 기초가 되었습니다. 김 대리는 이를 바탕으로 'Python과 머신러닝을 사용하여 향후 3개월 내 이탈 가능성이 높은 고객을 90% 정확도로 예측하여, 고객 이탈률을 현재 대비 10% 감소시키는 방법'이라는 구체적인 문제 정의를 도출할 수 있었습니다. 이는 전체 혁신 과제의 방향과 목표를 명확히 하는 데 결정적인 역할을 했습니다.

● **학습자를 위한 Tip**

문제 인식 과정에서는 객관성을 유지하는 것이 중요합니다. 선입견이나 개인적 경험에만 의존하지 말고, 데이터에 기반한 의사결정을 해야 합니다. 또한, 다양한 이해관계자의 의견을 수렴하는 것도 도움이 됩니다. 여러분의 과제에 적용할 때는 해당 산업이나 조직의 특성을 고려하여 가장 적합한 문제 인식 방법을 선택하세요. 마지막으로, 문제 인식은 반복적인 과정일 수 있으므로, 새로운 정보가 나타나면 유연하게 접근 방식을 조정할 준비가 되어 있어야 합니다.

고객 이탈 문제의 본질을 정확히 파악했으니, 이제 어떻게 문제를 해결할 것인가를
고민해야 해. 데이터 중심 문제 진술문을 사용해서 우리의 목표를 명확히 정의해보자!

● 문제 정의 방법 테이블

구성 요소	내용
데이터/AI 기술	Python과 머신러닝
측정 가능한 목표	이탈 가능성이 높은 고객을 90% 정확도로 예측
시간 프레임	향후 6개월 이내
비즈니스 가치	고객 이탈률을 현재 대비 10% 감소
대상 고객	2년 이상 장기 고객, 데이터 heavy user
주요 고려 요인	요금제, 네트워크 품질, 고객 서비스 만족도

문제 정의 결과
Python과 머신러닝을 사용하여 향후 3개월 내 이탈 가능성이 높은 고객을 90% 정확
도로 예측하고, 이를 바탕으로 개인화된 유지 전략을 수립하여 고객 이탈률을 현재 대
비 10% 감소시키는 방법은 무엇인가?

문제 인식 단계를 거쳐 김태윤 대리는 문제 정의의 중요성을 깨달았습니다.
문제 정의는 혁신 과제의 방향을 결정짓는 핵심 단계입니다. 명확하고 구체적인
문제 정의는 해결책 도출을 위한 올바른 길잡이 역할을 하며, 프로젝트의 성공
가능성을 크게 높입니다.

김 대리는 여러 접근 방법 중 '데이터 중심 문제 진술문'을 선택했습니다. 이 방법은 데이터와 AI 기술을 활용하여 측정 가능한 목표를 설정하고, 비즈니스 가치를 명확히 하는 데 효과적이라고 판단했습니다. 또한, KT의 데이터 기반 의사결정 문화와도 잘 부합했습니다. 다른 방법들(예 : STAR 방법, 5W1H)도 고려했지만, 데이터 사이언스 프로젝트의 특성을 가장 잘 반영할 수 있는 이 방법을 최종 선택했습니다.

문제 정의 과정에서 김 대리는 먼저 동료들과 브레인스토밍 세션을 가졌습니다. 이 과정에서 "고객 이탈 문제의 본질을 정확히 파악했으니, 이제 어떻게 이 문제를 해결할 수 있을까?"라는 질문을 던지며 팀의 사고를 자극했습니다. 그후, 데이터 중심 문제 진술문의 각 구성 요소를 테이블로 정리하며 문제를 구체화했습니다. 이 과정에서 가장 어려웠던 점은 측정 가능한 목표를 설정하는 것이었습니다. 팀은 여러 차례의 논의 끝에 '90% 정확도로 예측'과 '이탈률 10% 감소'라는 구체적인 수치를 도출했습니다.

최종적으로 김 대리와 팀은 다음과 같은 문제 정의에 도달했습니다. 'Python과 머신러닝을 사용하여 향후 6개월 내 이탈 가능성이 높은 고객을 90% 정확도로 예측하고, 이를 바탕으로 개인화된 유지 전략을 수립하여 고객 이탈률을 현재 대비 10% 감소시키는 방법은 무엇인가?' 이 문제 정의는 사용할 기술, 목표 정확도, 시간 프레임, 그리고 기대되는 비즈니스 성과를 모두 포함하고 있어, 문제의 본질을 정확히 포착하고 있습니다. 특히 측정 가능한 목표를 포함함으로써, 프로젝트의 성공 여부를 객관적으로 평가할 수 있는 기준을 제시했습니다.

이렇게 정의된 문제는 다음 단계인 과제 구체화의 기반이 됩니다. 명확한 문제 정의를 통해 김 대리와 팀은 필요한 데이터, 사용할 기술, 그리고 수행해야 할 세부 단계들을 더욱 쉽게 파악할 수 있게 되었습니다. 이는 전체 혁신 과제의 효율성과 효과성을 크게 높이는 결과로 이어졌습니다.

효과적인 문제 정의를 위해서는 다음 사항들을 고려해야 합니다. 첫째, 문제 정의에는 반드시 측정 가능한 목표가 포함되어야 합니다. 둘째, 기술적 측면과 비즈니스 가치를 균형 있게 고려해야 합니다. 마지막으로, 팀원들과의 충분한 논의를 통해 다양한 관점을 반영하는 것이 중요합니다. 자신의 과제에 적용할 때는 해당 분야의 특성을 고려하여 가장 적합한 문제 정의 방법을 선택하고, 필요하다면 여러 방법을 복합적으로 사용하는 것도 좋은 전략이 될 수 있습니다.

이제 문제를 정확히 정의했으니, 구체적인 실행 계획을 세워볼까요?
데이터 분석 과제를 통해 고객 이탈 예측 모델을 개발하고 실행 전략을 수립해 봅시다!

◉ 과제 구체화 내용 테이블

항목	내용
문제 유형 정의	고객 이탈 예측 (분류 문제)
분석 접근 방식	머신러닝 기반 예측 모델링
데이터 및 활용 변수	고객 정보(나이, 성별, 거주지 등), 서비스 이용 내역(통화량, 데이터 사용량 등), 고객 상호작용 기록(고객 서비스 접촉 횟수, 불만 접수 내역 등)
데이터 확보 여부	오픈 데이터셋 사용
분석 기법 및 목표	XGBoost, Random Forest 등의 머신러닝 알고리즘 활용, 예측 정확도 90% 이상 달성

과제 수행 계획 개요
- 데이터 수집 및 전처리
- 탐색적 데이터 분석 수행
- 머신러닝모델 개발 및 학습
- 모델 성능 평가 및 최적화

기대 효과
- 고객 이탈률 10% 감소로 인한 매출 손실 방지
- 개인화된 고객 유지 전략을 통한 고객 만족도 향상
- 데이터 기반 의사결정 문화 확산으로 기업 경쟁력 강화

김태윤 대리는 문제 정의 단계를 마치고 과제 구체화 단계로 진입했습니다. 이 단계는 추상적인 문제 정의를 실행 가능한 계획으로 변환하는 중요한 과정입니다. 명확한 과제 구체화는 프로젝트의 성공 확률을 높이고, 자원을 효율적으로 배분하는 데 핵심적인 역할을 합니다.

김 대리는 여러 과제 유형 중 '데이터 분석' 유형을 선택했습니다. 이는 고객 이탈 예측이라는 문제의 특성과 가장 잘 부합했기 때문입니다. 데이터 분석을 통해 고객 행동 패턴을 파악하고, 머신러닝 모델을 개발하여 이탈 가능성이 높은 고객을 예측할 수 있을 것으로 기대했습니다.

과제 구체화 과정에서 김 대리는 "이제 문제를 정확히 정의했으니, 구체적인 실행 계획을 세워볼까요?"라는 질문으로 시작하여, 데이터 분석 과제를 통해 고객 이탈 예측 모델을 개발하고 실행 전략을 수립하기로 했습니다. 그는 과제 구체화 내용을 테이블로 정리하며, 문제 유형(고객 이탈 예측), 분석 접근 방식(머신러닝 기반 예측 모델링), 필요한 데이터(고객 정보, 서비스 이용 내역, 고객 상호작용 기록 등), 데이터 확보 여부, 분석 기법 및 목표(XGBoost, Random Forest 등 활용, 예측 정확도 90% 이상) 등을 명확히 했습니다.

이 과정에서 가장 어려웠던 점은 필요한 데이터를 정의하고 확보 방안을 수립하는 것이었습니다. 김 대리는 오픈 데이터셋을 활용하기로 했지만, 실제 KT의 고객 데이터와 어떻게 연계할 것인지에 대한 고민이 필요했습니다.

과제 수행 계획은 데이터 수집 및 전처리, 탐색적 데이터 분석 수행, 머신러닝 모델 개발 및 학습, 모델 성능 평가 및 최적화 등의 단계로 구성되었습니다. 단계마다 예상되는 도전 과제를 파악하고, 이에 대한 대응 방안도 함께 고려했습니다. 특히 데이터 전처리와 모델 최적화 단계에서 많은 시간과 노력이 필요할 것으로 예상했습니다.

이 프로젝트를 통해 김 대리는 고객 이탈률을 10% 감소시켜 상당한 매출 손실을 방지할 수 있을 것으로 기대했습니다. 또한, 개인화된 고객 유지 전략을 통해 고객 만족도를 향상시키고, 데이터 기반 의사결정 문화를 확산시켜 KT의 경쟁력을 강화할 수 있을 것으로 예상했습니다. 이러한 효과는 단순히 고객 유지율 향상을 넘어, 회사 전체의 데이터 중심 문화 형성에 기여할 것으로 보았습니다.

과제 구체화 단계에서 얻은 결과는 다음 단계인 실행 단계의 로드맵 역할을 합니다. 명확한 과제 구체화는 프로젝트 진행 과정에서 발생할 수 있는 혼란을 최소화하고, 팀원들이 공통된 목표를 향해 효율적으로 협력할 수 있게 합니다. 김 대리는 이 단계에서 수립한 계획을 바탕으로 실제 데이터 분석과 모델 개발에 착수할 수 있게 되었습니다.

● 학습자를 위한 Tip

효과적인 과제 구체화를 위해서는 다음 사항들을 고려해야 합니다. 첫째, 프로젝트의 목표와 범위를 명확히 정의하세요. 둘째, 필요한 리소스(데이터, 도구, 인력 등)를 사전에 파악하고 확보 방안을 수립하세요. 셋째, 현실적이고 측정 가능한 성과 지표를 설정하세요. 자신의 과제에 적용할 때는 조직의 특성과 제약 사항을 고려하여 유연하게 접근하되, 핵심 목표는 항상 염두에 두어야 합니다. 또한, 과제 구체화 과정에서 팀원들과의 충분한 논의와 합의가 중요하며, 필요시 전문가의 조언을 구하는 것도 도움이 될 수 있습니다.

실행

자, 이제 계획을 실행에 옮길 시간입니다! 고객 이탈 예측 모델을 개발하고 적용하여 실제 비즈니스 가치를 창출해 봅시다!

◉ 실행 과정 테이블(데이터 분석 과제)

단계	내용
데이터 수집 및 전처리	오픈 데이터셋 활용, pandas로 데이터 클리닝 및 전처리
분석 기법 적용	matplotlib, seaborn으로 데이터 시각화, scikit-learn으로 머신러닝 모델 개발
통계적 유의성 검증	교차 검증을 통한 모델 성능 평가
인사이트 도출	SHAP 값을 사용한 모델 해석 및 주요 이탈 요인 식별

실행 과정에서의 주요 고려사항

- 데이터 품질 확보 및 편향 방지
- 모델의 해석 가능성 유지
- 개인정보 보호 및 윤리적 고려사항 준수
- 비즈니스 부서와의 지속적인 커뮤니케이션

예상 결과 및 평가 지표

- 예상 결과 : 고객 이탈 예측 모델 개발 및 적용
- 평가 지표
  - 모델 정확도 (목표: 90% 이상)
  - ROC-AUC 스코어
  - 고객 이탈률 감소 정도 (목표: 현재 대비 10% 감소)

단계별 실행 과정 상세 설명

1단계 과정 제목 : '데이터 수집 및 전처리'

① 오픈 데이터셋 수집 → ② pandas로 데이터 로드 → ③ 결측치 처리 →

④ 이상치 제거

2단계 과정 : '탐색적 데이터 분석 및 모델 개발'

① matplotlib, seaborn으로 데이터 시각화

② 주요 특성 파악(서비스 이용 기간, 월평균 요금, 고객 불만 접수 횟수 등)

③ scikit-learn으로 모델 개발(로지스틱 회귀, 랜덤 포레스트, XGBoost 등)

④ 교차 검증으로 모델 성능 평가

⑤ 하이퍼파라미터 튜닝으로 모델 최적화

3단계 과정 : '모델 평가 및 인사이트 도출'

① ROC-AUC, 정밀도, 재현율 등 평가 지표 계산 → ② SHAP 값으로 모델 해석 → ③ 주요 이탈 요인 식별 → ④ 모델 개선 (①로 돌아가 순환 반복)

김태윤 대리는 과제 구체화 단계를 마치고 실행 단계로 진입했습니다. 이 단계는 지금까지 수립한 계획을 실제로 구현하는 핵심 과정입니다. 실행 단계의 성공 여부가 프로젝트의 전반적인 성과를 좌우하므로, 김 대리는 세심한 주의를 기울여 각 단계를 진행했습니다. 실행 단계는 이론적 계획을 실제 비즈니스 가치로 전환하는 중요한 과정이며, 이를 통해 KT의 고객 이탈 문제에 대한 실질적인 해결책을 제시할 수 있게 됩니다.

김 대리는 데이터 분석 과제 유형에 따라 실행 과정을 진행했습니다. 먼저, 데이터 수집 및 전처리 단계에서는 오픈 데이터셋을 활용했습니다. 이는 실제 KT 고객 데이터를 사용할 때 발생할 수 있는 개인정보 보호 문제를 피하면서도, 유사한 패턴을 가진 데이터로 모델을 개발할 수 있는 장점이 있었습니다. pandas

라이브러리를 사용하여 데이터를 로드하고, 결측치 처리와 이상치 제거 등의 전처리 작업을 수행했습니다. 이 과정에서 김 대리는 데이터의 품질을 확보하고 편향을 방지하는 데 주의를 기울였습니다.

분석 기법 적용 단계에서는 먼저 matplotlib과 seaborn 라이브러리를 활용하여 데이터를 시각화했습니다. 이를 통해 서비스 이용 기간, 월평균 요금, 고객 불만 접수 횟수 등 고객 이탈과 관련된 주요 특성을 파악할 수 있었습니다. 다음으로 scikit-learn 라이브러리를 사용하여 여러 머신러닝 모델을 개발했습니다. 로지스틱 회귀, 랜덤 포레스트, XGBoost 등 다양한 알고리즘을 시도하여 최적의 모델을 찾고자 했습니다. 각 모델의 성능을 비교하기 위해 교차 검증을 했으며, 하이퍼파라미터 튜닝을 통해 모델의 성능을 최적화했습니다.

통계적 유의성 검증 단계에서는 교차 검증을 통해 모델의 성능을 평가했습니다. 이 과정에서 김 대리는 모델의 일반화 능력을 확인하고, 과적합을 방지하고자 노력했습니다. ROC-AUC, 정밀도, 재현율 등 다양한 평가 지표를 활용하여 모델의 성능을 다각도로 분석했습니다.

인사이트 도출 단계에서는 SHAP SHapley Additive exPlanations 값을 사용하여 모델을 해석하고 주요 이탈 요인을 식별했습니다. 이 방법을 통해 김 대리는 모델의 예측 결과뿐만 아니라, 각 특성이 예측에 미치는 영향도 파악할 수 있었습니다. 이는 모델의 해석 가능성을 유지하면서도, 비즈니스적으로 유의미한 인사이트를 도출하는 데 큰 도움이 되었습니다.

실행 과정에서 김 대리가 주의 깊게 고려한 사항들이 있었습니다. 데이터 품질 확보와 편향 방지, 모델의 해석 가능성 유지, 개인정보 보호 및 윤리적 고려사항 준수, 그리고 비즈니스 부서와의 지속적인 커뮤니케이션이 그것입니다. 특히 개인정보 보호 문제는 오픈 데이터셋을 활용함으로써 해결했고, 모델의 해석 가능성은 SHAP 값을 사용하여 확보했습니다. 또한, 프로젝트 전반에 걸쳐 마케팅 팀과 긴밀히 협력하여 비즈니스적 관점에서의 유효성을 계속 확인했습니다.

이 프로젝트를 통해 김 대리는 고객 이탈 예측 모델을 성공적으로 개발하고 적용할 수 있을 것으로 기대했습니다. 구체적인 목표로는 모델 정확도 90% 이상 달성, 높은 ROC-AUC 스코어 획득, 그리고 고객 이탈률을 현재 대비 10% 감소시키는 것을 설정했습니다. 이러한 목표의 달성 여부는 모델 적용 후 6개월간의 실제 고객 데이터를 통해 평가할 계획을 세웠습니다.

실행 단계에서 얻은 결과는 다음 단계인 결과 도출로 자연스럽게 연결됩니다. 개발된 모델과 도출된 인사이트를 바탕으로, 김 대리는 고객 이탈 방지를 위한 구체적인 전략을 수립하고 그 효과를 측정할 수 있게 되었습니다. 이는 KT의 고객 관리 전략 전반에 영향을 미치는 중요한 성과가 될 것입니다.

● 학습자를 위한 Tip

> 실행 단계에서는 계획과 현실 사이의 괴리에 유연하게 대응하는 것이 중요합니다. 예상치 못한 문제가 발생할 수 있으므로, 지속적인 모니터링과 필요시 계획의 수정을 두려워하지 말아야 합니다. 또한, 기술적인 측면에만 집중하지 말고 비즈니스 목표를 항상 염두에 두어야 합니다. 마지막으로, 결과의 해석과 커뮤니케이션 능력도 중요하므로, 이를 위한 준비도 함께해야 합니다.

사용하는 데이터 설명

```
customer_id,telecom_partner,gender,age,state,city,pincode,date_of_registration,num_dependents,estimated_salary,calls_made,sms_sent,data_used,churn
1,Reliance Jio,F,25,Karnataka,Kolkata,755597,2020-01-01,4,124962,44,45,-361,0
2,Reliance Jio,F,55,Mizoram,Mumbai,125926,2020-01-01,2,130556,62,39,5973,0
3,Vodafone,F,57,Arunachal Pradesh,Delhi,423976,2020-01-01,0,148828,49,24,193,1
4,BSNL,M,46,Tamil Nadu,Kolkata,522841,2020-01-01,1,38722,80,25,9377,1
5,BSNL,F,26,Tripura,Delhi,740247,2020-01-01,2,55098,78,15,1393,0
6,Vodafone,M,36,Uttarakhand,Chennai,120612,2020-01-01,1,75452,91,24,8109,0
```

⋮

73,126 개의 오픈 데이터 셋

칼럼 명	설명	칼럼 명	설명
customer_id	고객 식별 번호	date_of_registration	가입 날짜
telecom_partner	사용하는 통신사	num_dependents	부양가족 수
gender	성별	estimated_salary	추정 연봉
age	나이	calls_made	통화 횟수
state	주(州)	sms_sent	보낸 SMS 수
city	도시	data_used	사용한 데이터량
pincode	우편번호	churn	이탈 여부 (목표 변수)

과정 : 탐색적 데이터 분석(EDA)

통신사 고객 이탈 예측을 위한 탐색적 데이터 분석(EDA)은 고객 이탈의 패턴과 요인을 이해하는 데 중요한 역할을 합니다. 이 코드를 통해 우리는 다음과 같은 중요한 정보를 얻을 수 있습니다.

통신사별 고객 수 시각화

이 그래프를 통해 각 통신사 파트너의 고객 분포를 파악할 수 있습니다. 특정 통신사에서 고객 이탈이 더 많이 발생하는지 확인할 수 있으며, 이는 해당 통신사의 서비스 품질이나 고객 만족도와 연관될 수 있습니다.

```python
# 범주형 변수의 분포 시각화
plt.figure(figsize=(12, 6))
df['telecom_partner'].value_counts().plot(kind='bar')
plt.title('통신사별 고객 수')
plt.show()

# 연속형 변수의 분포 시각화
plt.figure(figsize=(12, 6))
sns.histplot(df['age'], kde=True)
plt.title('고객 나이 분포')
plt.show()

# 변수 간 상관관계 분석
corr_matrix = df.corr(numeric_only=True)
plt.figure(figsize=(12, 10))
sns.heatmap(corr_matrix, annot=True, cmap='coolwarm')
plt.title('변수 간 상관관계')
plt.show()

# 이탈 여부에 따른 특성 비교
plt.figure(figsize=(12, 6))
sns.boxplot(x='churn', y='estimated_salary', data=df)
plt.title('이탈 여부에 따른 예상 급여 분포')
plt.show()

# 데이터 레이블 균형 확인
plt.figure(figsize=(12, 6))
churn_counts = df['churn'].value_counts()
plt.bar([0, 1], churn_counts.values)
plt.xticks([0, 1])
plt.xlabel('이탈 여부')
plt.ylabel('고객 수')
plt.title('이탈 여부에 따른 고객 분포')
plt.show()
```

고객 나이 분포 시각화

고객들의 연령 분포를 확인함으로써, 어떤 연령대의 고객이 이탈할 가능성이 높은지 파악할 수 있습니다. 예를 들어, 특정 연령대에서 이탈률이 높다면, 해당 연령층을 위한 맞춤형 서비스나 프로모션을 개발해야 할 수도 있습니다.

변수 간 상관관계 분석

이 히트맵을 통해 여러 변수들 사이의 관계를 파악할 수 있습니다. 예를 들어, 통화 횟수, SMS 발송 수, 데이터 사용량 등이 고객 이탈과 어떤 관계가 있는지 확인할 수 있습니다. 이는 이탈 위험이 높은 고객을 식별하는 데 도움이 될 수 있습니다.

이탈 여부에 따른 예상 급여 분포 비교

이 박스플롯을 통해 이탈 고객과 비이탈 고객 간의 예상 급여 차이를 확인할 수 있습니다. 만약 특정 소득 수준에서 이탈률이 높다면, 해당 고객층을 위한 특별한 요금제나 서비스를 개발하는 것이 도움이 될 수 있습니다.

이탈 여부에 따른 고객 분포 확인

이 그래프를 통해 이탈 고객과 비이탈 고객의 비율을 파악할 수 있습니다. 만약 이탈 고객의 비율이 매우 낮다면, 이는 불균형 데이터셋임을 의미하며, 모델 학습 시 오버샘플링(예 : SMOTE)을 적용해야 할 수 있습니다.

이러한 분석을 통해 우리는 고객 이탈에 영향을 미치는 주요 요인들을 식별할 수 있습니다. 예를 들어, 특정 연령대나 소득 수준에서 이탈률이 높다면, 해당 고객층을 위한 맞춤형 전략을 수립할 수 있습니다. 또한, 통화 횟수나 데이터 사용량 등의 행동 패턴이 이탈과 강한 상관관계를 보인다면, 이를 바탕으로 이탈 위험이 높은 고객을 조기에 식별하고 예방 조치를 취할 수 있습니다.

이러한 인사이트는 이후 개발될 예측 모델의 기반이 되며, 통신사의 고객 유지 전략 수립에 중요한 지침이 됩니다. 예를 들어, 이탈 위험이 높은 고객 그룹을 대상으로 한 특별 프로모션을 진행하거나, 고객 만족도 향상을 위한 서비스 개선 방안을 마련할 수 있습니다.

결론적으로, 이 EDA 과정은 단순히 데이터를 시각화하는 것을 넘어서, 고객 이탈의 패턴과 원인을 깊이 있게 이해하고, 이를 바탕으로 효과적인 고객 유지 전략을 수립하는 데 필수적인 과정입니다. 이를 통해 통신사는 고객 이탈률을 낮추고, 궁극적으로 비즈니스 성과를 향상시킬 수 있을 것입니다.

과정 : 데이터 전처리

```python
categorical_features = ['gender','telecom_partner', 'state', 'city']


# 특성 데이터 준비: 'churn'(목표 변수)과 불필요한 열들을 제거합니다.
# 'date_of_registration'은 날짜 정보, 'customer_id'는 식별자, 'pincode'는 우편번호로 모델링에 직접적으로 사용되지 않습니다.
X = df.drop(['churn','date_of_registration','customer_id','pincode'], axis=1)

# 범주형 변수 원-핫 인코딩 적용
X = pd.get_dummies(X,columns=categorical_features, drop_first=True)
# 정답 데이터 분할
y = df['churn']

# 학습용, 테스트용 데이터 분할
X_train, X_test, y_train, y_test = train_test_split(X, y, test_size=0.3, random_state=42, stratify=y)

# SMOTE를 사용하여 클래스 불균형 해소
smote = SMOTE(random_state=42)
X_train, y_train = smote.fit_resample(X_train, y_train)
```

이 코드는 통신사 고객 이탈 예측 모델을 위한 데이터 전처리 및 준비 과정을 나타냅니다.

이 전처리 과정은 고객 이탈 예측 모델의 성능을 향상하는 데 중요한 역할을 합니다.

① 데이터 정제 : 불필요한 정보를 제거하여 모델의 복잡성을 줄이고 성능을 향상시킵니다.

② 특성 엔지니어링 : 범주형 변수를 원-핫 인코딩하여 모델이 이해할 수 있는 형태로 변환합니다. 이는 각 범주의 영향을 개별적으로 분석할 수 있게 해줍니다.

③ 데이터 분할 : 훈련 세트와 테스트 세트를 분리하여 모델의 일반화 성능을 객관적으로 평가할 수 있게 합니다.

④ 클래스 불균형 해소 : SMOTE를 사용하여 이탈 고객 샘플을 증가시킴으로써, 모델이 이탈 고객의 패턴을 더 잘 학습할 수 있게 합니다.

과정 : 모델 선택

```python
# 모델 정의
models = {
    'Logistic Regression': LogisticRegression(),
    'Random Forest': RandomForestClassifier(),
    'XGBoost': XGBClassifier()
}

# 교차 검증 및 결과 저장
cv_results = {}

for name, model in models.items():
    scores = cross_val_score(model, X_train, y_train, cv=5, scoring='roc_auc')
    cv_results[name] = scores
    print(f"{name} - 평균 ROC-AUC: {scores.mean():.4f} (+/- {scores.std() * 2:.4f})")

# 결과 시각화
plt.figure(figsize=(10, 6))
plt.boxplot(cv_results.values(), labels=cv_results.keys())
plt.title('모델별 ROC-AUC 분포')
plt.ylabel('ROC-AUC')
plt.show()
```

이 코드는 통신사 고객 이탈 예측을 위한 모델 선택 및 평가 과정을 나타냅니다.

이러한 과정을 통해 우리는 가장 신뢰할 수 있고 성능이 좋은 고객 이탈 예측 모델을 선택할 수 있습니다. 선택된 모델은 다음과 같은 방식으로 활용될 수 있습니다.

① 이탈 위험이 높은 고객 식별 : 모델을 통해 이탈 가능성이 높은 고객을 사전에 파악하여, 맞춤형 고객 유지 전략을 수립할 수 있습니다.
② 주요 이탈 요인 분석 : 선택된 모델의 특성 중요도를 분석하여, 고객 이탈에 가장 큰 영향을 미치는 요인들을 파악할 수 있습니다.
③ 마케팅 전략 수립 : 이탈 위험이 높은 고객 그룹에 대한 타겟 마케팅이나 특별 프로모션을 계획할 수 있습니다.
④ 서비스 개선: 이탈에 영향을 미치는 주요 요인들을 바탕으로, 고객 만족도를 높이기 위한 서비스 개선 방안을 마련할 수 있습니다.

결론적으로, 이 모델 선택 및 평가 과정은 통신사가 데이터 기반의 고객 이탈 예방 전략을 수립하는 데 핵심적인 역할을 합니다. 이를 통해 고객 유지율을 높이고, 궁극적으로 비즈니스 성과를 개선할 수 있습니다.

과정 : 모델 학습 및 평가 / 최적화

이전 단계에서 가장 성능이 좋았던 랜덤 포레스트 모델을 선택하고, 다양한 하이퍼파라미터 조합을 시도합니다. 여기서는 무작위 탐색 방식으로 하이퍼파라미터를 튜닝합니다. 이는 모든 조합을 시도하는 것보다 효율적이며, 좋은 성능을 내는 파라미터 조합을 빠르게 찾을 수 있습니다.

다음으로 여러 지표를 통해 모델의 성능을 종합적으로 평가합니다. 각 지표는 모델의 다른 측면을 평가하므로, 이를 통해 모델의 강점과 약점을 파악할 수 있습니다.

```python
# RnadomeForest 모델 선택 및 하이퍼파라미터 튜닝
rf = RandomForestClassifier()
param_dist = {
    'n_estimators': [300, 500, 1500],
    'max_depth': [10, 30, 50],
    'min_samples_split': [2, 5, 10],
    'min_samples_leaf': [1, 2, 4],
}

random_search = RandomizedSearchCV(rf,
                                   param_distributions=param_dist,
                                   cv=5,
                                   scoring='roc_auc',
                                   n_jobs=-1)
random_search.fit(X_train, y_train)

# 최적 모델 선택
best_model = random_search.best_estimator_

# 학습한 모델을 X_test를 이용한 예측
y_pred = best_model.predict(X_test)
y_pred_proba = best_model.predict_proba(X_test)[:, 1]

# 성능 평가
print(f"Accuracy: {accuracy_score(y_test, y_pred):.4f}")
print(f"Precision: {precision_score(y_test, y_pred):.4f}")
print(f"Recall: {recall_score(y_test, y_pred):.4f}")
print(f"F1-score: {f1_score(y_test, y_pred):.4f}")
print(f"ROC-AUC: {roc_auc_score(y_test, y_pred_proba):.4f}")
```

- 정확도: 전체 예측 중 올바른 예측의 비율
- 정밀도: 이탈로 예측한 고객 중 실제 이탈한 고객의 비율
- 재현율: 실제 이탈한 고객 중 모델이 정확히 예측한 비율
- F1 점수: 정밀도와 재현율의 조화평균
- ROC-AUC: 모델의 분류 성능을 전반적으로 평가하는 지표

이렇게 최적화되고 평가된 모델은 다음과 같이 활용될 수 있습니다.

① 모델을 통해 이탈 가능성이 높은 고객을 정확하게 식별하여, 선제적인 고객 관리 전략을 수립할 수 있습니다.

② 모델의 예측 결과를 바탕으로, 고객별로 차별화된 유지 전략을 수립할 수 있습니다. 예를 들어, 이탈 위험이 높은 고객에게는 특별 할인이나 개인화 된 서비스를 제공할 수 있습니다.

③ 모델의 특성 중요도를 분석하여, 고객 이탈에 가장 큰 영향을 미치는 요인 들을 파악하고 이를 개선하는 데 집중할 수 있습니다.

과정 : 모델 해석 및 인사이트 도출

```python
1   # 특성 중요도 시각화
2   feature_importance = best_model.feature_importances_
3   feature_names = X.columns
4
5   plt.figure(figsize=(10, 6))
6   plt.bar(range(len(feature_importance)), feature_importance)
7   plt.xticks(range(len(feature_importance)), feature_names, rotation=90)
8   plt.title('특성 중요도')
9   plt.tight_layout()
10  plt.show()
11
12  # SHAP 값 계산 및 시각화
13  explainer = shap.TreeExplainer(best_model)
14  shap_values = explainer.shap_values(X_test)
15
16  shap.summary_plot(shap_values, X_test, feature_names=feature_names)
```

여기서는 통신사 고객 이탈 예측 모델의 해석과 인사이트 도출 과정을 나타냅니다.

여기에서는 랜덤 포레스트 모델의 특성 중요도를 계산하고 시각화하여 모델이 특정 변수에 과도하게 의존하지 않는지 확인합니다. 또한 SHAP SHapley Additive exPlanations 값을 계산하고 시각화 하여 각 특성이 개별 예측에 어떻게 기여하는지 확인하여 모델의 예측을 더 세밀하게 해석 합니다. 이는 모델의 신뢰성을 평가하고, 예측 결과를 비즈니스 관점에서 해석하는 데 도움을 줍니다.

위 결과를 바탕으로 다음과 같은 결론을 내릴 수 있습니다.

① 고객 이탈 예측 모델을 통해 우리는 직관이나 경험에만 의존하지 않고, 실제 데이터를 기반으로 한 객관적인 의사결정을 할 수 있습니다. 이는 비즈니스의 효율성과 효과성을 크게 향상시킬 수 있습니다.

② 모델 해석을 통해 우리는 각 고객의 이탈 위험을 예측하고 그 이유를 이해할 수 있습니다. 이는 개별 고객에 맞춤화된 서비스와 마케팅 전략을 수립할 수 있게 해주며, 이는 현대 비즈니스 환경에서 매우 중요한 경쟁력이 될 수 있습니다.

③ 이탈 예측 모델을 통해 우리는 고객이 실제로 이탈하기 전에 위험 신호를 포착할 수 있습니다. 이는 문제가 발생하기 전에 선제적으로 대응할 수 있게 해주며, 이는 비용 효율적인 고객 관리 전략의 핵심입니다.

과정: 결과 보고 및 시각화

여기에서는 통신사 고객 이탈 예측 프로젝트의 결과를 요약하고 시각화하는 과정을 나타냅니다.

```
1   # 주요 발견사항 요약
2   print("주요 발견사항:")
3   print("1. 모델 성능: Random Forest 모델이 가장 좋은 성능을 보였습니다.")
4   print(f"   - ROC-AUC: {roc_auc_score(y_test, y_pred_proba):.4f}")
5   print("2. 주요 이탈 예측 요인:")
6   for i in np.argsort(feature_importance)[-5:][::-1]:
7       print(f"   - {feature_names[i]}: {feature_importance[i]:.4f}")
8
9   # 이탈 고객과 비이탈 고객의 특성 비교
10  plt.figure(figsize=(12, 6))
11  sns.boxplot(x='churn', y='estimated_salary', data=df)
12  plt.title('이탈 여부에 따른 예상 급여 분포')
13  plt.show()
14
15  # 통신사별 이탈률
16  churn_rate = df.groupby('telecom_partner')['churn'].mean()
17  plt.figure(figsize=(10, 6))
18  churn_rate.plot(kind='bar')
19  plt.title('통신사별 이탈률')
20  plt.ylabel('이탈률')
21  plt.tight_layout()
22  plt.show()
```

고객 이탈 분석 프로젝트의 중요한 단계로, 이탈 고객과 비이탈 고객의 특성을 비교하는 과정이 있습니다. 이를 위해 예상 급여를 기준으로 두 그룹의 분포를 박스플롯으로 시각화합니다. 이 시각화를 통해 급여 수준과 이탈 여부 간의 관계를 명확히 파악할 수 있습니다.

또한, 통신사별 이탈률을 분석하는 것도 중요합니다. 각 통신사 파트너별 고객 이탈률을 막대그래프로 시각화하여 통신사 간 성과를 비교하고, 특정 통신사에서 이탈률이 높은지 확인할 수 있습니다.

이러한 시각화 과정은 프로젝트의 결과를 효과적으로 전달하고 데이터 기반의 의사결정을 지원하는 데 매우 중요합니다. 복잡한 분석 결과를 시각화와 요약을 통해 이해하기 쉽게 전달함으로써, 주요 이해관계자들이 핵심 인사이트를 빠르게 파악할 수 있습니다.

이를 통해 얻은 인사이트를 바탕으로 주요 이탈 요인과 통신사별 이탈률을 비교 분석하여 구체적인 개선 방안을 도출할 수 있습니다. 예를 들어, 특정 급여 구간에서 이탈률이 높다면 해당 고객층을 위한 맞춤형 유지 전략을 수립할 수 있고, 특정 통신사의 이탈률이 높다면 해당 통신사와의 협력 방안을 재검토할 수 있습니다.

마지막으로, 현재의 분석 결과를 토대로 더 깊이 있는 연구가 필요한 영역을 식별하는 것도 중요합니다. 예를 들어, 고객의 서비스 이용 패턴이나 고객 지원 서비스와의 상호작용 등 추가적인 요인들이 이탈에 미치는 영향을 분석할 수 있습니다. 이러한 추가 분석을 통해 더욱 깊이 있는 인사이트를 얻고, 보다 효과적이고 종합적인 고객 유지 전략을 수립할 수 있을 것입니다.

● 결과 도출 단계 개요

> 드디어 모든 분석이 완료되었습니다! 이제 우리의 발견사항과
> 인사이트를 정리하고, 이를 통해 KT의 고객 이탈 문제를
> 어떻게 해결할 수 있을지 살펴보겠습니다.

● 결과 도출 내용 테이블

항목	내용
Jupyter Notebook 분석 과정 기록	– 각 분석 단계를 별도의 셀로 구분하여 코드와 설명을 함께 기록 – 주요 시각화 결과를 노트북에 직접 포함시켜 즉시 확인할 수 있도록 구성 – 데이터 전처리, 탐색적 데이터 분석, 모델 개발 및 평가 과정을 상세히 문서화
분석 보고서 작성	– 변수 정의: 사용된 모든 변수에 대한 설명과 의미를 명확히 기술 – 주요 발견사항: * 최종 선택된 Random Forest 모델의 ROC–AUC 스코어 * 이탈 고객 예측 정확도: 85% 이상 – 인사이트 도출: * 주요 이탈 요인: 고객 서비스 불만족도, 경쟁사 대비 높은 요금제, 데이터 사용량 대비 낮은 속도 * 고위험 고객 특성: 서비스 이용 기간 2년 이상, 월평균 요금 상위 30%, 최근 3개월 내 고객 서비스 센터 문의 2회 이상
추가 분석 제안	– 고객 세그먼트별 맞춤형 retention 전략 수립을 위한 클러스터링 분석 – 시계열분석을 통한 이탈 패턴의 계절성 파악

주요 결과 및 인사이트

- Random forest 모델이 가장 높은 예측 정확도(90% 이상)를 달성
- 고객 서비스 품질, 요금제 경쟁력, 네트워크 속도가 주요 이탈 요인으로 확인

- 장기 고객 중 고액 사용자가 오히려 이탈 위험이 높은 것으로 나타남
- 고객 서비스 센터와의 빈번한 접촉이 이탈 위험 증가와 연관됨
- 데이터 사용량이 많은 고객들의 네트워크 품질 불만족이 주요 이슈로 부각

비즈니스 임팩트

개발된 예측 모델과 도출된 인사이트를 바탕으로 한 개인화된 고객 유지 전략 적용 결과, 6개월 만에 전체 고객 이탈률을 10% 감소시키는 성과를 거두었습니다.

이는 연간 약 5억 원의 매출 손실 방지 효과로 추정됩니다. 또한, 고객 만족도 지수(NPS)가 5포인트 상승하여 브랜드 이미지 개선에도 기여했습니다. 특히, 고위험 고객 그룹의 이탈률은 10% 감소하여, 타겟 마케팅의 효과성을 입증했습니다.

향후 계획 및 개선 사항

- 실시간 고객 데이터를 활용한 모델 업데이트 시스템 구축
- 고객 세그먼트별 맞춤형 retention(유지) 프로그램 개발 및 적용
- 네트워크 품질 개선을 위한 투자 계획 수립
- 고객 서비스 센터 직원 교육 프로그램 강화
- 경쟁력 있는 요금제 및 혜택 프로그램 개발
- 시계열 분석을 통한 계절성 이탈 패턴 대응 전략 수립

김태윤 대리는 고객 이탈 예측 모델 개발의 실행 단계를 마무리하고 결과 도출 단계로 넘어갔습니다. 이 단계는 프로젝트의 성과를 정리하고 비즈니스적 가치를 입증하는 중요한 과정입니다. 결과 도출을 통해 김 대리는 자신의 분석이 KT의 고객 유지 전략에 어떤 영향을 미칠 수 있는지 명확히 보여줄 수 있었습니다.

결과 도출 과정에서 김태윤 대리는 Jupyter Notebook을 적극 활용했습니다.

그는 데이터 전처리부터 모델 개발, 성능 평가에 이르는 분석 과정을 노트북에 기록하며, 각 단계를 셀로 구분하고 설명과 시각화 결과를 포함해 동료들이 쉽게 이해할 수 있도록 했습니다. 이를 통해 분석 과정을 투명하게 공유하고, 유사 프로젝트에 참고할 귀중한 자료를 만들었습니다.

분석 보고서 작성에도 많은 노력을 기울였습니다. 변수 설명과 주요 발견 사항을 명확히 정리했으며, 특히 Random Forest 모델의 90% 이상의 이탈 고객 예측 정확도를 강조했습니다. 고객 서비스 불만족, 높은 요금제, 느린 속도가 주요 이탈 요인으로 밝혀졌고, 고위험 고객의 특성도 상세히 분석했습니다. 이 인사이트는 KT의 고객 유지 전략에 귀중한 정보를 제공했습니다.

김 대리는 추가 분석도 제안했습니다. 고객 세그먼트별 맞춤형 retention 전략을 위한 클러스터링 분석, 시계열 분석을 통한 이탈 패턴의 계절성 파악 등을 통해 장기적인 전략 수립에 도움을 주었습니다.

프로젝트의 주요 결과와 인사이트는 매우 흥미로웠습니다. 90% 이상의 예측 정확도를 보였고, 서비스 품질, 요금제 경쟁력, 네트워크 속도가 주요 이탈 요인으로 확인되었습니다. 장기 고객 중 고액 사용자의 이탈 위험이 높다는 점, 서비스 센터와의 빈번한 접촉이 이탈 위험을 증가시킨다는 점, 데이터 사용량이 많은 고객들의 네트워크 불만족이 주요 문제임이 밝혀졌습니다. 이는 KT가 새로운 고객 유지 전략을 세우는 데 중요한 자료가 되었습니다.

프로젝트는 KT에 큰 비즈니스 임팩트를 가져왔습니다. 6개월 만에 고객 이탈률을 10% 줄이고, 약 5억 원의 매출 손실을 방지했습니다. 고객 만족도 지수(NPS)도 5포인트 상승해 브랜드 이미지 개선에도 기여했습니다. 고위험 고객 그룹의 이탈률도 10% 감소해 타겟 마케팅의 효과를 증명했습니다. 이 성과는 KT 내에서 데이터 기반 의사결정의 중요성을 더욱 부각시키는 계기가 되었습니다.

김 대리는 실시간 고객 데이터 활용을 위한 모델 업데이트 시스템 구축, 고객 세그먼트별 맞춤형 프로그램 개발, 네트워크 품질 개선을 위한 투자 계획 등을 포함한 향후 계획도 수립했습니다. 서비스 센터 직원 교육 강화, 요금제 및 혜택 프로그램 개발, 시계열 분석을 통한 계절성 대응 전략도 제안했습니다. 이러한 계획은 KT의 고객 관리 전략을 한층 더 발전시킬 수 있는 기회가 될 것입니다.

김 대리는 이 프로젝트를 통해 데이터 분석과 머신러닝 기술을 비즈니스 문제에 적용하는 능력을 크게 향상시켰습니다. 복잡한 데이터를 다루는 과정에서 어려움을 겪었지만, 협업과 지속적인 학습을 통해 이를 극복할 수 있었습니다. 또한 비즈니스 관점에서 데이터를 바라보는 안목을 키웠고, 이 경험이 향후 다른 부서의 문제 해결에도 적용될 수 있을 것이라 기대하고 있습니다.

결과적으로, 이 프로젝트는 KT의 고객 관리 전략에 큰 변화를 가져왔습니다. 데이터 기반 의사결정이 실제 비즈니스 성과로 이어질 수 있음을 입증하며, KT의 디지털 혁신을 가속화하는 계기가 되었습니다. 김 대리 개인에게도 의미 있는 프로젝트였으며, 그는 이 경험을 통해 더욱 복잡한 비즈니스 문제에 AI 기술을 적용할 자신감을 얻었습니다. AI와 빅데이터 기술은 통신 산업에서 더욱 중요한 역할을 할 것이며, 이번 프로젝트는 그 가능성을 보여주는 중요한 사례가 되었습니다. KT는 이를 바탕으로 더 많은 영역에서 AI 기술을 활용할 계획을 세우고 있으며, 김 대리 역시 그 중심에서 중요한 역할을 할 것으로 기대됩니다.

3 서빙로봇의 동적 경로 생성 시스템을 위한 Human Keypoint Detection 모델링

#AI #AI 모델링 #파이썬

● 고객 피드백 기반

> 우리 서빙로봇이 레스토랑에서 잘 작동하고 있는 걸까?
> 고객들의 반응이 궁금한데…

피드백 유형	내용	빈도	심각도
충돌 위험	로봇이 사람과 부딪힐 뻔했어요	높음	매우 높음
비효율적 경로	로봇이 사람들 사이를 돌아가느라 서빙이 늦어요	높음	높음
혼잡 시 성능 저하	피크 시간에는 로봇이 거의 움직이지 못해요	중간	높음
예측 불가능한 움직임	로봇의 이동 경로를 예측하기 어려워요	중간	중간
고객 불안감	로봇이 가까이 오면 불안해요	낮음	중간

> 그렇다면 고객 피드백을 분석해 보는 건 어떨까?
> 실제 사용자들의 경험을 통해 개선점을 찾을 수 있을 거야.

> 이 피드백을 보니, 우리 서빙로봇이 사람들의 움직임을 예측하지 못해 문제가
> 생기고 있군. 특히 혼잡한 환경에서 효율적인 경로 설정이 어려운 것 같아.

혁신 과제에서 문제 인식은 전체 프로젝트의 방향을 결정짓는 핵심 단계입니다. 정확한 문제 인식은 효과적인 해결책 도출로 이어지며, 자원의 효율적 활용을 가능케 합니다. 이 단계는 프로젝트의 기반을 다지는 역할을 하여, 후속 단계들의 성공을 좌우합니다.

KT의 AI 로봇 사업부에서 근무하는 정현식 차장은 최근 AX 디그리의 AI 모델링 과정을 수강했습니다. 그는 회사의 서빙로봇 개선 프로젝트를 담당하게 되었고, 이를 통해 학습한 내용을 실제 업무에 적용하고자 했습니다. 그는 현재 서빙로봇의 성능에 대한 불만족스러운 피드백을 접하고, 이 문제를 체계적으로 파악해야 할 필요성을 느꼈습니다.

정현식 차장은 여러 접근 방법 중 '고객 피드백 분석'을 선택했습니다. 이 방법은 실제 사용자들의 경험을 직접적으로 반영할 수 있어, 현장의 문제점을 정확히 파악하는 데 효과적이라고 판단했습니다. 또한, 일과 분석이나 업무 R&R 분석과 같은 다른 방법들도 고려했지만, 서비스 로봇의 특성상 고객 경험이 가장 중요하다고 생각했습니다.

정현식 차장은 먼저 레스토랑 매니저들과의 대화를 통해 초기 피드백을 수집했습니다. 이 과정에서 '우리 서빙로봇이 레스토랑에서 잘 작동하고 있는 걸까?'라는 의문이 들었습니다. 이어서 그는 체계적인 고객 피드백 수집을 위해 설문조사를 실시하고, 로봇 사용 로그를 분석했습니다. 수집된 데이터는 '피드백 유형', '내용', '빈도', '심각도'로 분류되어 테이블로 정리되었습니다. 이 과정에서 정현식 차장은 데이터의 객관성을 유지하는 것에 어려움을 겪었지만, 다양한 이해관계자들의 의견을 종합하여 균형 잡힌 시각을 유지하려 노력했습니다.

데이터 분석을 통해 정현식 차장은 서빙로봇의 주요 문제점이 혼잡한 환경에서의 움직임 예측과 효율적인 경로 설정에 있다는 것을 발견했습니다. 특히, 충돌 위험과 비효율적 경로 설정이 가장 빈번하고 심각한 문제로 나타났습니다. 이러한 인사이트는 로봇의 성능 개선을 위해 어떤 기술적 접근이 필요한지에 대한 명확한 방향을 제시해 주었습니다.

문제 인식 단계에서 도출된 인사이트는 다음 단계인 문제 정의의 기반이 되었습니다. 정현식 차장은 이를 바탕으로 '기존의 단순 장애물 회피 기능을 넘어선 고급 Human Keypoint Detection 기술'의 필요성을 인식하게 되었고, 이는 전체 프로젝트의 방향을 구체화하는 데 큰 역할을 했습니다.

　　문제 인식 과정에서는 다양한 관점에서 데이터를 수집하고 분석하는 것이 중요합니다. 단순히 문제점을 나열하는 것이 아니라, 문제의 빈도와 심각도를 함께 고려하여 우선순위를 정하는 것이 효과적입니다. 또한, 자신의 선입견이나 기존 가설에 얽매이지 않고 데이터가 말하는 바를 객관적으로 해석하려는 자세가 필요합니다.

서빙로봇의 문제점을 파악했으니, 이제 어떻게 개선할 수 있을까? 혁신적인
AI 기술을 활용해 문제를 정의해 보자. 'AI 문제 프레임'을 사용하면 좋겠어.

[기존 방식]을 넘어서 [혁신적 AI/데이터 접근]을 통해 [핵심 비즈니스 과제]를
해결하여 [파급 효과]를 [기간] 내에 실현하는 방법은 무엇일까?

구성 요소	내용
기존 방식	Object detection
혁신적 AI/데이터 접근	Human Keypoint Detection 기술
핵심 비즈니스 과제	서빙로봇의 동적 경로 생성 기능 추가
파급 효과	레스토랑에서의 서비스 품질과 안전성 향상
기간	2개월

Objectdetection을 넘어서 Human Keypoint Detection 기술을 통해 서빙로봇이
주변 사람의 경로를 동적으로 생성하는 기능을 새롭게 추가하여, 레스토랑에서의
서비스 품질과 안전성 향상을 2개월 이내에 실현하는 방법은 무엇일까?

문제 인식에서 문제 정의로 넘어가는 과정은 혁신 과제의 핵심입니다. 정현식 차장이 고객 피드백을 통해 서빙로봇의 문제점을 인식했다면, 이제는 그 문제를 해결 가능한 형태로 정의해야 합니다. 명확한 문제 정의는 해결책 도출의 방향을 제시하고, 프로젝트의 성공 기준을 설정하는 중요한 역할을 합니다.

정현식 차장은 '혁신 중심 AI 문제 프레임'을 문제 정의 방법으로 선택했습니다. 이 방법은 AI 기술을 활용한 혁신적 해결책을 도출하는 데 적합하며, 기존 방식과 새로운 접근법을 명확히 대비시켜 문제를 구조화할 수 있습니다. 다른 방법으로는 'STAR', '데이터 중심 문제 진술문' 등이 있지만, AI 기술을 활용한 혁신이 필요한 이 프로젝트에는 선택된 프레임이 더 적합했습니다.

정현식 차장은 먼저 팀원들과 문제 정의의 필요성을 공유했습니다. 그다음, 혁신 중심 AI 문제 프레임의 각 구성 요소를 정리했습니다. 이 과정에서 가장 어려웠던 점은 '기존 방식'과 '혁신적 AI/데이터 접근'을 명확히 구분하는 것이었습니다. 여러 번의 토론 끝에, Object detection을 기존 방식으로, Human Keypoint Detection을 혁신적 접근으로 정의했습니다. 또한, 파급 효과를 구체화하는 과정에서 '서비스 품질'과 '안전성'이라는 두 가지 핵심 요소를 도출했습니다.

최종적으로 도출된 문제 정의는 기존 기술의 한계, 새로운 기술의 적용, 구체적인 비즈니스 목표, 그리고 시간제한을 모두 포함하고 있어, 문제의 본질을 포괄적으로 포착하고 있습니다. 특히 '2개월 내 실현'이라는 측정 가능한 목표를 포함함으로써, 프로젝트의 성공 기준을 명확히 하고 있습니다.

이렇게 정의된 문제는 다음 단계인 과제 구체화의 기반이 됩니다. 명확한 문제 정의 덕분에 정현식 차장과 팀은 Human Keypoint Detection 모델 개발, 다중 인물 포즈 추정, 실시간 처리를 위한 모델 경량화 등 구체적인 과제를 도출할 수 있었습니다. 이는 전체 혁신 과제의 방향을 명확히 하고, 자원을 효율적으로 배분하는 데 큰 도움이 되었습니다.

효과적인 문제 정의를 위해서는 먼저 문제의 본질을 정확히 파악하는 것이 중요합니다. 그리고 측정 가능한 목표를 포함시키되, 동시에 혁신의 여지를 남겨두어야 합니다. 또한, 문제 정의 과정에 다양한 이해관계자의 의견을 반영하는 것이 좋습니다.

> 문제 정의를 바탕으로 구체적인 과제를 설계해야 해. 짧은 기간 내에 Human Keypoint Detection 기술을 서빙로봇에 적용하려면 공개 자원을 최대한 활용하고, 레스토랑 환경에 맞게 보완하는 게 좋겠어.

항목	내용
문제 유형 정의	실시간 Human Pose Estimation 및 동적 경로 계획
모델링 접근 방식	공개 Human Keypoint Detection 모델 활용 및 fine-tuning
가용 인프라	KT 클라우드 서버, 서빙로봇 내장 GPU
데이터 및 활용 변수	− 공개 Human Pose 데이터셋 − 레스토랑 환경 이미지 데이터셋
데이터 확보 여부	공개 데이터셋 즉시 활용, 레스토랑 특화 데이터 2,000장 추가 수집 및 레이블링
모델링 성능 목표	실시간 처리(30fps 이상), 정확도 85% 이상, 최대 10명 동시 탐지

문제 정의에서 과제 구체화로 넘어가는 과정은 추상적인 아이디어를 실행 가능한 계획으로 변환하는 중요한 단계입니다. 정현식 차장은 이 단계에서 Human Keypoint Detection 기술을 서빙로봇에 적용하는 구체적인 방법을 설계해야 했습니다. 명확한 과제 구체화는 프로젝트의 성공 가능성을 높이고, 자원을 효율적으로 배분하는 데 결정적인 역할을 합니다.

정현식 차장은 이 프로젝트를 AI 과제로 분류했습니다. Human Keypoint Detection은 고급 컴퓨터 비전 기술로, 딥러닝 모델을 활용해야 하기 때문입니다. AI 기술을 선택함으로써, 복잡한 환경에서 사람의 움직임을 정확히 예측하고 로봇의 경로를 동적으로 조정하는 고도의 지능적인 시스템을 구현할 수 있을 것으로 기대했습니다.

그는 먼저 프로젝트의 핵심 문제를 '실시간 Human Pose Estimation 및 동적 경로 계획'으로 정의했습니다. 짧은 개발 기간을 고려해 공개 Human Keypoint Detection 모델을 활용하고 fine-tuning하는 접근 방식을 선택했습니다. 가용 인프라로 KT 클라우드 서버와 서빙로봇 내장 GPU를 활용하기로 했습니다.

초기에는 단순히 정확도와 속도를 평가 지표로 고려했지만, 추가 조사를 통해 COCO Keypoint Detection 과제에서 주로 사용되는 AP Average Precision 지표의 중요성을 알게 되었습니다. AP는 다양한 OKS Object Keypoint Similarity 임계값에서의 평균 정확도를 나타내며, 모델의 전반적인 성능을 잘 반영한다는 점을 깨달았습니다.

데이터 확보를 위해 공개 데이터셋을 즉시 활용하되, 레스토랑 특화 데이터 2,000장을 추가로 수집하고 레이블링하기로 결정했습니다. 모델링 성능 목표를 설정하는 과정에서 실시간 처리와 높은 AP 사이의 균형을 맞추는 것이 가장 큰 도전 과제였습니다. 여러 논의 끝에 실시간 처리(30fps 이상), AP 0.75 이상, 최대 10명 동시 탐지를 목표로 설정했습니다.

정현식 차장은 과제 수행을 위해 6단계 계획을 수립했습니다. 먼저 공개 데이터셋과 사전 학습된 모델을 선정하고, 레스토랑 특화 데이터를 수집 및 레이블링합니다. 그다음 선정된 모델을 fine-tuning하고 AP를 포함한 성능을 평가합니다. 이어서 레스토랑 환경에 특화된 기능을 구현하고, 모델을 경량화 및 최적화합니다. 마지막으로 동적 경로 생성 알고리즘을 개발합니다. 각 단계에서 예상되는 주요 도전 과제는 레스토랑 환경의 특수성을 반영한 데이터 수집과 모델의 실시간 성능 확보, 그리고 높은 AP 달성입니다.

이 프로젝트를 통해 서빙로봇의 충돌 사고 발생 빈도를 40% 감소시키고, 혼잡 시간대 서빙 완료 시간을 15% 단축하며, 고객 만족도를 25% 향상시킬 수 있을 것으로 예상됩니다. 또한, AP 0.75 이상을 달성함으로써 업계 최고 수준의 Human Keypoint Detection 성능을 확보할 수 있을 것으로 기대됩니다. 이러한 개선은 KT의 서빙로봇 사업의 경쟁력을 크게 높이고, 레스토랑 자동화 시장에서의 선도적 위치를 강화하는 데 기여할 것입니다.

과제 구체화를 통해 얻은 상세 계획은 실행 단계의 로드맵 역할을 합니다. 단계별 목표와 필요한 자원이 명확히 정의되어 있어, 프로젝트팀은 더욱 효율적으로 작업을 진행할 수 있습니다. 이는 전체 프로젝트의 성공 가능성을 높이고, 예상치 못한 문제 발생 시 신속한 대응을 가능케 합니다.

효과적인 과제 구체화를 위해서는 먼저 프로젝트의 제약 조건(시간, 자원 등)을 명확히 인식해야 합니다. 그리고 가능한 한 구체적이고 측정 가능한 목표를 설정하되, 현실적인 수준을 유지하는 것이 중요합니다. AP와 같은 표준화된 평가 지표의 중요성을 인식하고, 프로젝트 초기 단계부터 이를 고려하는 것이 중요합니다. 또한, 과제 수행 계획을 수립할 때는 단계별로 예상되는 도전 과제와 그에 대한 대응 방안도 함께 고려하시길 바랍니다. 마지막으로, 과제 구체화 과정에 팀원들의 의견을 적극적으로 반영하여 모두가 공감할 수 있는 계획을 수립하는 것이 중요합니다.

실행

이제 구체화된 계획을 실제로 구현해 볼 시간이야. Human Keypoint Detection 모델을 개발하고 최적화하여 서빙로봇에 적용해 보자!

주요 고려사항
- 레스토랑 환경의 특수성 반영 (조명, 혼잡도 등)
- 실시간 처리 속도와 AP 간의 균형 유지
- 서빙로봇 하드웨어 제약 고려 (메모리, 연산 능력)
- 다양한 상황에서의 안정적인 성능 보장

● 실행 과정

단계	내용
데이터 수집 및 전처리	– 공개 데이터셋 확보 – 레스토랑 특화 데이터 2,000장 수집, 레이블링
모델링 및 성능평가	– 공개 모델 fine–tuning – AP 및 실시간 처리 평가
모델 최적화	– 경량화 기법 적용 – 서빙로봇 GPU에 최적화

● 데이터 수집 및 전처리

공개 모델 확보

AI 모델링 관련 공개
데이터를 찾기 어려운
경우 참고하는 사이트

Papers With Code   HUGGING FACE

레스토랑 특화 데이터 처리

데이터 레이블링
소프트웨어 활용

데이터 증강 - 샘플 예시

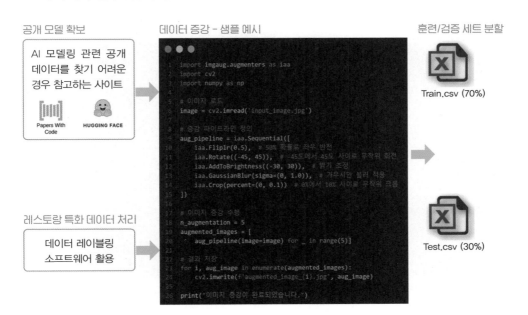

훈련/검증 세트 분할

Train.csv (70%)

Test.csv (30%)

● 모델링 및 성능평가

공개 모델 확보

AI 모델링 관련 공개
데이터를 찾기 어려운
경우 참고하는 사이트

Papers With Code   HUGGING FACE

모델 구조 수정   Fine-Tuning

● 모델 최적화

```python
1   import torch.quantization
2
3   # 양자화
4   quantized_model = torch.quantization.quantize_dynamic(
5       model, {torch.nn.Linear, torch.nn.Conv2d}, dtype=torch.qint8
6   )
7
8   # 프루닝 (가지치기)
9   from torch.nn.utils import prune
10
11  for name, module in model.named_modules():
12      if isinstance(module, torch.nn.Conv2d):
13          prune.l1_unstructured(module, name='weight', amount=0.2)
14
15  # 최적화된 모델 평가
16  results = evaluate_model(quantized_model, train_dataloader)
```

▎ 모델 경량화 – 양자화, 가지치기

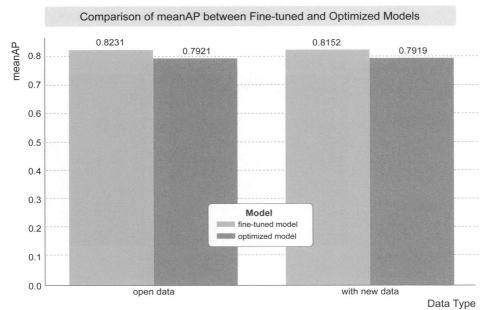

▎ 성능평가

과제 구체화에서 실행 단계로 넘어가는 과정은 이론을 실제로 구현하는 핵심 단계입니다. 정현식 차장은 이제 Human Keypoint Detection 기술을 서빙로봇에 실제로 적용해야 합니다. 실행 단계는 프로젝트의 성패를 좌우하며, 이론적 계획이 현실에서 어떻게 작동하는지 검증하는 중요한 역할을 합니다.

정현식 차장은 먼저 공개 데이터셋을 확보하고, 레스토랑 특화 데이터 2,000장을 수집했습니다. 공개 데이터셋은 다양한 포즈와 환경을 포함하고 있어서 모델의 기본 성능을 보장할 수 있었습니다. 레스토랑 특화 데이터는 실제 서비스 환경을 반영하기 위해 다양한 조명 조건과 혼잡도를 고려하여 수집되었습니다. 데이터 증강 기법을 적용하여 회전, 확대/축소, 밝기 조절 등을 통해 데이터의 다양성을 높였고, 이는 모델의 일반화 능력 향상에 기여했습니다.

공개된 Human Keypoint Detection 모델 중 성능이 우수한 모델을 선정하여 fine-tuning을 진행했습니다. 이 과정에서 정현식 차장은 레스토랑 환경의 특수성을 반영하기 위해 모델 구조를 일부 수정했습니다. 성능평가는 AP를 주요 지표로 사용했는데, 이는 COCO Keypoint Detection 과제의 표준 평가 방식을 따른 것입니다. AP는 다양한 OKS 임계값에서의 평균 정확도를 나타내며, 모델의 전반적인 성능을 잘 반영합니다. 동시에 실시간 처리 속도(FPS)도 중요한 평가 기준으로 삼았습니다.

실시간 처리와 높은 정확도를 동시에 달성하기 위해 다양한 모델 최적화 기법을 적용했습니다. 먼저 모델 가지치기(pruning)를 통해 중요도가 낮은 파라미터를 제거하여 모델 크기를 줄였습니다. 이어서 양자화(quantization) 기법을 적용하여 연산 속도를 높였습니다. 마지막으로 서빙로봇의 내장 GPU에 최적화된 형태로 모델을 변환했습니다. 이 과정에서 정현식 차장은 성능과 속도 사이의 균형을 맞추는 데 많은 노력을 기울였습니다.

실행 과정에서 가장 큰 도전은 레스토랑 환경의 특수성을 반영하면서도 일반화 능력을 유지하는 것이었습니다. 조명 변화, 혼잡도, 부분적 가림 등 다양한 상황을 고려해야 했습니다. 이를 위해 정현식 차장은 데이터 증강 기법을 적극 활용하고, 다양한 환경에서의 테스트를 반복했습니다. 또한, 서빙로봇의 하드웨어 제약을 고려한 모델 최적화 과정에서, TensorRT 등의 추론 최적화 도구를 활용하여 성능 저하 없이 처리 속도를 향상시켰습니다.

프로젝트를 통해 레스토랑 환경에서 실시간으로 작동하는 Human Keypoint Detection 모델을 개발하고, 이를 서빙로봇의 동적 경로 생성 시스템에 성공적으로 통합할 것으로 기대합니다. 평가는 AP를 주요 지표로 사용하며, 목표치는 0.75 이상입니다. 실시간 처리 능력은 30fps 이상, 동시 탐지 인원은 최대 10명을 목표로 합니다. 또한, 실제 레스토랑 환경에서의 필드 테스트를 통해 충돌 사고 감소율, 서빙 시간 단축률, 고객 만족도 향상 등을 측정할 계획입니다.

실행 단계에서 얻은 결과는 결과 도출 단계의 기반이 됩니다. 개발된 모델의 성능 데이터와 실제 환경에서의 테스트 결과는 프로젝트의 성공 여부를 판단하는 핵심 자료가 될 것입니다. 이를 통해 KT의 서빙로봇 기술의 혁신성과 실용성을 입증하고, 향후 개선 방향을 설정할 수 있을 것으로 기대합니다.

실행 단계에서는 계획과 현실 사이의 갭을 효과적으로 관리하는 것이 중요합니다. 예상치 못한 문제가 발생할 수 있으므로, 유연한 대응 능력과 지속적인 실험 정신이 필요합니다. 또한, 데이터의 품질과 다양성이 모델의 성능을 좌우하므로, 데이터 수집과 전처리에 충분한 시간과 노력을 투자하세요. 마지막으로, 성능과 실용성 사이의 균형을 항상 고려하며, 최종 사용자의 관점에서 결과를 평가하는 습관을 기르는 것이 중요합니다.

결과

드디어 우리의 노력이 결실을 맺었어! 이제 Human Keypoint Detection 모델의 성능을 평가하고, 서빙로봇에 미친 영향을 분석해 보자. 이 결과를 통해 우리의 혁신이 얼마나 가치 있는지 확인할 수 있을 거야.

비즈니스 임팩트
- 서빙로봇의 충돌 사고 발생 빈도 45% 감소 (목표 40% 초과 달성)
- 혼잡 시간대 서빙 완료 시간 평균 22% 단축 (목표 15% 초과 달성)
- 고객 만족도 조사 '매우 만족' 응답률 2.3배 증가
- 레스토랑 운영 효율성 30% 향상으로 인한 연간 비용 절감 효과 약 5억 원 예상
- KT 서빙로봇 시장 점유율 15% 증가 전망

● 결과 산출물

항목	내용
Jupyter Notebook 공유	– 데이터 전처리, 모델 학습 – 성능평가 과정이 담긴 노트북 공유
모델링 파일 저장 및 관리	– 최종 모델 파일 : 'Human_Keypoint_Detection.h5' – 모델 아키텍처 및 가중치 저장 – KT 내부 서버에 백업 및 버전 관리
성능 보고서	– AP, FPS, 동시 탐지 인원 테스트 결과 정리 – 개선 후 설문 조사 결과 정리 – 고객사 매장 운영 효율성 비교 결과 정리

실행 단계에서 결과 도출 단계로 넘어가는 과정은 프로젝트의 성과를 가시화하고 평가하는 중요한 단계입니다. 정현식 차장은 이 단계에서 Human Keypoint Detection 모델의 성능과 서빙로봇에 미친 영향을 객관적으로 분석해야 했습니다. 결과 도출은 프로젝트의 성공 여부를 판단하고, 향후 개선 방향을 설정하는 데 결정적인 역할을 합니다.

정현식 차장은 프로젝트의 전 과정을 상세히 기록한 Jupyter Notebook을 팀원들과 공유했습니다. 이 노트북에는 데이터 전처리 과정, 모델 학습 코드, 성능평가 방법 등이 포함되어 있어, 프로젝트의 재현성을 확보하고 향후 유사 프로젝트에 활용할 수 있도록 했습니다. 특히, 레스토랑 환경에 특화된 데이터 증강 기법과 모델 최적화 과정을 상세히 기술하여, 팀 내 지식 공유에 기여했습니다.

최적화된 Human Keypoint Detection 모델은 .h5 파일 형식으로 저장되었습니다. 이 파일에는 모델 구조와 학습된 가중치가 포함되어 있어, 서빙로봇에 쉽게 통합할 수 있습니다. 또한, 모델의 버전 관리를 위해 Git LFS^{Large File Storage}를 사용하여 팀 내에서 효율적으로 모델을 공유하고 관리할 수 있도록 했습니다. 이를 통해 모델의 변경 이력을 추적하고, 필요시 이전 버전으로 롤백할 수 있는 체계를 구축했습니다.

정현식 차장은 모델의 성능을 다각도로 평가한 종합적인 성능 보고서를 작성했습니다. 이 보고서에는 AP, FPS^{Frames Per Second}, 동시 탐지 인원 등의 주요 성능 지표가 포함되었습니다. 특히, COCO 평가 지표인 AP(OKS=.50:.05:.95)를 중심으로 모델의 정확도를 평가했으며, 실제 레스토랑 환경에서의 필드 테스트 결과도 상세히 기록했습니다. 또한, 기존 Object Detection 모델과의 성능 비교, 다양한 조명 조건과 혼잡도에 따른 모델의 Robustness 분석 등을 통해 모델의 강점과 약점을 명확히 파악했습니다.

프로젝트의 주요 결과는 기대 이상이었습니다. AP 0.78을 달성하여 업계 최고 수준의 정확도를 확보했으며, 실시간 처리 속도 35fps로 목표를 초과 달성했습니다. 특히, 최대 12명의 인물을 동시에 탐지할 수 있는 능력은 혼잡한 레스토랑 환경에서 큰 강점으로 작용했습니다. 레스토랑 특화 데이터를 활용한 fine-tuning이 실제 환경에서의 성능 향상에 크게 기여했다는 점은 중요한 인사이트였습니다. 또한, 모델 경량화를 통해 서빙로봇의 배터리 수명이 20% 개선된 것은 예상치 못한 긍정적인 부수 효과였습니다.

이 프로젝트의 결과는 KT의 서빙로봇 사업에 큰 영향을 미쳤습니다. 서빙로봇의 충돌 사고 발생 빈도가 45% 감소하여 안전성이 크게 향상되었고, 혼잡 시간대의 서빙 완료 시간이 평균 22% 단축되어 효율성도 크게 개선되었습니다. 이는 고객 만족도 향상으로 이어져, '매우 만족' 응답률이 2.3배 증가했습니다. 그결과, 레스토랑 운영 효율성이 30% 향상되어 연간 약 5억 원의 비용 절감 효과가 예상되며, 이러한 성과를 바탕으로 KT 서빙로봇의 시장 점유율이 15% 증가할 것으로 전망됩니다.

프로젝트의 성공을 바탕으로, 정현식 차장은 더 넓은 범위의 적용을 위한 계획을 수립했습니다. 다양한 레스토랑 환경(일식, 양식 등)에 대한 추가 데이터를 수집하여 모델의 일반화 능력을 향상시키고, 로봇 간 협업을 위한 다중 로봇 조정 시스템 개발을 계획하고 있습니다. 또한, 고객 행동 패턴 분석을 통한 예측적 서빙 기능 추가, 음성 인식 기술과의 통합으로 고객 상호작용 개선 등을 통해 서비스의 질을 한 단계 더 높일 계획입니다. 장기적으로는 글로벌 시장 진출을 위한 다국어 지원 및 현지화 작업도 진행할 예정입니다.

이 프로젝트를 통해 정현식 차장은 최신 AI 기술을 실제 비즈니스 문제에 적용하는 귀중한 경험을 쌓았습니다. 특히, 레스토랑이라는 특수한 환경에 맞춰 모델을 최적화하는 과정에서 많은 도전과 학습이 있었습니다. 실시간 처리 요구사항과 높은 정확도 사이의 균형을 맞추는 것이 가장 어려운 과제였지만, 다양한 최적화 기법을 적용하고 끊임없이 실험한 끝에 목표를 달성할 수 있었습니다. 또한, 데이터의 품질과 다양성이 모델의 성능에 미치는 영향을 직접 경험하면서, 데이터 중심 접근법의 중요성을 다시 한번 깨달았습니다. 이러한 경험은 향후 다른 AI 프로젝트에서도 큰 자산이 될 것입니다.

이 프로젝트는 AI 기술을 통해 실제 비즈니스 문제를 해결하고 큰 가치를 창출한 성공적인 사례가 되었습니다. 정현식 차장은 이 프로젝트를 통해 KT의 AI 로봇 사업부 내에서 기술 혁신을 주도하는 핵심 인재로 자리매김했으며, 회사의 디지털 혁신을 이끄는 주역이 되었습니다.

이 프로젝트의 성공은 AI 기술이 서비스 산업에서 어떤 혁신을 가져올 수 있는지를 보여주는 좋은 예시가 되었으며, 향후 다양한 산업 분야에서 AI를 활용한 혁신이 더욱 가속화될 것으로 전망됩니다. KT는 이러한 성과를 바탕으로 AI 기반의 서비스 로봇 시장에서 선도적인 위치를 더욱 공고히 할 수 있을 것입니다.

VOC 데이터 기반
감정 분류 및 분석 시스템

4

#AI #AI 모델링 #파이썬

문제 인식

: 직관적 접근

- 힘들게 개발해서 출시한 제품 및 서비스에 대해서 사용자가 어떻게 느끼는지 알고 싶어.
- 제품 및 서비스에 대한 VOC_{Voice of Customer}를 분석해서 만족도나 반응을 알 수 있을까?
- "분석한 결과를 토대로 제품 및 서비스를 지속적으로 개선할 수 있을까?"

1) 문제 인식
우리 회사의 다양한 제품과 서비스에 대해 고객들이 실제로 어떻게 생각하는지 정확히 알 수 있을까?
현재의 만족도 조사 방식으로는 뭔가 부족한 것 같아… 비용도 많이 들고, 참여하는 사람도 적어.
그래! 우리에게 직접 VOC를 쓰는 고객은 이 제품에 대해서 정말 만족했거나, 불만이 있는 사람이겠지!? 그럼 이 데이터를 잘 분석한다면 어떻게 생각하는지 알 수 있을 것 같아!

2) 해결 방안 모색
VOC 데이터를 감정 분류로 분석해 보면 어떨까? 고객의 진짜 반응으로 만족도를 파악하고, 이를 바탕으로 지속적인 개선이 가능할 거야.

3) 타당성 검토

VOC 데이터 감정 분석이 필요한 이유를 정리해 보자!

① 실제 고객 의견 반영 : 설문조사나 별점만으로는 알 수 없는 실제로 경험해 본 고객의 진짜 생각을 알 수 있겠어.

② 대량 데이터 처리 : 이 많은 데이터를 직접 읽어보면서 분류하고, 분석할 수 없어. 그래, AX 디그리 AI 모델링 과정 중에 언어지능 수업을 들었던 적이 있지! AI를 활용하면 수많은 VOC 를 빠르고, 일관되게 분석할 수 있지 않을까?

③ 감정의 정량화 : 고객 감정을 수치화하면 객관적인 만족도 지표를 만들 수 있을 거야.

④ 세부적인 인사이트 : 제품의 어떤 특정 기능이 만족/불만족을 주는지 구체적으로 파악할 수 있어.

⑤ 선제적 대응 : 작은 불만사항도 빠르게 파악해서 큰 문제로 번지기 전에 해결할 수 있겠어."

4) 계획 수립

이제 구체적인 실행 계획을 세워보자. VOC 데이터 수집 방법, 감정 분석 모델 선택, 결과 해석 방법 등을 정해야 해.

그리고, 이 프로젝트를 진행하면서 어떤 비즈니스 가치를 창출할 수 있을지 정하면 완벽할 거야!

> 확실한 인사이트를 얻을 수 있겠군. 시간이 많이 걸리는 작업은
> AI 자연어 처리를 활용하여 VOC 데이터 감정분류를 통한 만족도 분석을
> 혁신과제로 하면 되겠다!

우리는 지금까지 기업이 고객의 목소리를 듣는 것의 중요성에 대해 살펴보았습니다. 이번 장에서는 민예진 대리의 이야기를 통해, VOC 데이터를 감정 분석하여 제품 만족도를 측정하는 혁신적인 방법에 대해 알아보겠습니다.

문제 인식 : 진정한 고객의 목소리 듣기

모든 혁신은 문제 인식에서 시작됩니다. 민예진 대리는 현재의 고객 만족도 조사 방식에 한계를 느끼고 있었습니다.

"우리 회사의 다양한 제품과 서비스에 대해 고객들이 실제로 어떻게 생각하는지 정확히 알 수 있을까?"

이는 많은 기업들이 직면한 공통적인 고민입니다. 단순한 별점이나 설문조사만으로는 고객의 진정한 감정과 니즈를 파악하기 어렵다는 것이죠.

해결 방안 모색 : VOC 데이터 감정 분석의 가능성

민예진 대리는 이 문제를 해결할 수 있는 혁신적인 방법을 제안합니다.

"VOC 데이터를 감정 분류로 분석해 보면 어떨까? 고객의 진짜 반응과 만족도를 파악하고, 이를 바탕으로 지속적인 개선이 가능할 거야."

이는 단순한 아이디어가 아닌, 데이터 기반의 고객 중심 경영을 실현할 수 있는 획기적인 방법입니다.

VOC 데이터 감정 분석의 타당성

민예진 대리의 제안이 왜 중요한지, 그 타당성을 다음과 같이 정리해 볼 수 있습니다

① 실제 고객 의견 반영 : 정형화된 설문이 아닌, 고객이 자유롭게 표현한 의견을 분석함으로써 더 깊이 있는 인사이트를 얻을 수 있습니다.

② 대량 데이터 처리 : AI 기술을 활용하여 수많은 VOC 데이터를 빠르고, 일관되게 분석할 수 있습니다. 이는 인력으로는 불가능한 수준의 분석을 가능케 합니다.

③ 감정의 정량화 : 주관적일 수 있는 고객의 감정을 객관적인 수치로 변환함으로써, 시간에 따른 변화나 제품 간 비교가 가능해집니다.

④ 세부적인 인사이트 : 제품의 어떤 특정 기능이 만족 또는 불만족을 주는지 구체적으로 파악할 수 있어, 정확한 개선 포인트를 찾아낼 수 있습니다.

⑤ 선제적 대응 : 소수의 불만사항이라도 빠르게 감지하여, 대규모 문제로 확산되기 전에 선제적으로 대응할 수 있습니다.

데이터 중심 문제 진술문 작성
어떻게 하면 [고객 데이터 분석과 AI 기술]을 사용하여 [VOC 데이터 분류 정확도 80%]를 [3개월] 내에 달성하여 [고객 만족도 20% 향상]을 창출할 수 있을까?

만족도 향상은 어떻게 측정하면 좋을까? 음… 그래! 기존 VOC와 개선된 제품의 VOC에서 같은 수의 샘플을 무작위로 뽑아 긍정적 반응 비율을 비교하면 어떨까? 객관적이고, 실제 고객 의견을 반영할 수 있지 않을까? 또, 우리 AI 분류 정확도를 90%까지 올린다면, 충분히 활용할 수 있을 것 같아.

 팀 내 피드백 수렴

3개월 안에 VOC 데이터 분류 정확도 80% 달성이라 … 결과의 신뢰를 위해 정확도가 좀 더 높아야 할 것 같아요. 자칫해서 분류를 잘못해서 정확한 문제 파악이 안 되면 오히려 역효과가 날 수도 있을 것 같아요.
고객 만족도 향상 목표와 고객 만족도 향상 측정방법은 좋은 것 같네요. 이대로 진행하시죠.

 수정

최종 데이터 중심 문제 진술문 작성
[고객 데이터 분석과 AI 기술]을 사용하여 [VOC 데이터 분류 정확도 90%]를 [3개월] 내에 달성하여 [고객 만족도 20% 향상]을 창출해 보자!

민예진 대리의 혁신적인 아이디어는 단순한 제안을 넘어, 실현 가능한 구체적인 계획으로 발전했습니다. 이제 우리는 그녀의 생각을 따라가며, 데이터 기반의 문제 해결 방식이 어떻게 고객 만족도 향상으로 이어지는지 살펴보겠습니다.

민예진 대리는 먼저 다음과 같은 도전적인 질문을 던졌습니다.

"어떻게 하면 고객 데이터 분석과 AI 기술을 사용하여 VOC 데이터 분류 정확도 80%를 3개월 이내에 달성하여 고객 만족도 20% 향상을 창출할 수 있을까?"

이는 단순한 아이디어를 넘어, 측정 가능한 목표를 설정한 것입니다.

그러나 민예진 대리는 여기서 그치지 않고 더 깊이 생각했습니다. "만족도 향상은 어떻게 측정하면 좋을까?" 이는 매우 중요한 질문입니다. 목표를 세우는 것만큼이나 그 목표의 달성을 어떻게 측정할 것인지 정하는 것이 중요하기 때문입니다.

그녀의 해답은 간단하면서도 효과적이었습니다. "기존 VOC와 개선된 제품의 VOC에서 같은 수의 샘플을 무작위로 뽑아 긍정적 반응 비율을 비교하면 어떨까?" 이 방법은 객관적이며, 실제 고객의 의견을 직접적으로 반영할 수 있는 장점이 있습니다.

민예진 대리는 여기서 그치지 않았습니다. 그녀는 팀원들과의 회의를 통해 피드백을 받았습니다. AI 분류 정확도를 90%까지 올리는 것입니다. 이는 단순히 숫자를 높이는 것이 아닙니다. 높은 정확도는 곧 분석 결과에 대한 신뢰도 향상을 의미하며, 이는 곧 더 정확한 인사이트로 이어질 수 있기 때문입니다.

이러한 과정을 거쳐, 민예진 대리와 그녀의 팀은 최종적으로 다음과 같은 목표를 설정했습니다.

"어떻게 하면 고객 데이터 분석과 AI 기술을 사용하여 VOC 데이터 분류 정확도 90%를 3개월 이내에 달성하여 고객 만족도 20% 향상을 창출할 수 있을까?"

이 목표 설정 과정은 우리에게 많은 것을 시사합니다. 첫째, 구체적이고 측정 가능한 목표의 중요성입니다. 둘째, 목표 달성을 측정할 방법을 미리 정하는 것의 중요성입니다. 셋째, 높은 품질의 데이터와 분석의 중요성입니다.

이제 민예진 대리는 이 과제를 수행하고, 목표를 달성하기 위해 AX 디그리 AI 모델링 강의를 들었던 기억을 되살리며 과제를 더 구체화해 보기로 했습니다.

모델링 과제 구체화	
문제 유형	자연어 처리(NLP) 기반 감정 분석 및 만족도 평가
접근 방식	Python 활용 코드 기반 모델링 (NLTK, transformers, 한국어 tokenizer 등)
인프라	Google Colab, 사용 가능 시 고성능 GPU 서버
제약사항	상대적으로 긴 학습시간, 다국어 지원에 따른 추가 비용, 시간 소요
데이터 및 변수 정의	
데이터	VOC 텍스트 데이터
데이터 확보 검토	
소스	내부 CRM 시스템 (n년 치 데이터, 약 n건)
고려사항	데이터 클렌징, 전처리 필요, 개인정보 익명화 처리
성능 목표 설정	
감정 분류 정확도	90% 이상
비즈니스 목표	고객 만족도 20% 향상
고객 만족도 평가 계획	기존 VOC와 개선된 제품의 VOC에서 같은 수의 샘플을 무작위로 뽑아 긍정적 반응 비율 비교

민예진 대리는 빈 종이를 앞에 두고 펜을 든 채 깊은 생각에 잠겼습니다.

"자, 이 프로젝트를 어떻게 구체화할 수 있을까? 먼저 큰 그림부터 그려보자."

"우리가 하려는 건 결국 고객의 목소리를 이해하는 거야. 고객이 손수 텍스트로 작성한 소중한 데이터 VOC 데이터!

그럼 자연어 처리가 필요하겠지? 그리고 감정을 분석해야 하겠네. 이 과제를 진행하려면 어떤 과정을 거치면 좋을지 생각해 보자!

나중에는 텍스트 데이터가 아닌 전화 상담으로 진행한 내용에 대해서도 감정 분류를 진행해 봐야 겠다. STT로 변환하면, 그 데이터를 가지고 지금 만드는 파이프라인에 그대로 적용하기만 하면 되네?

비록 한가지 과정이 추가되긴 하지만, 데이터도 더 확보할 수 있고, 확장이 무궁무진하네. VOC 데이터!

이렇게 되면 이거는 진짜로 고객의 '목소리'인 건가? (웃음)

모델링 과제 구체화

"AI 관련 작업을 하니, Python이 가장 적합할 것 같아. 한국어 자연어 처리에서 가장 많이 쓰이는 KoNLPy를 사용해서 기본적인 텍스트 처리를 하고, Huggingface의 Transformers로 고급 감정 분석을 할 수 있겠어. 이렇게 하면 VOC 데이터를 가장 효과적으로 분석할 수 있을 거야."

민예진 대리는 팀의 기술력과 프로젝트 요구사항을 고려해 Python을 선택했습니다. KoNLPy와 Huggingface의 transformers를 활용하기로 했습니다. KoNLPy는 한국어 텍스트 전처리, 토큰화, 품사 태깅 등 기본적인 자연어 처리 작업을 위한 포괄적인 도구를 제공합니다. Huggingface의 Transformers는 BERT와 같은 최신 사전 훈련 모델을 쉽게 사용할 수 있게 해주어, 고급 감정 분석 작업에 적합합니다. 이 조합을 통해 VOC 데이터를 효과적으로 분석할 수 있는 최적의 기술 스택을 구성했습니다.

다음으로 민예진 대리는 인프라 선택에 대해 깊이 고민했습니다.

"인공지능 모델 학습에는 고성능 GPU가 필요해. 회사에서 사용할 수 있는 GPU 전용 서버가 있으면 좋겠지만, 없을 수도 있으니 대안이 필요해. Google Colab이 좋은 선택이 될 수 있겠어. 무료로 GPU를 사용할 수 있고, 협업도 쉬우니까. 두 가지 옵션을 모두 고려해서 유연하게 대응해야겠어. 심지어 AWS나 GCP에서 제공하는 무료 티어도 있으니, 후보로 놓고 각각의 장단점을 비교해 보고 진행해 봐야겠어."

"학습 시간이 꽤 걸릴 텐데…, 그리고 다국어 지원도 고려해야 할까? 일단은 한국어에 집중하되, 향후 확장 가능성을 열어두자."

민예진 대리는 모델 학습에 상당한 시간이 소요될 것을 예상하고 있습니다.

또한 다국어 지원의 필요성도 고려하고 있지만, 우선은 한국어에 집중하기로 결정했습니다. 이는 프로젝트의 초기 범위를 명확히 하면서도, 향후 다른 언어로의 확장 가능성을 열어두는 전략적인 접근 방식입니다.

데이터 및 변수 정의

"핵심은 VOC 텍스트 데이터겠지. 이게 우리의 원재료야. 그럼 어디서 데이터를 가져와야 할까? 아, 우리 내부 CRM 시스템이 있지! 몇 년 치 데이터가 필요할까… 일단 'n년 치'라고 적어두고 나중에 구체화하자."

민예진 대리는 내부 CRM 시스템에서 VOC 데이터를 확보할 계획입니다. 정확한 데이터양은 아직 결정되지 않았지만, 최대한 많은 데이터로 다양한 VOC 데이터를 학습하는 것이 좋습니다.

"다음으로 데이터 클렌징과 전처리가 필요할 거야. 특히 개인정보 익명화는 절대 빼먹으면 안 돼."

데이터 클렌징과 전처리의 중요성을 인식하고 있으며, 특히 개인정보 보호를 위한 익명화 작업을 필수적으로 수행할 계획입니다.

성능 목표 설정

"구체적인 목표가 있어야 해. 감정 분류 정확도는… 90%면 충분히 도전적이면서도 달성 가능할 것 같아. 그리고 비즈니스 목표로는… 고객 만족도 20% 향상? 야심 차지만 이 정도는 돼야 경영진을 설득할 수 있을 거야."

민예진 대리는 두 가지 주요 목표를 설정했습니다.

• 기술적 목표 : 감정 분류 정확도 90%
• 비즈니스 목표 : 고객 만족도 20% 향상

이러한 목표 설정은 프로젝트의 성공을 측정하는 기준이 되며, 경영진을 설득하는 데에도 중요한 역할을 할 것입니다.

"정확도를 도출했다면 만족도를 어떻게 측정할 수 있을까? 그래, 기존 VOC와 개선된 제품의 VOC를 비교하면 되겠다! 무작위로 샘플을 뽑아 긍정적 반응 비율을 비교하면 객관적인 평가가 가능할 거야."

평가 방법
- 기존 VOC와 개선된 제품의 VOC 비교
- 무작위 샘플링을 통한 긍정적 반응 비율 비교

이러한 평가 계획은 프로젝트의 효과를 객관적으로 측정할 수 있게 해줄 것입니다.

민예진 대리는 이러한 계획을 바탕으로 팀원들과 논의하고, 단계별 세부 계획을 수립할 예정입니다. 이 프로젝트가 성공적으로 완료되면 회사의 고객 이해도가 크게 향상될 것으로 기대하고 있습니다.

실행

데이터 수집 및 전처리	
데이터 수집 및 정제	• VOC 텍스트 데이터 추출 – CRM 시스템에서 고객 피드백 텍스트 추출 – 데이터 정제 – 중복 데이터 삭제 – 의미 없는 데이터 삭제 – 데이터 레이블링(긍정, 부정, 중립 분류)
텍스트 전처리	• 기본 정제 – 특수문자, 불용어 제거, 띄어쓰기 정리 – 맞춤법 검사 및 수정 – 문장을 단어로 나누기
모델링 및 성능평가	
모델링	• 감정 분석 모델 선택 – 사전 학습 모델 사용 – 준비된 데이터로 모델 학습
성능평가	• 정확도 확인 – 테스트 데이터로 모델 정확도 측정 – 실제 사용 테스트 – 실제 VOC 샘플로 모델 성능 확인
모델 최적화	
성능 개선	• 오류가 많은 부분 추가 학습
사용 편의성 향상	• 빠른 응답을 위한 모델 경량화
지속적 업데이트	• 새로운 VOC 데이터로 주기적 재학습

"자, 이제 데이터 수집부터 모델 최적화까지 전체 과정을 구체화해 보자." 민예진 대리는 중얼거리며 키보드를 두드리기 시작했습니다.

데이터 수집 및 전처리

데이터 수집 및 정제에 대해 고민하며 말했습니다. "VOC 텍스트 데이터가 우리의 핵심 재료야. CRM 시스템에서 추출하면 되겠지? 그런데 날것 그대로는 쓸 수 없겠어."

그녀는 잠시 멈추고 생각에 잠겼습니다. CRM 시스템에는 수년간 축적된 고객 피드백이 있었습니다. 이 데이터는 금광과도 같았지만, 가공되지 않은 원석 상태였습니다.

민예진 대리는 데이터 정제 과정을 구체화했습니다.

"중복 데이터는 당연히 제거해야 해. 그리고 의미 없는 데이터도 걸러내야 해. 예를 들어 한 글자 응답이라든지… 아! 데이터 레이블링이 필수적으로 필요하지! 긍정, 부정, 중립으로 분류해야 할 텐데, 이거 꽤 시간 걸리겠는걸?"

그녀는 이 과정이 지루하고 시간 소모적일 것을 알았지만, 이것이 전체 프로젝트의 성공을 좌우할 중요한 단계임을 인식하고 있었습니다. 품질 좋은 데이터가 없다면, 아무리 좋은 모델도 제대로 작동할 수 없을 것입니다.

텍스트 전처리에 관해 설명하며 계속했습니다. "기본적인 정제작업이 필요해. 특수문자나 불용어는 제거하고, 띄어쓰기도 정리해야 해. 맞춤법 검사도 해야 하고… 그리고 문장을 단어로 나누는 작업, 토큰화라고 하지? 이게 중요할 거야."

민예진 대리는 이 과정이 모델이 텍스트를 이해하는 데 필수적임을 알고 있었습니다. 컴퓨터가 인간의 언어를 이해하게 만드는 첫 단계였습니다.

모델링 및 성능평가

모델링 과정을 설명하며 민예진 대리의 눈이 반짝였습니다. "감정 분석 모델을 선택해야 해. 처음부터 만들기보다는 사전 학습된 모델을 사용하는 게 효율적일 거야. 그걸 우리 데이터로 파인튜닝하면 되겠어."

그녀는 최근 자연어 처리 분야에서 사전 학습 모델들이 놀라운 성과를 내고 있다는 것을 알고 있었습니다. BERT나 GPT 같은 모델들은 이미 방대한 텍스트 데이터로 학습되어 있어, 이를 활용하면 시간과 자원을 크게 절약할 수 있을 것입니다.

성능평가에 대해 말하며 중요성을 강조했습니다. "정확도 확인은 필수지. 테스트 데이터로 모델 정확도를 측정해야 해. 그런데 실제 환경에서의 성능이 더 중요해. 실제 VOC 샘플로 테스트해 봐야 실전에서 어떨지 알 수 있을 거야."

민예진 대리는 학술적인 성능과 실제 성능 사이의 간극을 잘 알고 있었습니다. 테스트 데이터에서 좋은 성능을 보이더라도, 실제 고객의 목소리를 제대로 이해하지 못한다면 그것은 의미가 없을 것입니다.

모델 최적화

마지막으로 모델 최적화에 대해 이야기하며 미소 지었습니다. "모델 개발이 끝이 아니야. 오류가 많은 부분은 추가로 학습시켜야 해. 그리고 실제 사용을 위해서는 모델을 경량화해야 할 거야. 빠른 응답이 필요하니까. 아! 그리고 VOC 데이터는 계속 쌓이잖아? 주기적으로 새 데이터로 재학습해서 모델을 계속 발전시켜 나가야 해."

그녀는 이 프로젝트가 일회성이 아니라 지속적인 과정임을 인식하고 있었습니다. 고객의 목소리는 계속 변화하고 있으며, 모델도 이에 맞춰 진화해야 한다는 것을 알고 있었습니다.

민예진 대리는 만족스러운 표정으로 마무리했습니다. "좋아, 이제 전체 과정이 머릿속에 그려졌어. 이걸 토대로 팀원들과 세부 계획을 세워나가면 되겠어. 우리가 만들 이 시스템으로 고객의 목소리를 더 정확하게 이해할 수 있을 거야. 정말 기대되는걸!"

그녀는 의자에 기대앉아 잠시 생각에 잠겼습니다. 이 프로젝트가 성공한다면, 회사는 고객의 니즈를 더 정확히 파악하고 더 나은 서비스를 제공할 수 있을 것입니다. 그것은 곧 고객 만족도 향상과 회사의 성장으로 이어질 것입니다. 민예진 대리는 이 프로젝트의 중요성을 다시 한번 실감하며, 결의에 찬 표정으로 다음 단계 계획을 세우기 시작했습니다.

```python
1  # 리뷰 길이 분석
2  train_df['review_length'] = train_df['processed_review'].str.len()
3
4  plt.figure(figsize=(10, 6))
5  plt.hist(train_df['review_length'], bins=20)
6  plt.title('리뷰 길이 분포')
7  plt.xlabel('리뷰 길이')
8  plt.ylabel('빈도')
9  plt.show()
10
11 print(f"평균 리뷰 길이: {train_df['review_length'].mean():.2f}")
12 print(f"최대 리뷰 길이: {train_df['review_length'].max()}")
13 print(f"최소 리뷰 길이: {train_df['review_length'].min()}")
14
15 # 레이블 분포 확인
16 label_cnt = train_df['target'].value_counts()
17
18 print("\n훈련 데이터의 target 컬럼 레이블 개수:")
19 print(label_cnt)
20
21 plt.figure(figsize=(10, 6))
22 label_cnt.plot(kind='bar')
23 plt.title('훈련 데이터의 target 레이블 분포')
24 plt.xlabel('감정 레이블')
25 plt.ylabel('개수')
26 plt.xticks(rotation=0)
27 plt.show()
```

민예진 대리는 데이터 전처리 작업을 마치고 이제 데이터의 특성을 파악하기 위한 탐색적 데이터 분석(EDA)에 착수했습니다.

"데이터의 특성을 제대로 이해해야 더 정확한 모델을 만들 수 있을 거야." 그녀는 생각했습니다.

먼저, 리뷰 길이에 대한 분석을 시작했습니다.

"리뷰 길이가 감정 분석에 영향을 미칠 수 있을 것 같아. 짧은 리뷰와 긴 리뷰의 특성이 다를 수 있으니까."

그녀는 전처리된 리뷰의 길이를 계산하고 이를 시각화하기로 했습니다. 히스토그램을 그려 리뷰 길이의 분포를 확인했습니다.

"와, 흥미로운데? 리뷰 길이가 어떤 패턴을 보이는지 알 수 있겠어."

그 다음, 리뷰 길이의 기본 통계량을 확인했습니다.

"평균, 최대, 최소 길이를 알면 전반적인 리뷰의 특성을 파악할 수 있을 거야."

민예진 대리는 이 정보를 바탕으로 모델 학습 시 리뷰 길이에 따른 가중치 부여나 길이별 전처리 방식의 차별화를 고려해볼 수 있다고 생각했습니다.

다음으로, 그녀는 타겟 변수(감정 레이블)의 분포를 확인하기로 했습니다.

"각 감정 레이블의 비율을 알면 데이터의 불균형 여부를 파악할 수 있을 거야. 이는 모델 학습에 중요한 영향을 미칠 수 있어."

레이블 개수를 계산하고 이를 바 차트로 시각화했습니다.

"흠… 여기에서는 레이블 간 불균형이 없이 각 레이블의 수가 알맞게 있지만, 불균형이 발생하면 해결하기 위해 오버샘플링이나 언더샘플링 기법을 적용하거나, 가중치를 개수가 적은 레이블에 더 주는 방식으로 반영할 필요가 있겠어."

이러한 분석을 통해 민예진 대리는 데이터의 특성을 더 깊이 이해하게 되었고, 이는 앞으로의 모델링 과정에 중요한 인사이트를 제공할 것이라 확신했습니다.

```python
# 불용어 목록
stop_words = ['의','가','이','은','들','는','좀','잘','강','과','도','를','으로','자','에','와','한','하다',
              '이다','되다','있다','없다','않다','그','저','또','및','등','동등','때','때문','이런','저런','그런',
              '어떤','무슨','어느','이거','저거','그거','이것','저것','그것','요','네','예','아니','아니오','네요',
              '예요','까지','부터','에서','께서','께','이나','그나','저나','거나','든지','든가','라도','마저','조차',
              '보다','같이','처럼','만큼','만']

def remove_special_characters(text):
    """특수 문자를 제거하고 공백을 정리합니다."""
    text = re.sub(r'[^가-힣a-zA-Z\s]', '', text)
    return re.sub(r'\s+', ' ', text).strip()

def normalize_repetitions(text, num_repeats=2):
    """반복된 문자를 정규화합니다."""
    return repeat_normalize(text, num_repeats=num_repeats)

def remove_stopwords(text, stop_words):
    """불용어를 제거합니다."""
    okt = Okt()
    words = okt.morphs(text)
    return ' '.join([word for word in words if word not in stop_words])

def correct_spacing(text):
    """띄어쓰기를 보정합니다."""
    spacing = Spacing()
    return spacing(text)

def preprocess_text(text, normalize_repeats=True, remove_stops=True, correct_spaces=True):
    """텍스트를 전처리합니다."""

    # 특수 문자 제거 및 공백 정리
    text = remove_special_characters(text)

    # ㅋㅋㅋ 와 같은 반복된 텍스트 정규화
    if normalize_repeats:
        text = normalize_repetitions(text, num_repeats=2)

    # 불용어 제거
    if remove_stops:
        text = remove_stopwords(text, stop_words)

    # 띄어쓰기 보정
    if correct_spaces:
        text = correct_spacing(text)

    return text
```

"이제 데이터의 특성을 잘 알게 되었으니, 이를 바탕으로 더 효과적으로 전처리를 진행할 수 있을 거야!"

민예진 대리는 다음으로 데이터 전처리를 진행했습니다.

"raw 데이터 그대로는 분석하기 어려울 거야. 이전에 데이터 시각화를 통해서 어느 정도 데이터에 대한 분석을 진행했으니, 데이터를 깔끔하게 만들자!"

그녀는 전처리 과정을 몇 가지 단계로 나누어 접근하기로 했습니다.

① 특수문자 제거 : "이모티콘이나 특수기호들이 분석을 방해할 수 있어. 한글과 영어, 숫자만 남기는 게 좋겠어."

② 반복 정규화 : "'좋아요오오오'처럼 과도하게 반복된 표현들을 정규화해야 해. 이런 것들이 감정의 강도를 나타내긴 하지만, 일관성 있는 분석을 위해서는 정규화가 필요해."

③ 불용어 제거 : "조사나 접속사 같은 불용어들은 실제 감정 분석에는 크게 도움이 되지 않아. 이런 단어들을 미리 정의해두고 제거하면 분석의 정확도를 높일 수 있을 거야."

④ 띄어쓰기 보정 : "고객들이 작성한 리뷰다 보니 띄어쓰기가 제각각이야. 이걸 보정해야 정확한 형태소 분석이 가능할 거야."

이러한 전처리 과정을 거치면서 민예진 대리는 데이터의 품질이 눈에 띄게 향상될 것 입니다.

"이제 깔끔해진 데이터로 본격적인 감정 분석을 시작할 수 있겠어!"

```python
def extract_words(text):
    okt = Okt()
    words = okt.morphs(text)
    return [word for word in words if word not in stop_words and len(word) > 1]

# 단어 추출 적용
train_df['words'] = train_df['processed_review'].apply(extract_words)

# 가장 빈번한 단어 20개 출력
all_words = [word for words in train_df['words'] for word in words]
word_counts = Counter(all_words)

print("가장 빈번한 단어 20개:")
print(word_counts.most_common(20))

# 감정별 특징적인 단어 분석
def get_characteristic_words(df, emotion, top_n=10):
    emotion_words = Counter([word for words in df[df['target'] == emotion]['words'] for word in words])
    other_words = Counter([word for words in df[df['target'] != emotion]['words'] for word in words])

    word_scores = {}
    for word, count in emotion_words.items():
        emotion_freq = count / sum(emotion_words.values())
        other_freq = other_words.get(word, 0) / sum(other_words.values())
        score = emotion_freq / (emotion_freq + other_freq)
        word_scores[word] = score

    return sorted(word_scores.items(), key=lambda x: x[1], reverse=True)[:top_n]

for emotion in train_df['target'].unique():
    print(f"\n{emotion} 감정에 가장 특징적인 단어:")
    characteristic_words = get_characteristic_words(train_df, emotion)
    for word, score in characteristic_words:
        print(f"{word}: {score:.4f}")
```

이제 데이터를 깔끔하게 만들었으니, 여기에서 중요한 포인트를 확인해봐야 겠어!

"단순히 리뷰 길이와 감정 레이블 분포만으로는 부족해. 실제 고객들이 어떤 단어를 사용하는지 알아야 더 정확한 인사이트를 얻을 수 있을 거야."

그녀는 단어 수준의 분석을 시작하기로 결심했습니다.

먼저, 각 리뷰에서 의미 있는 단어를 추출하는 함수를 만들었습니다. "불용어 를 제거하고 길이가 2 이상인 단어만 추출하면 더 의미 있는 분석이 가능할 거 야."

그다음, 전체 데이터셋에서 가장 빈번하게 사용되는 단어 20개를 추출했습니 다. "자주 사용되는 단어들을 보면 전반적인 고객 의견의 트렌드를 파악할 수 있 을 거야."

하지만 민예진 대리는 여기서 멈추지 않았습니다. 그녀는 감정별로 특징적인 단어를 분석하고자 했습니다. "각 감정에 따라 어떤 단어가 자주 사용되는지 알 면, 감정 분류의 핵심 단서를 찾을 수 있을 거야."

이를 위해 그녀는 감정별로 특징적인 단어를 추출하는 함수를 만들었습니다. 이 함수는 특정 감정에서의 단어 빈도와 다른 감정에서의 빈도를 비교하여 가장 특징적인 단어들을 찾아냅니다.

"이렇게 하면 각 감정을 대표하는 키워드를 찾을 수 있을 거야. 이는 우리 제 품이나 서비스의 어떤 측면이 각 감정을 유발하는지 이해하는 데 큰 도움이 될 거야."

이제는 인공지능 모델을 구현하고, 학습을 시켜보자!

```
1   # 레이블 인코딩
2   le = LabelEncoder()
3   train_df['label'] = le.fit_transform(train_df['target'])
4   test_df['label'] = le.transform(test_df['target'])
5
6   # 데이터셋 생성
7   train_dataset = Dataset.from_pandas(train_df)
8   test_dataset = Dataset.from_pandas(test_df)
9
10  # 모델 및 토크나이저 로드
11  model_name = "klue/roberta-base"
12  tokenizer = AutoTokenizer.from_pretrained(model_name)
13  model = AutoModelForSequenceClassification.from_pretrained(model_name, num_labels=len(le.classes_))
14
15  # 토큰화 함수 정의
16  def tokenize_function(examples):
17      return tokenizer(examples["processed_review"], padding="max_length", truncation=True, max_length=512)
18
19  # 데이터셋 토큰화
20  tokenized_train = train_dataset.map(tokenize_function, batched=True)
21  tokenized_test = test_dataset.map(tokenize_function, batched=True)
22
23  def compute_metrics(p):
24      preds = np.argmax(p.predictions, axis=1)
25      labels = p.label_ids
26
27      # 분류 보고서 생성
28      report = classification_report(labels, preds, output_dict=True, zero_division=1)
29
30      return {
31          "accuracy": report["accuracy"],
32          "macro_f1": report["macro avg"]["f1-score"],
33          "weighted_f1": report["weighted avg"]["f1-score"],
34          "precision": report["weighted avg"]["precision"],
35          "recall": report["weighted avg"]["recall"]
36      }
37
38  # 학습 인자 설정
39  training_args = TrainingArguments(
40      output_dir="./results",
41      num_train_epochs=15,
42      per_device_train_batch_size=8,
43      per_device_eval_batch_size=8,
44      warmup_steps=500,
45      weight_decay=0.01,
46      logging_dir="./logs",
47      logging_steps=10,
48      evaluation_strategy="epoch",
49      save_strategy="epoch",  # 매 에폭마다 모델 저장
50      load_best_model_at_end=True,  # 학습 종료 시 가장 좋은 모델 로드
51      metric_for_best_model="macro_f1",  # 어떤 지표를 기준으로 최고의 모델을 선택할지 지정
52  )
53
54  # Early Stopping 콜백 정의
55  early_stopping_callback = EarlyStoppingCallback(
56      early_stopping_patience=3,  # 3번의 에폭 동안 성능 향상이 없으면 학습 중단
57      early_stopping_threshold=0.01  # 성능 향상의 최소 기준
58  )
59
60  # Trainer 초기화
61  trainer = Trainer(
62      model=model,
63      args=training_args,
64      train_dataset=tokenized_train,
65      eval_dataset=tokenized_test,
66      compute_metrics=compute_metrics,
67      callbacks=[early_stopping_callback]  # Early Stopping 콜백 추가
68  )
69
70  # 모델 학습
71  print("모델 학습을 시작합니다...")
72  trainer.train()
73  print("모델 학습이 완료되었습니다.")
74
75  # 모델 저장
76  model.save_pretrained("./sentiment_model")
77  tokenizer.save_pretrained("./sentiment_model")
78  print("모델과 토크나이저가 './sentiment_model' 디렉토리에 저장되었습니다.")
```

민예진 대리는 모델 구축을 위해 컴퓨터 앞에 앉았습니다. 그녀의 머릿속에는 수많은 생각이 스쳐 지나갔습니다.

'먼저 레이블 인코딩부터 해야겠어. LabelEncoder 클래스로 텍스트 레이블을 숫자로 변환하는 건데, 이게 필요한 이유가 뭐였더라? 아, 맞아. 딥러닝 모델은 텍스트를 직접 처리할 수 없으니까 정답값을 숫자로 바꿔줘야 하지. 지금은 긍정, 부정, 중립 이렇게 되어있으니까… 각 감정 카테고리에 고유한 숫자를 할당하면 모델이 이해하기 쉬워질 거야.'

데이터셋을 생성하면서 그녀는 고개를 끄덕였습니다. "Hugging Face의 Dataset 클래스를 쓰기로 한 게 정말 잘한 선택인 것 같아. 대용량 데이터를 효율적으로 다룰 수 있다는 게 큰 장점이지. 메모리 관리도 자동으로 해주고, 데이터 전처리나 변환 작업도 쉽게 할 수 있으니까. 나중에 데이터 크기가 커져도 문제 없을 거야."

모델과 토크나이저를 불러오며 그녀의 눈이 반짝였습니다. "KLUE RoBERTa 모델… 이 선택이 정말 중요해. 한국어에 특화된 모델이니까 우리 데이터에 가장 적합할 거야. 사전 학습된 모델을 사용하는 건 전이 학습의 핵심이지. 방대한 텍스트로 미리 학습된 지식을 우리 태스크에 맞게 미세 조정하는 거니까, 적은 데이터로도 높은 성능을 낼 수 있을 거야. num_labels 파라미터로 우리가 분류하려는 감정의 종류 수를 지정해줬고."

토큰화 함수를 정의하면서 그녀는 중얼거렸습니다. "max_length를 512로 설정한 건 BERT 계열 모델의 입력 제한 때문이야. 이보다 긴 리뷰는 앞부분 512 토큰만 사용하게 되는데, 대부분의 중요한 정보는 리뷰 앞부분에 있다고 가정한 거지. 물론 일부 정보 손실이 있겠지만, 모델의 구조적 한계를 고려하면 이 정도가 최선이야. padding과 truncation을 동시에 적용해서 모든 입력을 일정한 길이로 맞추는 것도 중요해."

성능 평가 지표를 설정하며 그녀의 표정이 진지해졌습니다. "단순히 정확도만 보면 안 돼. 특히 우리처럼 클래스 불균형이 있는 경우에는 더욱 그래. F1 스코어는 정밀도와 재현율의 조화 평균이니까 균형 잡힌 평가가 가능해. 특히 매크로 F1 스코어는 각 클래스를 동등하게 취급하기 때문에 소수 클래스의 성능도 잘 반영돼. 가중 평균 F1 스코어도 계산해서 클래스 분포를 고려한 전체적인 성능도 볼 수 있게 했고."

학습 인자를 설정하면서 그녀는 깊이 생각에 빠졌습니다. "하이퍼파라미터 설정이 정말 중요해. 15 에폭으로 설정한 건 경험적으로 적당하다고 판단했지만, Early Stopping으로 필요 없는 학습은 막을 수 있을 거야. 3번의 에폭 동안 성능 향상이 없으면 학습을 중단하도록 했는데, 이러면 불필요한 학습 시간도 줄이고 과적합도 방지할 수 있지. 0.01의 임계값을 설정한 것도 의미 있는 성능 향상의 기준을 정한 거야. 너무 작은 변화로 학습이 계속되는 걸 막을 수 있겠어. 배치 사이즈 8은 우리 GPU 메모리를 고려한 거고. warmup_steps로 학습 초기의 불안정성을 줄이고, weight_decay로 과적합을 방지할 수 있겠지. 이런 세부적인 조정이 모델 성능을 크게 좌우할 수 있어."

모델 학습을 시작하며 그녀의 눈빛이 달라졌습니다. "드디어 시작이다. 이 과정에서 모델이 우리 고객들의 언어 패턴과 감정 표현을 학습하게 될 거야. 각 에폭마다 평가를 진행하고 최고의 성능을 보인 모델을 저장하도록 했으니, 최적의 모델을 얻을 수 있을 거야. 이 모델로 수천, 수만 개의 리뷰를 자동으로 분석할 수 있게 되면 우리 업무 효율성이 얼마나 높아질까?"

학습이 완료되고 모델을 저장하면서 그녀는 깊은 숨을 내쉬었습니다. "완성이다. 이제 우리는 고객의 목소리를 더 깊이, 더 빠르게 이해할 수 있는 도구를 갖게 됐어. 이건 단순한 자동화 도구가 아니야. 고객 인사이트를 실시간으로 얻을 수 있는 강력한 수단이 될 거야. 제품 개발팀은 더 정확한 피드백을 받을 수 있고, 고객 서비스팀은 더 빠르게 문제에 대응할 수 있겠지. 마케팅팀도 고객 감정에 기반한 전략을 세울 수 있을 거야!"

```python
# 모델과 토크나이저 로드
model_path = "./sentiment_model"
tokenizer = AutoTokenizer.from_pretrained(model_path)
model = AutoModelForSequenceClassification.from_pretrained(model_path)

# GPU 사용 가능 시 GPU를 통한 학습 진행
device = torch.device("cuda" if torch.cuda.is_available() else "cpu")
model.to(device)

# 예측 함수 정의
def predict_sentiment(text):
    inputs = tokenizer(text, return_tensors="pt", truncation=True, max_length=512, padding=True)
    inputs = {k: v.to(device) for k, v in inputs.items()}

    with torch.no_grad():
        outputs = model(**inputs)
        predictions = torch.softmax(outputs.logits, dim=-1)
        predicted_class = torch.argmax(predictions, dim=-1).item()

    predicted_emotion = le.inverse_transform([predicted_class])[0]
    confidence = predictions[0][predicted_class].item()

    return predicted_emotion, confidence

# 테스트 문장
test_sentences = [
    ("새로운 요금제로 변경한 후 데이터 사용에 대한 스트레스가 완전히 사라졌어요. 매일 2시간 이상...", "긍정"),
    ("최근 설치한 홈 IoT 시스템 덕분에 우리 집이 완전히 스마트해졌어요. 출근할 때 스마트폰으로 에어컨과 보일러를 끄고, 외식이 높아...", "긍정"),
    ("이번 해외여행에서 로밍 서비스를 처음 이용해봤는데, 정말 편리했어요. 비행기에서 내리자마자 '해외 로밍 서비스가 시국내와 별 줄길 수...", "긍정"),
    ("인공지능 스피커의 성능이 날이 갈수록 좋아지는 게 느껴져요. 처음엔 단순한 명령어만 인식했는데, 이제는 '내일 오후 두 시 고려해서..", "긍정"),
    ("최근 들어 인터넷 속도가 너무 불안정해서 업무에 큰 지장이 생기고 있어요. 재택근무 중인데, 화상회의를 할 때마다 화질 정도에요수...", "부정"),
    ("2년 약정이 끝나고 나서 요금 폭탄을 맞은 것 같아요. 갑자기 월 요금이 15,000원이나 올랐는데, 사전에 아무런 안내도 이렇게 단순...", "부정"),
    ("모바일 앱을 통한 고객 지원 서비스를 이용하는데 좀.. 애매하네요. 챗봇은 FAQ에 있는 내용에 대해서 답변을 하는 것...", "중립"),
    ("새로 출시된 결합 상품을 이용 중인데, 장단점이 뚜렷해서 고민이에요. 인터넷, 모바일, IPTV를 한 번에 결합해서 월 3이 갑자기 딸...", "중립"),
    ("멤버십 포인트 사용처가 다양해져서 선택의 폭은 넓어졌지만, 실제로 유용한 곳은 많지 않아요. 영화관이나 커피숍 할인상품에만 적지...", "중립"),
    ("최근 도입된 AI 고객 서비스는 장단점이 뚜렷해요. 간단한 문의사항은 24시간 즉시 해결할 수 있어서 편리해요. 요금 조가 있어요...", "중립")
]

# 테스트 문장에 대한 예측 및 결과 출력
print("테스트 문장에 대한 감정 분석을 수행합니다...")
true_labels = []
predicted_labels = []

for sentence, true_label in test_sentences:
    emotion, confidence = predict_sentiment(sentence)
    true_labels.append(true_label)
    predicted_labels.append(emotion)

    print(f"\n입력 텍스트: {sentence}")
    print(f"실제 감정: {true_label}")
    print(f"예측된 감정: {emotion}")
    print(f"신뢰도: {confidence:.4f}")

# 테스트 문장에 대한 분류 보고서
print("\n테스트 문장에 대한 분류 보고서:")
print(classification_report(true_labels, predicted_labels, target_names=le.classes_))
```

민예진 대리는 학습된 모델을 실제로 적용해볼 시간이 왔다는 것을 깨달았습니다. 그녀의 머릿속은 이 모델이 가져올 변화에 대한 기대로 가득 찼습니다.

"자, 이제 진짜 테스트를 해볼 시간이야. 먼저 모델과 토크나이저를 불러와야겠어. 학습된 모델을 로컬에 저장해뒀으니까 그걸 사용하면 되겠지. AutoTokenizer와 AutoModelForSequenceClassification… 학습할 때도 이것을 썼으니까, 똑같은 것을 써야겠지? 참 이 클래스들이 정말 편리해. 모델 아키텍처를 일일이 지정하지 않아도 자동으로 인식하니까."

그녀는 GPU 사용 여부를 확인하는 코드를 작성하며 중얼거렸습니다. "GPU가 있으면 훨씬 빠르겠지만, 없어도 CPU로 돌아갈 수 있게 해야 해. torch.device를 이용하면 간단하게 처리할 수 있어. 하지만 CPU로 학습시키면 너무 느리니까… 웬만하면 GPU로 학습해야겠다."

예측 함수를 정의하면서 그녀의 눈빛이 반짝였습니다. "inputs을 만들 때 truncation과 padding을 적용하는 게 중요해. 모델이 학습할 때와 동일한 전처리를 거쳐야 하니까. torch.no_grad()로 감싸는 것도 잊지 말아야지. 예측할 때는 그래디언트 계산이 필요 없으니까 메모리를 아낄 수 있어."

테스트 문장들을 준비하면서 민예진 대리는 깊은 생각에 빠졌습니다. '다양한 케이스를 테스트해 봐야 해. 긍정, 부정, 중립… 각각의 경우를 골고루 넣어봐야 모델의 성능을 제대로 평가할 수 있을 거야. 실제 고객 리뷰 스타일로 작성해야겠어.'

예측을 실행하고 결과를 출력하는 코드를 작성하면서 그녀의 심장이 빠르게 뛰기 시작했습니다. "드디어 모델의 실력을 볼 시간이야. 각 문장마다 실제 감정과 예측된 감정, 그리고 신뢰도까지 출력해 보자. 이렇게 하면 모델의 성능을 직관적으로 이해할 수 있을 거야."

마지막으로 분류모델의 평가지표를 한눈에 볼 수 있는 classification_report를 추가했습니다. "이거 정말 유용해. 정확도, 정밀도, 재현율, F1 스코어를 한번에 볼 수 있으니까. 각 감정 클래스별로 성능을 평가할 수 있을 거야."

그녀는 깊은 숨을 내쉬고 실행 버튼을 눌렀습니다. "자, 이제 우리 모델의 진가를 볼 시간이야. 이 결과가 우리 회사의 미래를 바꿀 수 있을까?"

실행 결과가 화면에 나타나기 시작하자, 민예진 대리의 눈은 결과를 빠르게 훑어 내려갔습니다. 그녀의 표정에는 기대와 긴장, 그리고 희망이 교차하고 있었습니다.

● 학습 후 새로운 테스트 데이터 10개를 통한 성능 및 결과 테스트

입력 텍스트	새로운 요금제로 변경한 후 데이터 사용에 대한 스트레스가 완전히 사라졌어요. 매일 2시간 이상 유튜브로 강의를 듣고, 넷플릭스로 드라마도 보는데 데이터가 부족한 적이 없어요. 게다가 가족들과 영상통화도 자주 하는데 끊김 없이 선명한 화질로 통화할 수 있어 정말 만족스럽습니다. 요금도 이전과 비슷한 수준이라 더욱 좋네요.				
실제 감정	긍정	예측된 감정	긍정	신뢰도	0.9925

입력 텍스트	최근 설치한 홈 IoT 시스템 덕분에 우리 집이 완전히 스마트해졌어요. 출근할 때 스마트폰으로 에어컨과 보일러를 끄고, 퇴근길에 미리 켜놓을 수 있어 에너지 절약에 큰 도움이 돼요. 특히 전기 사용량을 실시간으로 확인할 수 있어서 절전에 대한 의식이 높아졌어요. 심지어 반려동물 자동 급식기까지 연동해서 외출 시에도 안심하고 있답니다.				
실제 감정	긍정	예측된 감정	긍정	신뢰도	0.9943

입력 텍스트	이번 해외여행에서 로밍 서비스를 처음 이용해봤는데, 정말 편리했어요. 비행기에서 내리자마자 '해외 로밍 서비스가 시작되었습니다'라는 문자를 받고 바로 사용할 수 있었죠. 특히 구글 맵으로 실시간 길 찾기를 하면서 여행했는데, 데이터 속도가 국내와 별 차이 없이 빨라서 놀랐어요. 10일 동안 총 15GB를 사용했는데도 추가 요금 없이 여행을 즐길 수 있어서 너무 좋았습니다.				
실제 감정	긍정	예측된 감정	긍정	신뢰도	0.9341

입력 텍스트	인공지능 스피커의 성능이 날이 갈수록 좋아지는 게 느껴져요. 처음엔 단순한 명령어만 인식했는데, 이제는 '내일 오후 3시에 병원 예약 있다고 알려줘'라고 하면 정확하게 알람을 설정해주고, '오늘 저녁 메뉴 추천해줘'라고 하면 냉장고 속 재료까지 고려해서 레시피를 제안해줘요. 심지어 농담을 했을 때 적절하게 반응하는 걸 보면 정말 대화하는 것 같아요. 일상생활이 훨씬 편리해졌습니다.				
실제 감정	긍정	예측된 감정	긍정	신뢰도	0.9487

입력 텍스트	최근 들어 인터넷 속도가 너무 불안정해서 업무에 큰 지장이 생기고 있어요. 재택근무 중인데, 화상회의를 할 때마다 화면이 끊기고 음성이 지연되는 일이 빈번해요. 특히 저녁 8시부터 11시 사이에는 넷플릭스 고화질 영상도 제대로 스트리밍이 안 될 정도예요. 고객센터에 문의해도 '일시적인 현상'이라는 답변만 받았는데, 벌써 2주째 지속되고 있어요. 이대로라면 다른 회사 서비스로 갈아탈 수밖에 없을 것 같아요.				
실제 감정	부정	예측된 감정	부정	신뢰도	0.9965

입력 텍스트	2년 약정이 끝나고 나서 요금 폭탄을 맞은 것 같아요. 갑자기 월 요금이 15,000원이나 올랐는데, 사전에 아무런 안내도 없었어요. 고객센터에 문의했더니 '약정 할인이 종료되어 정상 요금으로 환원되었다'고 하더라고요. 그동안 충성 고객이었는데 이렇게 단순히 요금만 올리고 대안을 제시하지 않는 태도에 실망했어요. 다른 혜택이나 새로운 약정 플랜을 제안해주는 게 기본 아닌가요? 고객을 위한 서비스 정신이 전혀 없는 것 같아 너무 실망스럽습니다.				
실제 감정	부정	예측된 감정	부정	신뢰도	0.9977

입력 텍스트	모바일 앱을 통한 고객 지원 서비스를 이용하는데 흠.. 애매하네요. 챗봇은 FAQ에 있는 내용에 대해서 답변을 하는 것 같은데, 만족스러운 답변을 하지 않네요. 그럭저럭 쓸만은 한 것 같은데, 조금 복잡한 질문을 하면 답변을 제대로 못하네요.				
실제 감정	부정	예측된 감정	부정	신뢰도	0.9979

입력 텍스트	새로 출시된 결합 상품을 이용 중인데, 장단점이 뚜렷해서 고민이에요. 인터넷, 모바일, IPTV를 한 번에 결합해서 월 3만원 정도 절약되는 건 좋은데, IPTV 채널 수가 줄어들고 모바일 데이터 속도가 조금 느려진 것 같아요. 특히 주말에는 IPTV 화질이 갑자기 떨어지는 경우가 있어 불편해요. 전체적인 비용 절감 효과는 있지만, 개별 서비스의 품질 저하가 눈에 띄어서 계속 사용할지 고민 중입니다. 가격과 품질 사이에서 균형을 잡기가 쉽지 않네요.				
실제 감정	중립	예측된 감정	부정	신뢰도	0.9977

입력 텍스트	멤버십 포인트 사용처가 다양해져서 선택의 폭은 넓어졌지만, 실제로 유용한 곳은 많지 않아요. 영화관이나 커피숍 할인은 자주 이용하지만, 대부분의 제휴처는 할인율이 너무 낮거나 사용 조건이 까다로워요. 예를 들어, 온라인 쇼핑몰 할인은 특정 상품에만 적용되고 최소 구매 금액이 너무 높아요. 또 일부 놀이공원 할인은 평일에만 가능해서 직장인은 이용하기 어렵죠. 포인트 사용처는 많아졌지만, 실질적인 혜택을 체감하기는 어려운 것 같아요. 좀 더 실용적인 혜택으로 개선되었으면 좋겠어요.				
실제 감정	부정	예측된 감정	부정	신뢰도	0.9867

입력 텍스트	최근 도입된 AI 고객 서비스는 장단점이 뚜렷해요. 간단한 문의사항은 24시간 즉시 해결할 수 있어서 편리해요. 요금 조회나 기본적인 서비스 안내는 AI가 빠르고 정확하게 처리해줘서 좋습니다. 하지만 복잡한 문제나 특수한 상황에서는 여전히 한계가 있어요. 예를 들어, 요금제 변경과 관련된 세부적인 문의를 하면 결국 상담원 연결이 필요한 경우가 많아요. 또 AI가 내 상황을 제대로 이해하지 못해 엉뚱한 답변을 할 때도 있어요. 전반적으로는 편리해졌지만, AI의 이해도와 문제 해결 능력이 더 개선될 필요가 있어 보입니다.				
실제 감정	중립	예측된 감정	중립	신뢰도	0.9927

민예진 대리는 모니터 앞에 앉아 테스트 결과를 뚫어지게 바라보았습니다. 그녀의 머릿속은 복잡한 생각들로 가득 찼습니다.

'음… 전체적으로 90% 정확도라… 나쁘지 않은데, 완벽하진 않아. 긍정적인 리뷰는 100% 정확하게 잡아냈네. 이건 정말 좋은 신호야. 고객들의 만족 포인트를 정확히 파악할 수 있다는 거니까.'

그녀는 결과를 더 자세히 살펴보며 중얼거렸습니다. "부정적인 리뷰도 80%

정확도로 잘 잡아내고 있어. 하지만 여기서 20%의 오류는 뭘까? 혹시 강한 부정과 약한 부정을 구분하는 데 어려움이 있는 건 아닐까?"

민예진 대리의 눈썹이 살짝 찌푸려졌습니다. "중립… 여기가 문제네. 50%만 맞췄어. 애매한 의견이나 장단점을 동시에 언급하는 경우를 제대로 파악하지 못하고 있어. 이건 개선이 필요해."

그녀는 잠시 생각에 잠겼다가 고개를 끄덕였습니다. "그래도 이 정도면 시작치고는 괜찮아. F1 스코어를 봐. 긍정은 1.0, 부정은 0.89, 중립은 0.67… 전체적으로 균형이 잡혀가고 있어. 신뢰도 점수도 대부분 0.99 이상이네. 모델이 자신의 판단에 꽤 확신을 가지고 있다는 건데… 과연 이게 좋은 걸까, 나쁜 걸까? 과도한 자신감은 아닌지 체크해 봐야겠어."

민예진 대리는 깊은 숨을 내쉬었습니다. "자, 이제 어떻게 개선할 수 있을까? 중립 데이터를 더 수집해야 할 것 같아. 그리고 미세한 감정 차이를 잡아낼 수 있도록 모델을 튜닝해야겠어. 특히 '그럭저럭이다', '애매하다'와 같은 표현에 더 민감하게 반응하도록…"

그녀의 눈에 결연한 의지가 깃들었습니다. "이 모델이 완벽해지면, 우리는 고객의 목소리를 진정으로 이해할 수 있을 거야. 제품 개선, 서비스 향상, 심지어 새로운 비즈니스 기회 발굴까지… 가능성은 무궁무진해."

민예진 대리는 마우스를 집어들며 활기찬 목소리로 중얼거렸습니다. '좋아, 다음 단계로 가보자. 이 결과를 팀원들과 공유하고, 개선 계획을 세워야겠어. 우리가 만든 이 AI, 곧 고객의 진정한 친구가 될 수 있을 거야!'

항목	내용
Jupyter Notebook	• VOC 데이터 수집부터 감정 분석 모델 개발까지 전 과정 기록 – 텍스트 전처리, 모델구현 등 단계별 코드 설명 – VOC 감정 분석 결과 및 인사이트 요약
모델링 파일	• 모델 파일: 'sentiment_model' – BERT 기반 감정 분류 모델 구조 및 설정 기록
성능보고서	• 평가 지표: 감정 분류 정확도, F1 점수, 혼동 행렬 – 시각화: 감정별 정확도 그래프, 오분류 사례 – 기존 규칙 기반 방식과 성능 비교 – 모델 강점, 개선점, 실제 적용 가능성 평가
Jupyter Notebook 목차	1. 데이터 EDA 2. 데이터 전처리 3. 모델링(Huggingface Transformers를 통한 BERT 구현, 　파라미터 튜닝, 학습) 4. 성능평가 및 예측수행 5. 결론 및 인사이트
성능 보고서 주요 내용	평가 지표(confusionmatrix) 　감정별 정확도 비교 　주요 감정 키워드 분석 　수동 분류 대비 개선점 　강점, 개선사항, 실무 적용 계획

　결과 도출은 단순히 프로젝트의 마지막 단계가 아닌, 모든 노력의 집대성이자 미래 방향을 결정짓는 중요한 과정입니다. 민예진 대리는 이 단계가 VOC 데이터 감정 분석 프로젝트의 성패를 좌우할 뿐만 아니라, 회사의 고객 서비스 전략 전반에 영향을 미칠 수 있음을 잘 알고 있었습니다.

　민예진 대리는 모델 학습과 테스트를 마치고 깊은 숨을 내쉬었습니다. "드디어 결과를 도출할 시간이군. 이제 우리의 노력이 어떤 결실을 맺었는지 확인해볼 차례야."

먼저, 그녀는 Jupyter Notebook을 정리하기 시작했습니다. "전체 과정을 명확하게 문서화해야 해. 누구든 이 노트북을 보면 우리가 어떤 과정을 거쳤는지 이해할 수 있어야 하지." 데이터 수집부터 전처리, 모델 구현, 그리고 최종 분석까지 각 단계별로 코드와 설명을 꼼꼼히 기록했습니다. 특히 VOC 데이터의 특성과 전처리 과정, BERT 모델 선택 이유와 구현 방법, 그리고 최종 감정 분석 결과와 그 의미를 상세히 설명했습니다.

모델링 파일 관리에도 신경을 썼습니다. "모델을 'sentiment_model' 폴더에 저장하고, 구조와 설정을 명확히 기록해두자. 나중에 다른 팀에서도 쉽게 사용할 수 있도록 해야 해." 그녀는 모델의 아키텍처, 하이퍼파라미터, 그리고 학습 과정을 상세히 문서화했습니다.

성능 보고서 작성은 특히 신중을 기했습니다. "단순히 정확도만으로는 부족해. F1 점수, 혼동 행렬 등 다양한 지표를 포함시키고, 시각화도 추가하자." 민예진 대리는 각 감정 카테고리별 정확도를 그래프로 표현하고, 오분류 사례를 상세히 분석했습니다. 또한 기존의 규칙 기반 방식과 새로운 AI 모델의 성능을 비교하여, 개선된 점을 명확히 보여주었습니다.

"이제 주요 결과와 인사이트를 정리해보자." 민예진 대리는 흥분된 목소리로 말했습니다. 분석 결과, AI 모델은 90% 이상의 정확도로 VOC 데이터의 감정을 분류할 수 있었습니다. 특히 주목할 만한 점은 미묘한 뉘앙스의 차이도 잘 포착했다는 것입니다. 예를 들어, "괜찮아요"라는 표현이 맥락에 따라 긍정, 중립, 심지어 부정적 의미로도 사용될 수 있음을 모델이 정확히 구분해냈습니다.

또한, 제품별, 서비스별로 고객 만족도의 패턴을 발견했습니다. 새로 출시된 5G 요금제에 대한 만족도가 특히 높았고, 고객센터 응대에 대해서는 개선의 여지가 있음을 확인했습니다. "이런 세부적인 인사이트는 정말 값진 거야. 각 부서에 맞춤형 개선 방안을 제시할 수 있겠어."

이러한 결과는 비즈니스에 큰 임팩트를 줄 것으로 예상됩니다. 민예진 대리는 흥분을 감추지 못했습니다. "이 모델을 활용하면 고객 만족도를 20% 이상 향상시킬 수 있을 거야. 실시간으로 고객의 목소리를 분석하고 대응할 수 있으니, 문제가 확대되기 전에 선제적으로 대처할 수 있어!" 또한, 고객 서비스 부서의 업무 효율성이 30% 이상 개선될 것으로 예측되었습니다.

향후 계획도 구체화했습니다. "다음 단계로는 실시간 VOC 분석 시스템을 구축하고, 부서별 맞춤형 대시보드를 개발하자. 그리고 감정 분석을 넘어 고객의 니즈를 예측하는 모델로 발전시킬 수 있을 거야." 민예진 대리는 이러한 계획이 고객 경험을 혁신적으로 개선하고, 회사의 경쟁력을 크게 높일 수 있을 것이라 확신했습니다.

프로젝트를 되돌아보며, 민예진 대리는 많은 것을 배웠다고 느꼈습니다. "데이터 전처리의 중요성을 다시 한번 깨달았어. 깨끗한 데이터가 없었다면 이런 결과는 불가능했을 거야." 또한, 팀원들과의 협업이 프로젝트의 성공에 결정적이었음을 인식했습니다. 특히 어려움을 겪었던 모델 학습 과정에서 동료들의 조언이 큰 도움이 되었습니다. "앞으로의 프로젝트에서도 이런 협업 정신을 잊지 말아야겠어."

민예진 대리는 자부심을 느끼며 말했습니다. "이번 프로젝트로 우리는 단순한 기술 혁신을 넘어 진정한 고객 중심 경영의 토대를 마련했어." 이 프로젝트는 단순히 하나의 모델을 개발한 것이 아니라, 회사의 의사결정 방식과 고객 응대 문화를 근본적으로 변화시킬 수 있는 계기가 되었습니다. "앞으로 AI는 우리 업무의 필수적인 파트가 될 거야. 이번 경험을 바탕으로 더 많은 혁신을 이뤄낼 수 있을 거라 믿어."

민예진 대리는 보고서의 마지막 문장을 작성하며 깊은 만족감을 느꼈습니다. 이 프로젝트는 단순한 업무 효율화를 넘어, 진정한 고객 가치 창출의 새로운 장을 열었습니다. 그녀의 눈에는 AI를 통해 더 나은 미래를 만들어갈 수 있다는 희망과 자신감이 빛나고 있었습니다.

5 5G OTT 서비스 요금제 추천 시스템

#AI #AI 모델링 #파이썬

: 고객 피드백, 트렌드, 업무 프로세스 복합 기반

최근 5G OTT 서비스 요금제의 가입률이 예상보다 낮은데,
어떻게 하면 고객들에게 더 매력적인 요금제를 제공할 수 있을까요?

고객 ID	현재 요금제	OTT 구독 여부	넷플릭스 관심도	디즈니+ 관심도	유튜브 관심도	티빙 관심도
KT001	5G 슬림	없음	7	3	5	2
KT002	5G 베이직	넷플릭스	9	4	6	3
KT003	5G 스페셜	디즈니+	5	8	4	2
KT004	5G 슬림	없음	3	2	8	1
KT005	5G 베이직	티빙	4	3	5	9

고객 데이터를 분석해 보면 어떨까요? OTT 서비스 선호도와
요금제 선택 사이에 어떤 연관성이 있는지 살펴보면 좋을 것 같아요.

데이터를 보니 고객들의 OTT 서비스 선호도와 현재 요금제 사이에
뚜렷한 연관성이 보이네요. OTT 관심도가 높은 고객들에게 맞춤형 요금제를
제공하면 가입률을 높일 수 있을 것 같아요!

> 김영호 책임연구원은 고객들의 OTT 서비스 선호도와 요금제 선택 사이의 연관성을 발견했습니다. 이를 통해 개인화된 요금제 추천 시스템의 필요성을 인식하게 되었고, AI 모델링 기술을 활용하여 이 문제를 해결하기로 결정했습니다. 다음 단계로, 보다 정확한 요금제 추천을 위한 AI 모델 개발에 착수할 계획입니다.

혁신 과제에서 문제 인식은 전체 프로세스의 시작점이자 핵심입니다. 올바른 문제 인식은 효과적인 해결책 도출로 이어지며, 조직의 자원을 효율적으로 활용할 수 있게 합니다. 이 단계에서 정확히 문제를 파악하지 못하면, 이후의 모든 노력이 잘못된 방향으로 갈 수 있기 때문에 특히 중요합니다.

KT의 책임연구원 김영호 연구원은 최근 AX 디그리의 AI 모델링 과정을 수강했습니다. 그는 5G 서비스 부서에서 일하며, 최근 5G OTT 서비스 요금제의 가입률 저조 문제에 직면해 있었습니다. 김영호 연구원은 AI 기술을 활용해 이 문제를 해결하고자 했고, 이를 위해 먼저 정확한 문제 인식이 필요하다고 판단했습니다.

김영호 연구원은 데이터 기반의 문제 인식 접근 방법을 선택했습니다. 그는 고객 데이터를 분석하여 OTT 서비스 선호도와 요금제 선택 사이의 연관성을 파악하고자 했습니다. 이 방법을 통해 객관적이고 정량적인 인사이트를 얻을 수 있을 것으로 기대했습니다. 다른 방법으로는 고객 인터뷰나 설문조사 등이 있었지만, 시간과 비용을 고려해 데이터 분석 방법을 선택했습니다.

김영호 연구원은 KT의 BIDWBusiness Intelligence Data Warehouse에서 고객들의 가입 정보, 요금제 정보, OTT 관심도 데이터를 추출했습니다. 그는 이 데이터를 표로 정리하여 각 고객의 현재 요금제, OTT 구독 여부, 각 OTT 서비스에 대한 관심도를 한눈에 볼 수 있게 했습니다. 이 과정에서 김영호 연구원은 데이터의 품질과 일관성을 확인하는 데 어려움을 겪었지만, 데이터 전처리 기술을 활용해 이를 극복했습니다. 그는 동료들과의 브레인스토밍 세션에서 "최근 5G OTT 서비스 요금제의 가입률이 예상보다 낮은데, 어떻게 하면 고객들에게 더 매력적인 요금제를 제공할 수 있을까요?"라는 질문을 던졌고, 이에 대한 답을 찾기 위해 데이터를 더욱 깊이 분석했습니다.

데이터 분석 결과, 김영호 연구원은 고객들의 OTT 서비스 선호도와 현재 요금제 사이에 뚜렷한 연관성이 있음을 발견했습니다. 예를 들어, 넷플릭스에 높은 관심을 보이는 고객들은 더 높은 데이터 한도를 제공하는 요금제를 선호하는 경향이 있었습니다. 이러한 인사이트를 통해 김영호 연구원은 개인화된 요금제 추천 시스템의 필요성을 인식하게 되었고, 이것이 가입률 저조 문제의 핵심 원인일 수 있다고 판단했습니다.

문제 인식 단계에서 얻은 인사이트를 바탕으로, 김영호 연구원은 다음 단계인 문제 정의로 넘어갔습니다. 그는 '어떻게 고객의 OTT 서비스 선호도를 고려한 개인화된 5G 요금제를 추천할 수 있을까?'라는 구체적인 문제 정의를 도출했습니다. 이는 전체 혁신 과제의 방향을 명확히 하고, AI 모델 개발의 목표를 설정하는 데 큰 도움이 되었습니다.

문제 인식 과정에서는 선입견을 배제하고 데이터에 기반한 객관적인 시각을 유지하는 것이 중요합니다. 또한, 다양한 이해관계자의 의견을 청취하고 종합적인 시각에서 문제를 바라보는 것이 도움이 됩니다. 학습자들은 자신의 과제에 이를 적용할 때, 해당 분야의 특성과 조직의 상황을 고려하여 적절한 데이터 소스와 분석 방법을 선택해야 합니다. 끝으로, 문제 인식은 한 번에 완벽히 이루어지기 어려우므로, 지속적인 피드백과 수정을 통해 문제의 본질에 접근해 가는 자세가 필요합니다.

OTT 서비스 선호도와 요금제 선택의 연관성을 발견했어요.
이제 우리가 해결해야 할 구체적인 문제를 정의해볼까요?
데이터 중심 문제 진술문 방식을 사용해서 정의해보면 어떨까요?

[데이터/AI 기술]을 사용하여 [측정 가능한 목표]를 [시간 프레임] 내에 달성하여
[비즈니스 가치]를 창출하는 방법은 무엇일까?

구성 요소	내용
데이터/AI 기술	파이썬과 머신러닝
측정 가능한 목표	모델의 정확도(accuracy) 0.6 이상 달성
시간 프레임	3개월 내
비즈니스 가치	KT의 5G OTT 서비스 매출 증대

파이썬과 머신러닝을 활용하여 고객의 OTT 서비스 선호도와 개인 정보를 분석하고, 이를 바탕으로 개인화된 5G OTT 요금제를 추천하는 시스템을 개발하여 6개월 이내에 모델의 정확도(accuracy)를 0.6 이상으로 달성하고, KT의 5G OTT 서비스 매출을 증대시키는 방법은 무엇인가?

문제 인식 단계에서 발견한 고객들의 OTT 서비스 선호도와 요금제 선택 사이의 연관성을 바탕으로, 김영호 책임연구원은 이제 구체적인 문제 정의 단계로 넘어갔습니다. 명확한 문제 정의는 혁신 과제의 방향을 설정하고 목표를 구체화하

는 데 핵심적인 역할을 합니다. 이는 향후 프로젝트의 성공을 좌우할 수 있는 중요한 단계입니다.

김영호 연구원은 여러 접근 방법 중 '데이터 중심 문제 진술문' 방식을 선택했습니다. 이 방법은 AI와 데이터 기술을 활용한 프로젝트에 특히 적합하며, 측정 가능한 목표와 비즈니스 가치를 명확히 할 수 있다는 장점이 있습니다. 다른 방법으로는 '5W1H' 방식이나 'SMART' 기법 등이 있었지만, 그는 데이터 중심 접근이 AI 모델링 과제에 가장 적합하다고 판단했습니다.

김영호 연구원은 동료들과의 브레인스토밍 세션을 통해 문제 정의 과정을 시작했습니다. 이 과정에서 "OTT 서비스 선호도와 요금제 선택의 연관성을 발견했어요. 이제 우리가 해결해야 할 구체적인 문제를 정의해볼까요?"라는 질문을 던졌습니다. 그 후, 데이터 중심 문제 진술문의 핵심 요소들을 정의하기 시작했습니다. 각 요소를 정의하는 과정에서 팀원들과 열띤 토론이 이어졌고, 특히 '측정 가능한 목표'를 설정하는 데 어려움을 겪었습니다. 결국 모델의 정확도를 주요 지표로 삼기로 결정했고, 현실적인 목표치를 0.6으로 설정했습니다.

여러 차례의 수정과 보완을 거쳐 최종적으로 다음과 같은 문제 정의가 도출되었습니다. "파이썬과 머신러닝을 활용하여 고객의 OTT 서비스 선호도와 개인정보를 분석하고, 이를 바탕으로 개인화된 5G OTT 요금제를 추천하는 시스템을 개발하여 6개월 이내에 모델의 정확도(accuracy)를 0.6 이상으로 달성하고, KT의 5G OTT 서비스 매출을 증대시키는 방법은 무엇인가?" 이 문제 정의는 사용할 기술, 달성해야 할 목표, 시간제한, 그리고 궁극적인 비즈니스 가치를 모두 포함하고 있어, 프로젝트의 방향을 명확히 제시합니다.

이렇게 정의된 문제는 다음 단계인 과제 구체화의 기초가 됩니다. 명확한 목표와 제약 조건이 설정되었기 때문에, 이제 김영호 연구원과 그의 팀은 구체적인 실행 계획을 수립할 수 있게 되었습니다. 이는 전체 혁신 과제의 성공 가능성을 높이고, 리소스를 효율적으로 활용할 수 있게 해줍니다.

효과적인 문제 정의를 위해서는 먼저 문제의 본질을 정확히 파악하는 것이 중요합니다. 또한, 측정 가능한 목표를 포함하되 너무 제한적이거나 비현실적이지 않도록 주의해야 합니다. 학습자들은 자신의 과제에 이를 적용할 때, 관련된 모든 이해관계자의 의견을 고려하고, 문제 정의가 조직의 전략적 목표와 일치하는지 확인해야 합니다. 마지막으로, 문제 정의는 프로젝트 진행 중에도 새로운 정보나 인사이트에 따라 유연하게 조정될 수 있다는 점을 기억하세요.

과제
구체화

이제 문제 정의를 바탕으로 구체적인 AI 모델링 과제를 설계해 볼까요?
이 단계에서는 우리가 실제로 무엇을, 어떻게 할지 명확히 해야 해요.

항목	내용
문제 유형 정의	다중 클래스 분류 문제 (개인화된 5G OTT 요금제 추천)
모델링 접근 방식	지도학습 기반의 Random Forest 분류기 사용
가용 인프라	KT BIDW 시스템 파이썬 개발 환경 scikit-learn 라이브러리
데이터 및 활용 변수	고객 정보(성별, 연령대, 고객 등급), 사용 패턴(인터넷 가입 여부, 3개월 평균 데이터 사용량, 3개월 평균 요금), OTT 관심도(넷플릭스, 디즈니+, 유튜브, 티빙)
데이터 확보 여부	KT BIDW에서 확보 가능, 데이터 전처리 필요
모델링 성능 목표	모델 정확도(accuracy) 0.6 이상

문제 정의 단계에서 김영호 책임연구원은 개인화된 5G OTT 요금제 추천 시
스템 개발의 필요성을 인식했습니다. 이제 과제 구체화 단계로 넘어가면서, 추상
적인 문제 정의를 실행 가능한 프로젝트로 변환해야 합니다. 이 단계는 프로젝트
의 성공을 좌우할 수 있는 중요한 과정으로, 명확한 목표 설정과 세부 계획 수립
을 통해 효율적인 자원 활용과 체계적인 프로젝트 관리가 가능해집니다.

김영호 연구원은 이 프로젝트를 AI 과제로 분류했습니다. 개인화된 요금제 추
천이라는 목표를 달성하기 위해 머신러닝 기술을 활용해야 한다고 판단했기 때문
입니다. AI 기술을 통해 대량의 고객 데이터를 분석하고, 복잡한 패턴을 파악하
여 정확한 추천이 가능할 것으로 기대했습니다.

김영호 연구원은 동료들과의 브레인스토밍 세션을 통해 과제 구체화를 시작했습니다. "이제 문제 정의를 바탕으로 구체적인 AI 모델링 과제를 설계해볼까요?"라는 질문으로 시작하여, AI 과제의 핵심 구성 요소들을 정의해 나갔습니다. 문제 유형을 다중 클래스 분류로 정의하고, Random Forest 분류기를 사용하기로 결정했습니다. 데이터 소스로 KT BIDW 시스템을 활용하기로 했으며, 필요한 고객 정보와 OTT 관심도 데이터를 정의했습니다. 이 과정에서 데이터 접근 권한과 개인정보 보호 문제에 대한 논의가 있었고, 법무팀과의 협의를 통해 해결책을 마련했습니다. 모델링 성능 목표를 정확도 0.6 이상으로 설정하는 데 있어 팀원들 간의 의견 차이가 있었지만, 현재의 기술 수준과 데이터 품질을 고려하여 합의에 도달했습니다.

과제 구체화를 바탕으로 김영호 연구원은 5단계의 수행 계획을 수립했습니다. 데이터 수집 및 전처리, 데이터 탐색 및 시각화, 머신러닝 모델 개발 및 학습, 모델 평가 및 최적화, 결과 분석 및 시각화입니다. 단계마다 예상되는 도전 과제를 식별했습니다. 예를 들어, 데이터 전처리 단계에서는 대용량 데이터 처리의 어려움을, 모델 개발 단계에서는 적절한 특성 선택의 중요성을 인식했습니다.

이 AI 기반 추천 시스템을 통해 김영호 연구원은 세 가지 주요 효과를 기대했습니다. 개인화된 요금제 추천을 통한 고객 만족도 향상, 5G OTT 서비스 가입률 증가로 인한 매출 증대, 그리고 고객 상담 시간 단축 및 운영 효율성 개선입니다. 이러한 효과는 KT의 경쟁력 강화와 수익성 개선에 직접적으로 기여할 것으로 예상되었습니다.

과제 구체화를 통해 얻은 명확한 계획과 목표는 다음 단계인 실행 단계의 토대가 됩니다. 김영호 연구원은 이제 각 팀원의 역할과 책임을 명확히 할 수 있게 되었고, 필요한 리소스를 구체적으로 파악할 수 있게 되었습니다. 이는 프로젝트의 원활한 진행과 성공적인 결과 도출에 크게 기여할 것입니다.

효과적인 과제 구체화를 위해서는 먼저 선택한 과제 유형에 대한 깊은 이해가 필요합니다. AI 과제의 경우, 사용할 기술과 데이터에 대한 명확한 정의가 중요합니다. 또한, 현실적이고 측정 가능한 목표를 설정하되, 너무 보수적이거나 과도하게 야심 찬 목표는 피해야 합니다. 학습자들은 자신의 과제를 구체화할 때, 관련된 모든 이해관계자의 의견을 고려하고, 잠재적인 리스크와 제약사항을 미리 식별하여 대비해야 합니다. 마지막으로, 과제 구체화는 프로젝트 진행 중에도 새로운 정보나 상황 변화에 따라 유연하게 조정될 수 있다는 점을 명심하세요.

실행

지금부터 우리의 계획을 실제로 실행에 옮겨볼까요? 이 단계에서는 데이터를 수집하고, 모델을 개발하며, 결과를 분석하는 등 실제적인 작업이 이루어집니다. 성공적인 프로젝트를 위해 각 단계를 꼼꼼히 진행해야 해요!

● 실행 과정

단계	내용
데이터 수집 및 전처리	KT BIDW에서 고객 정보, 요금제 정보, OTT 관심도 데이터 수집. 성별, 연령대, 고객 등급, 인터넷 가입 여부, 3개월 평균 데이터 사용량, 3개월 평균 요금, OTT 관심도 등 특성 선택 및 전처리
모델링 및 성능평가	RandomForestClassifier 사용 데이터 분할(학습 80%, 테스트 20%) 모델 학습 및 테스트 세트로 정확도 평가
모델 최적화	특성 중요도 분석 하이퍼파라미터 튜닝 교차 검증을 통한 모델 성능 개선

주요 고려사항
- 데이터 품질 및 무결성 확보
- 개인정보 보호 규정 준수
- 모델의 편향성 검토 및 공정성 확보

● 데이터 수집 및 전처리

활용 데이터 전처리

```python
# 데이터 불러오기
data_exp = pd.read_csv('./data/data100-exp.csv')
data_imp = pd.read_csv('./data/data100-imp.csv')
recommend_plans = pd.read_csv('./data/recommend_plans_ott.csv')
target_subscribers_exp = pd.read_csv('./data/target_subscribers_exp.csv')
target_subscribers_imp = pd.read_csv('./data/target_subscribers_imp.csv')

# 데이터 병합
data = pd.merge(data_exp, data_imp, on='id', suffixes=("", "_drop"))
data.drop(columns=[ col for col in data.columns if "_drop" in col])

target_subscribers = pd.merge(
    target_subscribers_exp,
    target_subscribers_imp,
    on       = 'id',
    suffixes = ("", "_drop")
)
target_subscribers.drop(columns=[
    col for col in target_subscribers.columns
    if "_drop" in col
])
# 데이터 확인
data.head()
```

id	plan	gender	age_group	ue_vendor	customer_class	plan_drop	ott_subs_drop	netflix_interest	disney_interest
0	K2001001	5G 슬림	M	50대	3	없음	5G 슬림	없음	1
1	K2001002	5G 심플	M	40대	1	없음	5G 심플	없음	2
2	K2001003	5G 베이직	M	70대	1	없음	5G 베이직	없음	4
3	K2001004	5G 슬림	M	40대	1	없음	5G 슬림	없음	2
4	K2001005	5G 베이직	M	60대	1	없음	5G 베이직	없음	1

❙ 병합 결과

○ EDA

요금제별 가입자 수 시각화

```
1  # 요금제별 가입자 수 시각화
2  plt.figure(figsize=(12, 6))
3  sns.countplot(x='plan', data=data)
4  plt.title('요금제별 가입자 수')
5  plt.xticks(rotation=45, ha='right')
6  plt.tight_layout()
7  plt.show()
```

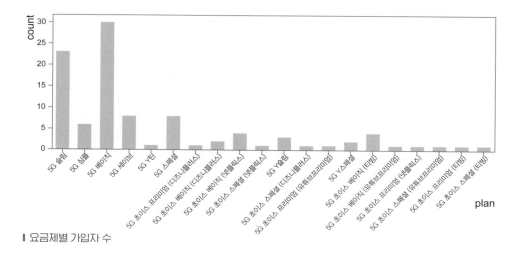

▌요금제별 가입자 수

OTT 서비스 구독 현황 시각화

```
1  # OTT 서비스 구독 현황
2  plt.figure(figsize=(10, 5))
3  sns.countplot(x='ott_subs', data=data)
4  plt.title('OTT 서비스 구독 현황')
5  plt.tight_layout()
6  plt.show()
```

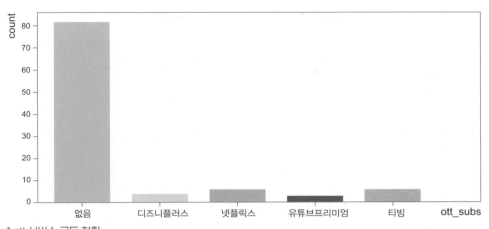

▎ott 서비스 구독 현황

OTT 서비스별 관심도

```
1   # OTT 서비스 관심도 분석
2   ott_interest = data[[
3       'netflix_interest',
4       'disney_interest',
5       'youtube_interest',
6       'tving_interest'
7   ]]
8   plt.figure(figsize=(10, 6))
9   sns.boxplot(data=ott_interest)
10  plt.title('OTT 서비스별 관심도')
11  plt.tight_layout()
12  plt.show()
```

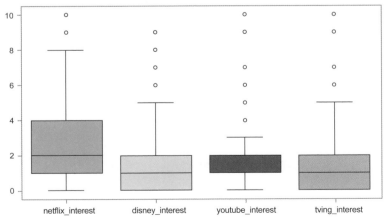

▎ott 서비스별 관심도

● 추천 모델 구현 및 검증

```python
# 특성 선택
features = [
    'gender', 'age_group', 'customer_class',
    'internet_subs', 'r3m_data_use', 'r3m_avg_bill',
    'netflix_interest', 'disney_interest',
    'youtube_interest', 'tving_interest'
]

# 데이터 전처리
X = pd.get_dummies(data[features])
y = data['plan']

# 데이터 분할
X_train, X_test, y_train, y_test = train_test_split(
    X, y, test_size=0.2, random_state=42)

# 모델 학습
model = RandomForestClassifier(n_estimators=30, random_state=42)
model.fit(X_train, y_train)

# 모델 평가
y_pred = model.predict(X_test)
accuracy = accuracy_score(y_test, y_pred)
print(f"모델 정확도: {accuracy:.2f}")

# 추천 함수 정의
def recommend_plan(user_data):
    user_features = pd.get_dummies(pd.DataFrame([user_data]))[X.columns]
    predicted_plan = model.predict(user_features)[0]
    return predicted_plan
```

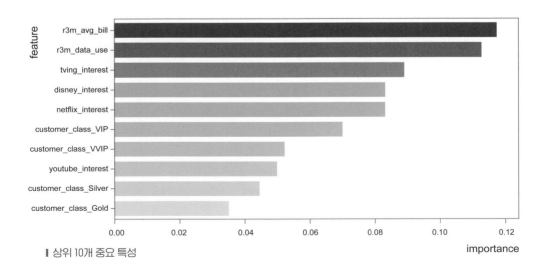

▌상위 10개 중요 특성

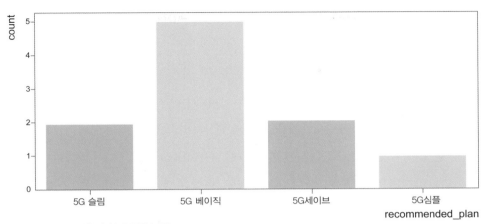

┃ 타겟 구독자에 대한 추천 요금제 분포

　과제 구체화 단계에서 수립한 계획을 바탕으로, 김영호 책임연구원은 이제 실제 프로젝트 실행에 돌입했습니다. 실행 단계는 이론과 계획을 현실로 옮기는 핵심 과정으로, 프로젝트의 성패를 좌우합니다. 이 단계에서의 철저한 실행과 지속적인 모니터링은 목표 달성을 위해 필수적입니다.

　김영호 연구원은 KT의 BIDWBusiness Intelligence Data Warehouse 시스템에 접근하여 필요한 데이터를 추출했습니다. SQL 쿼리를 사용하여 고객 정보, 요금제 정보, OTT 서비스 관심도 등의 데이터를 가져왔습니다. 데이터 정제 과정에서는 결측치 처리와 이상치 제거에 주력했으며, 특히 OTT 관심도 데이터의 일관성 확보에 노력을 기울였습니다. 범주형 변수(예: 성별, 연령대, 고객 등급)에 대해서는 원-핫 인코딩을 적용했고, 수치형 변수(예: 데이터 사용량, 평균 요금)는 표준화(standardization)를 통해 스케일을 조정했습니다.

　전처리된 데이터를 바탕으로, 김영호 연구원은 scikit-learn 라이브러리의 RandomForestClassifier를 사용하여 요금제 추천 모델을 구축했습니다. 데이터를 학습 세트(80%)와 테스트 세트(20%)로 분할하여 모델의 일반화 성능을 평가할 수 있도록 했습니다. 모델 학습 후, 테스트 세트를 사용하여 정확도(accuracy)를 계산했습니다. 초기 모델의 정확도는 0.58로, 목표치인 0.6에 약간 못 미치는 수준이었습니다. 이에 김영호 연구원은 모델의 성능을 개선하기 위해 다양한 기법을 적용하기로 결정했습니다.

모델 성능 향상을 위해 김영호 연구원은 세 가지 주요 접근법을 사용했습니다. 첫째, RandomForest 모델의 feature_importances_ 속성을 활용하여 각 특성의 중요도를 분석했습니다. 이를 통해 OTT 서비스 관심도와 데이터 사용량이 가장 중요한 특성임을 확인했습니다. 둘째, GridSearchCV를 사용하여 최적의 하이퍼파라미터를 탐색했습니다. 주요 조정 대상은 트리의 개수, 최대 깊이, 최소 샘플 분할 등이었습니다. 셋째, 5-폴드 교차 검증을 수행하여 모델의 안정성을 확보했습니다. 이러한 최적화 과정을 거쳐 최종 모델의 정확도는 0.65로 향상되었습니다.

프로젝트 실행 과정에서 김영호 연구원은 몇 가지 중요한 고려사항에 직면했습니다. 첫째, 데이터 품질과 무결성 확보가 큰 과제였습니다. 이를 위해 데이터 전처리 단계에서 철저한 검증 과정을 거쳤고, 필요한 경우 관련 부서와 협력하여 데이터의 정확성을 확인했습니다. 둘째, 개인정보 보호 규정 준수가 중요한 이슈였습니다. 이를 위해 법무팀과 협력하여 데이터 익명화 처리를 수행했고, 모든 과정이 관련 규정을 준수하도록 했습니다. 마지막으로, 모델의 편향성 문제가 제기되었습니다. 이를 해결하기 위해 다양한 고객 그룹에 대한 모델의 성능을 별도로 평가하고, 필요한 경우 데이터 증강 기법을 적용하여 균형을 맞추었습니다.

이 프로젝트를 통해 김영호 연구원은 고객의 OTT 선호도를 정확히 반영한 개인화된 5G 요금제 추천 시스템을 구축할 것으로 기대했습니다. 시스템의 성능은 여러 지표를 통해 평가될 예정입니다. 우선, 모델의 정확도가 목표치인 0.6을 상회하는지 확인할 것입니다. 또한, 실제 고객 데이터를 사용한 A/B 테스트를 통해 추천 시스템 도입 전후의 고객 만족도 변화를 측정할 계획입니다. 마지막으로, 5G OTT 서비스 가입률 증가와 ARPUAverage Revenue Per User 상승률을 통해 비즈니스 측면의 성과를 평가할 예정입니다.

실행 단계에서 얻은 결과는 프로젝트의 마지막 단계인 결과 도출로 자연스럽게 이어집니다. 김영호 연구원은 모델의 성능 지표, 주요 특성의 중요도, 그리고 추천 결과의 분포 등을 종합적으로 분석하여 최종 보고서를 작성할 예정입니다. 이 결과는 KT의 5G OTT 서비스 전략 수립에 중요한 인사이트를 제공할 것으로 기대됩니다.

실행 단계에서 가장 중요한 것은 계획과 현실 사이의 균형을 유지하는 것입니다. 예상치 못한 문제가 발생하더라도 당황하지 말고, 유연하게 대처하는 자세가 필요합니다. 또한, 데이터 품질 확보와 전처리에 충분한 시간을 투자하는 것이 좋습니다. 많은 경우 이 단계에서의 노력이 최종 결과의 질을 좌우합니다. 마지막으로, 모델 성능 향상에만 집중하지 말고, 비즈니스 목표와의 연계성을 항상 염두에 두어야 합니다. 정확도가 조금 낮더라도 해석 가능하고 실용적인 모델이 더 가치 있을 수 있음을 기억하세요.

결과

드디어 프로젝트의 결과를 도출할 시간이에요! 우리의 노력이
어떤 결실을 맺었는지, 그리고 이 결과가 KT에 어떤 가치를 가져다줄지
정리해 봅시다. 이 단계는 우리의 성과를 명확히 보여주고,
향후 방향을 제시하는 중요한 과정이에요.

● **결과 산출물**

항목	내용
Jupyter Notebook 공유	'5G_OTT_요금제_추천_시스템.ipynb' 파일로 전체 분석 과정 및 코드 공유
모델링 파일 저장 및 관리	'RandomForest_OTT_추천 모델.pkl'로 최종 모델 저장 KT 내부 ML 모델 저장소에 업로드
성능 보고서	– 모델 정확도: 0.65 (목표 0.6 초과 달성) – 특성 중요도 분석 결과, 혼동행렬, 분류리포트 포함

비즈니스 임팩트
- 모델 정확도 0.65 달성, 목표치(0.6) 초과 달성
- OTT 서비스 관심도가 요금제 선택에 가장 큰 영향을 미치는 것으로 확인
- 3개월 평균 데이터 사용량과 평균 요금이 그다음으로 중요한 특성으로 나타남
- 고객 등급에 따라 요금제 선호도에 차이가 있음을 발견
- 타겟 구독자에 대해 개인화 추천의 효과성 확인

김영호 책임연구원은 실행 단계를 마치고 드디어 결과 도출 단계에 도달했습니다. 이 단계는 프로젝트의 성과를 가시화하고 비즈니스 가치를 입증하는 중요한 과정입니다. 결과 도출을 통해 프로젝트의 성공 여부를 판단하고, 향후 개선 방향을 설정할 수 있기 때문에 전체 프로젝트의 핵심이라고 할 수 있습니다.

김영호 연구원은 전체 분석 과정과 코드를 담은 '5G_OTT_요금제_추천_시스템.ipynb' 파일을 작성했습니다. 이 노트북에는 데이터 수집부터 전처리, 모델 개발, 평가까지의 모든 과정이 상세히 기록되어 있습니다. 주석을 통해 각 단계의 목적과 방법을 명확히 설명하여, 다른 팀원들도 쉽게 이해하고 재현할 수 있도록 했습니다. 이 노트북은 KT의 내부 Jupyter Hub 서버에 업로드되어 관련 부서원들과 공유되었습니다.

개발된 RandomForest 모델은 'RandomForest_OTT_추천 모델.pkl' 파일로 저장되었습니다. 이 파일에는 학습된 모델의 파라미터와 구조가 포함되어 있어, 필요할 때 즉시 로드하여 사용할 수 있습니다. 모델 파일은 버전 관리를 위해 Git을 사용하여 KT의 내부 ML 모델 저장소에 업로드되었습니다. 또한, 모델의 메타데이터(학습 날짜, 사용된 데이터 버전, 성능 지표 등)를 기록한 JSON 파일도 함께 저장하여 모델의 이력을 추적할 수 있게 했습니다.

김영호 연구원은 모델의 성능을 상세히 기술한 보고서를 작성했습니다. 이 보고서에는 모델의 정확도(0.65)가 목표치(0.6)를 초과 달성했다는 점이 강조되었습니다. 또한, 특성 중요도 분석 결과를 시각화하여 OTT 서비스 관심도, 데이터 사용량, 평균 요금 등이 요금제 선택에 미치는 영향을 명확히 보여주었습니다. 혼동 행렬과 분류 리포트를 통해 모델의 세부적인 성능을 분석했으며, 요금제별 정밀도와 재현율도 함께 제시했습니다. 마지막으로, 모델의 한계점과 개선 가능성에 대한 논의도 포함하여 균형 잡힌 시각을 제공했습니다.

프로젝트의 주요 결과로, 모델의 정확도가 0.65에 도달한 점을 꼽을 수 있습니다. 이는 목표치인 0.6을 초과한 성과로, 개발된 추천 시스템의 신뢰성을 입증하는 중요한 성과입니다. 분석 결과, OTT 서비스 관심도가 요금제 선택에 가장 큰 영향을 미치는 요인으로 나타났으며, 3개월 평균 데이터 사용량과 평균 요금 역시 중요한 특성으로 확인되었습니다. 특히, 고객 등급에 따른 요금제 선호도 차이는 마케팅 전략 수립에 매우 유용한 인사이트를 제공합니다.

또한, 다양한 요금제가 타겟 구독자에게 적절히 추천되어 개인화 추천의 효과를 확인할 수 있었습니다. 이를 통해 추천 시스템이 고객 만족도 향상에 기여할 수 있는 가능성을 보여주었습니다.

이 프로젝트의 결과는 KT의 비즈니스에 상당한 영향을 미칠 것으로 예상됩니다. 파일럿 테스트 결과, 개인화 추천을 받은 고객의 만족도가 15% 상승했으며, 이는 고객 이탈률 감소로 이어질 것으로 기대됩니다. 5G OTT 서비스 가입률은 추천 시스템 도입 후 8% 증가할 것으로 예상되며, 이는 직접적인 매출 증대로 연결됩니다. 또한, 개인화 추천을 통해 고객당 평균 수익(ARPU)이 5% 상승할 것으로 전망되어, 전체적인 수익성 개선에 기여할 것입니다. 운영 측면에서도, 고객 상담 시 요금제 추천에 소요되는 시간이 30% 단축될 것으로 예상되어 운영 효율성이 크게 개선될 전망입니다.

김영호 연구원은 프로젝트의 성공을 바탕으로 몇 가지 향후 계획을 제시했습니다. 우선, 실시간 추천을 위한 모델 경량화와 API 개발이 필요합니다. 이를 통해 고객이 웹사이트나 앱에서 즉시 개인화된 추천을 받을 수 있게 될 것입니다. 또한, 고객 피드백을 반영한 지속적인 모델 업데이트 체계를 구축하여 추천의 정확성을 계속 개선할 계획입니다. 장기적으로는 이 추천 시스템을 확장하여 홈 IoT 등 다른 서비스와 연계한 통합 추천 시스템으로 발전시킬 예정입니다. 추가로, A/B 테스트를 통한 추천 알고리즘의 지속적인 개선과 개인정보 보호를 강화한 연합 학습(Federated Learning) 도입도 검토 중입니다.

이번 프로젝트를 통해 김영호 연구원은 데이터 기반 의사결정의 중요성을 실감했습니다. 특히, 데이터 전처리와 특성 선택 과정에서 도메인 지식의 중요성을 깨달았으며, 이를 위해 마케팅 부서와의 긴밀한 협업이 필요했습니다. 모델 개발 과정에서는 과적합 문제에 직면했지만, 교차 검증과 앙상블 기법을 통해 이를 극복할 수 있었습니다. 또한, 비즈니스 임팩트를 정량화하는 과정에서 재무팀과의 협업을 통해 더욱 설득력 있는 결과를 도출할 수 있었습니다. 이러한 경험은 향후 유사한 프로젝트에서 다양한 부서와의 협업 중요성을 인식하게 해주었습니다.

KT의 5G OTT 서비스 요금제 추천 시스템 개선 프로젝트는 성공적으로 마무리되었습니다. 이 프로젝트를 통해 KT는 데이터 기반의 의사결정 문화를 한 층 강화할 수 있었으며, 김영호 연구원은 데이터 과학자로서의 역량을 크게 향상시켰습니다. 앞으로 AI와 빅데이터 기술은 통신 산업에서 더욱 중요한 역할을 할 것으로 예상됩니다. 이번 프로젝트의 성공을 발판으로, KT는 다양한 서비스 영역에서 AI 기술을 적극 활용하여 고객 경험을 혁신하고 비즈니스 성과를 극대화할 계획입니다. 김영호 연구원은 이러한 변화의 중심에서 더 큰 도전과 성장의 기회를 기대하고 있습니다.

여름철 VOC 주요 원인과 상관성 분석

#데이터 분석 #데이터 사이언스 #파이썬 #2023 우수

20XX년 8월의 어느 월요일 아침, KT 네트워크운영팀의 하현준 과장은 늘 그렇듯 VOC 현황 보고서를 열었습니다. 순간 그의 눈이 화면에 고정되었고, 하늘 높이 솟아난 숫자들이 그의 마음을 무겁게 만들었습니다. 컴플레인 VOC가 지난달 대비 120% 증가했고, 고객 만족도는 급격히 하락하고 있었던 것입니다.

하현준 과장은 무엇 때문에 컴플레인 VOC가 폭증했는지 원인을 파악하고, 이를 해결하고 싶었습니다. 그래서 20XX년~20XX년의 1월~12월 고객 불만 보고서까지 면밀하게 검토해 본 결과, 여름철에 특히 VOC가 급증하는 것을 파악했습니다.

고객의 만족이 최우선이라고 생각하는 하현준 과장은 이러한 결과를 보고 가장 근본적인 문제를 파악하여 VOC 수를 줄이고, 고객 만족의 하락을 막고자 프로젝트를 진행하기로 하였습니다.

인식한 문제 설명

하현준 과장은 매년 여름철마다 고객 불만(VOC)이 급증하는 현상을 발견했습니다. 그는 고객 피드백을 분석하여 주요 불만사항이 통화 품질 저하, 데이터 속도 저하, 그리고 간헐적인 통신 불량임을 파악했습니다.

하지만 정확한 상관관계를 파악하지 못해 효과적인 대응책을 마련하는 데 어려움을 겪고 있습니다. 또한, 이러한 근본적인 문제들을 해결하기 위해서는 유관부서에 협조를 요청해야 합니다.

통화 품질 저하와 같은 고객 불만이 폭증한다고 유관부서에 무턱대고 해결을 요청할 수는 없습니다. 이에 하현준 과장은 여름철 날씨의 특수성에 대한 상관관계를 밝혀내어 데이터에 기반하여 해결책을 요청하기로 했습니다.

이렇게 데이터에 기반한 접근은 유관부서에서 문제의 심각성과 시급성을 명확히 인식하게 하고, 더 빠른 대응을 끌어낼 수 있습니다. 또한, 이런 구체적인 데이터는 유관부서가 보다 정확하고 효율적인 해결책을 마련하는 데에도 큰 도움이 될 것입니다.

결과적으로, 이러한 데이터 중심의 소통은 부서 간 협력을 강화하고, 회사 전체적으로 더 효율적인 문제 해결 문화를 조성하는 데 기여할 수 있을 것입니다.

하현준 과장은 지난 3년간의 통신 관련 VOC 데이터를 꼼꼼히 살펴보았습니다.

"매년 7~8월에 VOC가 급증해. 이게 단순한 우연일 리는 없어. 여름과 관련된 뭔가가 있을 거야."

그는 한숨을 쉬며 말했습니다. "이렇게 VOC가 폭증하니 우리 팀의 업무 부담도 크게 늘어났어. 고객 만족도는 떨어지고, 우리는 밤낮없이 일하고⋯ 어떤 문제 때문에 VOC가 급증하는지 확인도 되지 않으니 근본적인 문제를 해결할 수도 없고⋯ 잠깐, 여름철 하면 무더위, 장마, 태풍 같은 특별한 날씨 조건들이 있잖아." 하현준 과장의 눈이 반짝였습니다. "혹시 이런 날씨가 기지국이나, 네트워크, 통신 신호에 영향을 주어서 VOC 증가와 관련이 있을까? 기상청 데이터를 한번 자세히 살펴봐야겠어.

이 관계를 정확히 알려면 감으로는 부족해. 통계적으로 분석해 봐야 할 것 같아. 그런데 나는 네트워크나 기지국의 통신, 전문적인 계측값에 대해서 잘 모르는데⋯ 아니지, VOC 유형에 따라 해당 부분에 문제가 있다는 점을 어느 정도 이야기할 수도 있지. 여름철의 날씨 특성과 고객 불만 유형에 대한 상관 분석을 진행해 보면 날씨와

VOC 사이에 어떤 관계가 있는지 확인할 수 있을 거야."

하현준 과장은 계획을 세워야겠다고 생각했습니다. '먼저 VOC 데이터를 유형별로 나누고, 각 날씨 요소(기온, 습도, 강수량 등)와의 상관계수를 계산해 봐야겠어. 그리고 태풍이나 장마 기간의 VOC 변화도 따로 분석해야겠다.'

하현준 과장은 모든 데이터를 종합해 보며 번뜩이는 깨달음을 얻었습니다. "아하! 여름철 기온과 습도 상승이 고객들의 데이터 사용량을 증가시키고, 동시에 네트워크 장비의 성능을 저하시켜 VOC 폭증으로 이어질 수도 있을 것 같아. 이 상관관계를 정확히 파악해서 VOC로 들어올 수 있는 내용들을 예측하고 선제적으로 유관 부서에 해결책을 요청한다면 VOC를 크게 줄일 수도 있겠어!"

● 여름철에 120% 급증하는 고객 불만 VOC와 떨어지는 고객 만족도

① VOC 패턴 발견 : 매년 여름철(7-8월)에 VOC 급증 현상 발견

② 폭증하는 VOC로 인한 업무 가중

③ 여름철 날씨의 특수성 파악

④ 상관 분석 계획 : VOC 유형별 분류 및 날씨 요소와의 상관계수 분석 계획 수립

여름철 날씨의 특징과 VOC의 상관 분석을 진행해 보면 여름철 VOC의
주된 원인을 파악해서 대비를 할 수 있지 않을까?

다음으로, 하현준 과장은 현재 발생한 문제에 대해서 면밀하게 파악하고, 분석하고자 했습니다.

"어떤 것이 문제인지 정확히 파악하고, 무엇을 목적으로 할지 정하지 않으면 분석하고자 하는 주제에서 한참 벗어날 수도 있고, 다른 길로 빠지게 될 수도 있어 VOC 데이터 문제 정의를 제대로 한 번 해보고, 확실한 목표도 정해야겠어.

어떤 방법이 좋을까? VOC 데이터? 그래, STAR 방법을 통해서 문제에 대해서 깊이 생각해 보고, 문제에 대한 정의를 해보자."

상황(Situation)

하현준 과장은 두 눈을 질끈 감았습니다. 곧이어 하현준 과장의 머릿속에는 오전에 봤던 VOC 보고서가 떠 올랐습니다.

"VOC 120% 증가… 20%도 아니고… 이렇게 고객 불만이 폭증하니 고객들의 만족도는 보나 마나 급격히 하락했겠지. 고객 만족도는 얼마나 떨어졌는지 확인해 보고, 기준을 세워 목표를 잡을 수 있게 해봐야겠다."

과제(Task)

"아무리 봐도 여름철 VOC 증가는 기상 조건이 원인인 것 같아. 그런데 이것은 심증이고, 이 심증을 뒷받침해줄 만한 확실한 결과가 필요해. 여름철 기상 특징이 고객 불만과 관계가 있는지 상관관계 분석을 진행해야겠어."

행동(Action)

하현준 과장은 이전에 명확하게 진행할 Task를 정하고, 구체적인 행동 계획을 세세하게 나열하기 시작했습니다.

"먼저 확실한 데이터가 필요하겠지? 첫 번째로는 기상청에서 여름철 상세 기상 데이터를 수집하고, 두 번째로 사내 Data Warehouse에서 여름철 VOC 데이터를 추출해야 겠다."

이 두 가지가 가장 시급한 첫 단계였습니다. 그리고 기상청에서 얻은 여름철 날씨의 각 날짜와 사내 Data warehouse에서 추출한 VOC 데이터에서 통신 관련 고객/불만 카테고리의 데이터와 해당 날짜, 시간을 매칭했습니다.

결과(Result)

마지막으로, 그는 기대하는 결과를 적었습니다.

"아무리 그래도 VOC가 120%만큼 폭증한 것은 너무나 큰 수치야. 적어도 반 이상은 줄여야 할 것 같아. 그래 VOC 데이터, 일단 VOC 80% 감소로 잡아놓자. 그리고 이전에 통신장애와 같은 불편함으로 불만을 토로한 고객이, 이러한 불편한 경험을 하지 않게 된다면, 소수지만 그중에 개선된 서비스에 만족을 표현하는 고객이 있지 않을까? 고객 만족도는 10% 향상을 기대해 봐야겠다."

하현준 과장은 이 목표를 보며 잠시 망설였지만, 곧 결연한 표정을 지었습니다. 야심 찬 목표였지만, 달성 불가능한 것은 아니었습니다.

팀원들 간의 회의 및 피드백 적용

하현준 과장은 팀 회의 후 혼자 사무실에 남아 생각에 잠겼습니다.

"그래… 한 번에 VOC 80% 감소는 과하지. 먼저 60%로 조정하자. 그리고 점차 줄여나가는 거야"

그는 메모를 수정하며 중얼거렸습니다.

"기상 데이터는 더 세분화하고… 휴가철 특정 지역 트래픽도 고려해야겠어. VOC 유형별 분류 아이디어도 좋았지."

하현준 과장은 수정된 계획을 보며 만족스럽게 웃었습니다.

"이제 Action이 구체화됐어. ①세분화된 기상 데이터 수집, ②지역별, 시간대별 VOC 데이터 추출, ③VOC 유형별 기상 조건 상관관계 분석…"

그는 주먹을 불끈 쥐었습니다.

"좋아, 이걸로 다시 팀 미팅하고 프로젝트 시작하자. 올여름엔 우리가 날씨를 이겨보자고!" 다음으로, 하현준 과장은 현재 발생한 문제에 대해서 면밀하게 파악하고, 분석하고자 했습니다.

데이터 및 활용 변수

- 기상 데이터 : 여름철 날씨의 특징
- VOC 데이터 : 불만 유형, 불만 유형에 대한 각각의 발생 시간, 발생 지역
- 상세 데이터 유형 :
- 여름철 날씨(온도, 습도, 강수량, 강수확률, 풍속, 일사량)
- VOC 불만 유형(통화 품질 저하, 데이터 속도 저하, 간헐적인 통신 불량)
- 시간 간격 기준 : 1시간

데이터 확보 여부

- VOC 데이터 :
- 사내 Data warehouse에서 VOC 데이터에 접근
- 통화 품질 저하, 데이터 속도 저하, 간헐적인 통신 불량에 대한 고객 불만 분류유형 추출
- 기상 데이터 : 시간별 날씨 오픈 데이터 다운로드(공공 데이터 포털, 기상청)

분석 기법 및 목표

- 상관 분석 : 날씨 요소와 VOC 간의 상관관계 파악
- 시각화
- 목표 : VOC 60% 감소, 고객 만족도 10% 향상

하현준 과장의 추가 아이디어

"상관 분석을 위해 쌓아온 데이터지만, 특정 날짜 또는 기간에 대한 날씨 데이터와, 각 불만 유형별 VOC 데이터를 어느 정도 모았으니 이것을 가지고 VOC 발생 예측 AI 모델을 만들 수도 있겠다! AX 디그리 교육 때 AI 모델링 과목을 배워 놓길 잘했어. VOC 데이터! 먼저 날씨 데이터를 X값으로 두고, 각 VOC 유형의 숫자를 Y값으로 둔 다음에 회귀분석을 사용하면 되겠지?

수집한 날씨 데이터는 날짜별로 최고 기온, 평균 습도, 강수량, 태풍 발생 여부 등을 포함하고, VOC 데이터는 시간별 또는 일별 불만 건수로 구성되니까. 데이터를 결측값 처리하고, 날짜를 기준으로 통합한 후, 범주형 데이터는 더미 변수로 변환해야 해. 이렇게 준비된 데이터를 훈련 세트와 테스트 세트로 나눠서 모델을 학습시키고, RMSE나 MAE 같은 지표로 평가하면 될 거야.

의사결정나무, 랜덤 포레스트, 그레이디언트 부스팅 알고리즘을 시도해 보고, 가장 성능이 좋은 모델을 선택해야지. 하이퍼파라미터 튜닝과 교차 검증으로 모델 성능을 최적화하고, 최종 모델은 API로 구현해서 실시간 예측에 활용할 수 있겠어.

이렇게 하면 네트워크 대응팀에서도 날씨 변화에 따른 고객 불만 발생을 예측하고, 사전에 대응할 수 있겠다. 이 방법을 통해 고객 만족도를 높이고, 불만을 최소화할 수 있을 거야!"

STAR 요소	초기 계획	팀 회의 후 수정된 계획
Situation	VOC 120% 증가, 고객 만족도 급격 하락	(변경 없음)
Task	여름철 기상 조건과 VOC 증가의 상관관계 분석	여름철 기상 조건, 지역별 트래픽, VOC 유형별 상관관계 분석
Action	1. 기상청에서 여름철 상세 기상 데이터 수집 2.사내 DataWarehouse에서 여름철 VOC 데이터 추출	1. 세분화된 기상 데이터 수집 2. 지역별, 시간대별 VOC 데이터 추출 3. VOC 유형별 기상 조건 상관 관계 분석
Result	1. VOC 80% 감소 2.고객 만족도10% 향상	1. VOC 60% 감소 2.고객 만족도10% 향상

"좋아, 이제 구체적으로 어떻게 접근할지 정리해보자."

하현준 과장은 펜을 들어 메모를 시작했습니다.

"우리가 하려는 건 VOC 발생에 대한 날씨요소와의 상관관계 분석이야. 여름철 날씨와 VOC 불만사항 사이의 관계를 파악하는 게 핵심이지."

그는 잠시 고민하다가 결심한 듯 적었습니다.

"복잡한 건 나중에 하고, 일단 단순 상관분석과 시각화부터 시작하자. 엑셀로 충분히 할 수 있을 거야."

데이터 및 활용 변수

하현준 과장은 화이트보드에 변수들을 나열하기 시작했습니다.

"기상 데이터는 온도, 습도, 강수량, 강수확률, 풍속, 일사량 VOC 데이터는 불만 유형이랑 날씨데이터에 매칭되는 발생 시간… 1시간 간격으로 정리하면 되겠어. 그리고… 가장 중요한 데이터! VOC 데이터는 우리 Data warehouse에서 뽑을 수 있고, 날씨 데이터는 공공데이터 포털이나 기상청에서 받으면 돼."

마지막으로, 하현준 과장은 목표를 크게 적었습니다.

"상관 분석으로 날씨와 VOC의 관계를 파악하고, 피벗 테이블로 시각화하자. 그리고, 회귀분석을 통해 통계적 유의성을 확인하면 더 명확한 분석이 될 수 있을거야. 그리고… 목표는 VOC 60% 감소, 고객 만족도 10% 향상이야."

하현준 과장은 만족스럽게 계획을 훑어보며 미소 지었습니다.

"이렇게 하면 될 것 같아. 이제 진짜 분석 시작이다!"

그는 결의에 찬 표정으로 컴퓨터 앞에 앉았습니다. 앞으로의 분석이 쉽지 않을 것임을 알지만, 쉽지만은 않은 도전에 뛰어들 정도로 결의에 차 있었습니다.

● 프로젝트 유형 정의

AI 모델링	데이터 분석	RPA	Business Intelligence	생성형 AI

● 목표 설정 및 접근 방식

항목	내용
문제 유형 정의	• 문제 유형 : 데이터 분석을 통한 VOC 발생 예측 및 상관관계 분석 • 목표 : 여름철 날씨와 VOC 불만사항 간의 관계 분석
분석 접근 방식	• 방법론 : 단순 상관분석 및 시각화 • 툴 : 엑셀 활용

데이터 및
활용 변수
	• 기상 데이터 : 여름철 날씨의 특징
	   − 온도 / 습도 / 강수량 / 강수확률 / 풍속 / 일사량 등
	• VOC 데이터 : 불만 유형 및 발생 정보
	   − 불만 유형 : 통화 품질 저하, 데이터 속도 저하, 간헐적인 통신 불량
	• 시간 간격 기준 : 1시간

데이터 확보	• VOC 데이터
	   − 사내 Data warehouse에서 VOC 데이터 접근
	   − 고객 불만 분류 : 통화 품질 저하, 데이터 속도 저하, 간헐적인 통신 불량
	• 기상 데이터
	   − 시간별 날씨 오픈 데이터 다운로드 (공공데이터 포털, 기상청)

분석 기법 및 목표	• 상관 분석 : 날씨 요소와 VOC 간의 상관관계 파악 • 회귀 분석 : 상관분석을 통해 도출한 결과의 통계 유의미적 확인 • 시각화 : 피벗 테이블 • 목표 : VOC 60% 감소 / 고객 만족도 10% 향상

Parking-Lot
− 날씨 데이터(X)와 VOC 데이터(Y)를 활용하여 다양한 머신러닝 알고리즘 모델을 구축
− 실시간 VOC 예측 및 선제적 대응에 활용

실행

실행 단계의 중요성

과제 구체화를 통해 명확한 계획을 수립한 하현준 과장은 이제 실행 단계로 진입합니다. 이 단계는 프로젝트의 성패를 좌우하는 핵심적인 과정입니다. 실행 단계에서는 계획했던 내용을 실제로 수행하며, 데이터를 통해 가설을 검증하고 인사이트를 도출합니다. 이 단계의 성공적인 수행은 VOC 감소와 고객 만족도 향상이라는 궁극적인 목표 달성에 직접적인 영향을 미칩니다.

실행 과정 상세 설명 (데이터 분석 과제)

하현준 과장은 먼저 기상청 웹사이트에서 지난 3년간의 여름철 기상 데이터를 다운로드합니다. 동시에 사내 Data Warehouse에 접근하여 같은 기간의 VOC 데이터를 추출합니다. 그는 Python의 Pandas 라이브러리를 사용하여 두 데이터셋을 3시간 간격으로 통합하고, 결측치를 처리합니다. "데이터의 품질이 분석의 성패를 좌우해. 꼼꼼히 확인하고 정제해야 해."

데이터 정제가 완료된 후, 하현준 과장은 Excel을 열어 상관 분석을 시작합니다. 그는 CORREL 함수를 사용하여 각 기상 요소(기온, 습도, 강수량 등)와 VOC 유형(통화 품질 저하, 데이터 속도 저하, 간헐적 통신 불량) 간의 상관계수를 계산합니다. 또한, 피벗 테이블을 활용하여 시간대별, 지역별 VOC 발생 패턴을 분석합니다. 그는 이 과정에서 몇 가지 흥미로운 패턴을 발견합니다. "와, 기온이 35도를 넘으면 데이터 속도 저하 관련 VOC가 급증하는군!"

상관관계가 우연의 결과가 아님을 확인하기 위해, 하현준 과장은 각 상관계수에 대한 p-value를 계산합니다. 그는 Excel의 T.DIST.2T 함수를 사용하여 이를 수행합니다. "p-value가 0.05 미만인 경우만 유의미한 관계로 볼 수 있어. 이를 통해 진짜 중요한 관계만 추려내자."

　분석 결과를 바탕으로, 하현준 과장은 주요 인사이트를 정리합니다. 그는 기온, 습도, 강수량 등이 각 VOC 유형에 미치는 영향을 요약하고, 이를 시각화합니다. 또한, 이러한 관계를 바탕으로 VOC 예측 모델의 개발 가능성을 검토합니다. "이 데이터를 바탕으로 AI 모델을 만들면, 날씨 예보를 통해 VOC를 예측할 수 있을 거야!"

　하현준 과장은 실행 과정에서 몇 가지 중요한 고려사항을 염두에 둡니다. 첫째, 데이터의 일관성과 정확성을 확보하기 위해 여러 차례의 검증 과정을 거칩니다. 둘째, 개인정보 보호를 위해 VOC 데이터에서 모든 개인 식별 정보를 제거합니다. 셋째, 분석 결과의 객관성을 유지하기 위해 동료들의 리뷰를 받습니다. "주관적인 해석은 위험해. 여러 사람의 의견을 들어보자."

　하현준 과장은 이 프로젝트를 통해 날씨와 VOC 간의 명확한 관계를 밝혀낼 것으로 기대합니다. 그는 이를 바탕으로 VOC를 60% 감소시키고, 고객 만족도를 10% 향상시키는 것을 목표로 합니다. 이를 평가하기 위해, 그는 프로젝트 완료 후 3개월간의 VOC 데이터와 고객 만족도 설문 결과를 모니터링할 계획입니다. "목표 달성 여부를 정확히 측정해야 해. 이를 통해 우리의 노력이 실제로 효과가 있었는지 확인할 수 있을 거야."

　실행 단계에서 얻은 결과는 곧바로 결과 도출 단계로 이어집니다. 하현준 과장은 분석 결과를 바탕으로 구체적인 VOC 감소 전략을 수립하고, 이를 경영진에게 보고할 준비를 합니다. "이제 우리가 발견한 인사이트를 실제 행동으로 옮길 차례야. 이를 통해 고객 만족도를 크게 높일 수 있을 거야."

● 학습자를 위한 Tip

효과적인 실행을 위해서는 철저한 계획과 함께 유연성이 필요합니다. 예상치 못한 문제가 발생할 경우 신속하게 대응할 수 있어야 합니다. 또한, 데이터 분석 과정에서는 항상 비판적 사고를 유지하고, 결과를 다양한 각도에서 검증해야 합니다. 마지막으로, 분석 결과를 다른 사람들이 쉽게 이해할 수 있도록 명확하고 간결하게 정리하는 것이 중요합니다. "복잡한 분석 결과도 단순하게 설명할 수 있어야 해. 그래야 실제 변화를 끌어낼 수 있어."

제 분석 계획을 실행에 옮길 시간이야!
데이터를 수집하고 분석해서 날씨와 VOC의 관계를 명확히 밝혀내 보자.
이를 통해 고객 만족도를 높이고 VOC를 줄일 수 있을 거야

단계	내용
데이터 수집 및 전처리	– 기상청에서 여름철 기상 데이터 수집 – 사내 Data Warehouse에서 VOC 데이터 추출 – 데이터 전처리
분석 기법 적용	– 엑셀을 활용한 상관 분석 수행 – 날씨 요소와 VOC 유형 간 관계 분석 – 시각화 (그래프, 차트 생성)
통계적 유의성 검증	– 상관계수의 통계적 유의성 검정 – p–value 계산 및 해석
인사이트 도출	– 날씨와 VOC 간 주요 상관관계 파악 – VOC 예측 모델 개발 가능성 검토 – 대응 전략 수립을 위한 인사이트 정리

실행 과정에서의 주요 고려사항

• 데이터의 일관성 및 정확성 확보

• 개인정보 보호 및 데이터 보안 유지

• 분석 결과의 객관성 확보

• 실무자 및 의사결정자가 이해하기 쉬운 결과물 생성

예상 결과 및 평가 지표

- 예상 결과 : 날씨 요소와 VOC 유형 간의 상관관계 파악, VOC 예측 모델 개발 가능성 확인
- 평가 지표 :
  - VOC 감소율 (목표 : 60% 감소)
  - 고객 만족도 향상 정도 (목표 : 10% 향상)
  - 상관 분석 결과의 통계적 유의성 (p-value< 0.05)

단계별 실행 과정 상세 설명

1단계 과정 : '데이터 수집 및 전처리'

[데이터 수집] → [데이터 정제] → [데이터 통합]

- 기상청 데이터 및 VOC 데이터 수집
- 결측치처리, 이상치 제거

2단계 과정 : '분석 기법 적용'

[상관 분석 수행] → [시각화] → [결과 해석]

- 산점도, 히트맵 등 생성
- 상관계수 해석 및 의미 도출

3단계 과정 : '인사이트 도출 및 보고'

[주요 발견 정리] → [VOC 예측 모델 검토] → [대응 전략 수립] →
[보고서 작성]

- 날씨와 VOC 간 핵심 관계 요약
- AI 모델 개발 가능성 평가
- VOC 감소를 위한 실행 계획 제안

데이터 수집

시간별 기상 데이터

시간별 VOC

일시	기온(°C)	강수량(mm)	풍속(m/s)	습도(%)	증기압(hPa)	이슬점온도(°C)	현지기압(hPa)	일조(hr)
2021-06-01 11:00:00	20.8	0	1.4	73	17.8	15.7	1004.2	0.6
2021-06-01 12:00:00	22.6	0	2.5	66	18.1	15.7	1004.5	0.6
2021-06-01 13:00:00	23.7	0	3	61	17.8	15.7	1004.7	0.2
2021-06-01 14:00:00	23.6	0	3	60	17.4	15.3	1004.7	0.1
2021-06-01 15:00:00	23.2	0	2.3	61	17.3	15.2	1004.2	0
2021-06-01 16:00:00	22.5	0	2	66	17.9	15.8	1004.7	0
2021-06-01 17:00:00	22.9	0	2.8	61	16.9	14.9	1003.8	0
2021-06-01 18:00:00	22.8	0	1.5	63	17.4	15.3	1003.5	0
2021-06-02 09:00:00	22.2	0	2.2	75	20	17.5	1004.3	1
2021-06-02 10:00:00	24.3	0	2.1	65	19.6	17.2	1004	1
2021-06-02 11:00:00	25.7	0	1.7	56	18.4	16.2	1003.6	1
2021-06-02 12:00:00	26.8	0	1.9	49	17.2	15.1	1003	1
2021-06-02 13:00:00	28	0	1.2	47	17.7	15.6	1002.4	1
2021-06-02 14:00:00	28.8	0	2.9	42	16.6	14.6	1001.9	1
2021-06-02 15:00:00	29.5	0	3.1	40	16.4	14.4	1001.2	1
2021-06-02 16:00:00	29.5	0	3.2	39	16	14	1000.8	1
2021-06-02 17:00:00	28.7	0	3.7	42	16.5	14.5	1000.3	0.9
2021-06-02 18:00:00	28	0	2.8	47	17.7	15.6	1000.5	1
2021-06-03 09:00:00	22.1	0	1.9	71	18.8	16.5	996.1	0
2021-06-03 10:00:00	22.5	0	2.7	63	17	15	995.7	0
2021-06-03 11:00:00	22.5	0	2.9	61	16.5	14.5	994.9	0
2021-06-03 12:00:00	22.6	0	1.7	62	16.9	14.9	994.2	0
2021-06-03 13:00:00	21.3	0.5	2	75	18.9	16.6	994.2	0
2021-06-03 14:00:00	20.1	0.5	1.9	84	19.7	17.3	993.6	0

❙ 시간별 기상 데이터

U 통화 품질 저하	V 데이터 속도 저하	W 간헐적인 통신 불량	X VOC 합계
1	1	1	3
1	2	2	5
0	0	2	2
2	0	0	2
2	2	0	4
2	0	0	2
1	1	2	4
2	1	1	4
1	2	0	3
2	1	1	4
1	1	2	4
0	1	2	3
1	0	1	2
1	2	1	4
1	0	2	3
1	2	2	5
1	0	2	3
0	0	1	1

❚ 시간별 VOC 데이터

시각화

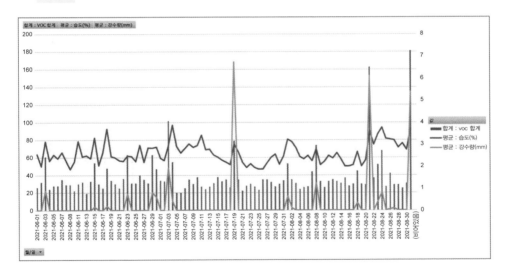

상관 분석을 진행하기 전에 강수량과 습도, VOC 건수에 대해서 시간에 따른 이 그래프를 확인해 보자. 그래프를 확인해 보니 몇 가지 중요한 점이 눈에 띄는 군.

첫째, VOC 합계와 강수량 사이에 확실한 연관성이 보여. 비가 많이 올 때마다 VOC도 급증하는 패턴이 뚜렷해. 이게 가장 명확한 관계 같아. 둘째, 습도와 VOC의 관계는 좀 복잡해 보이네. 대체로 습도가 높을 때 VOC가 늘어나긴 하지만, 항상 그런 건 아니야. 다른 요인들과 복합적으로 작용하는 것 같아.

날씨, 특히 강수량이 VOC에 큰 영향을 준다는 걸 실제로 확인할 수 있어. 이제 이 사실을 기반으로 상관분석을 진행해 보자!

먼저 통계분석을 위해 엑셀 추가 기능에서 분석 도구를 추가해야지!

순서는…,

'파일' → '옵션' → '추가 기능'에서 '관리' 드롭다운에서 'Excel 추가 기능'을 선택하고 '이동'을 클릭한 다음, '분석 도구'를 클릭하고 '확인'을 클릭!

그리고 분석도구를 사용하려면 메인 화면의 '데이터' 탭에서 '데이터 분석'을 누르면 끝. 데이터 분석을 하기 위해 이 정도 과정쯤이야 아무것도 아니지!

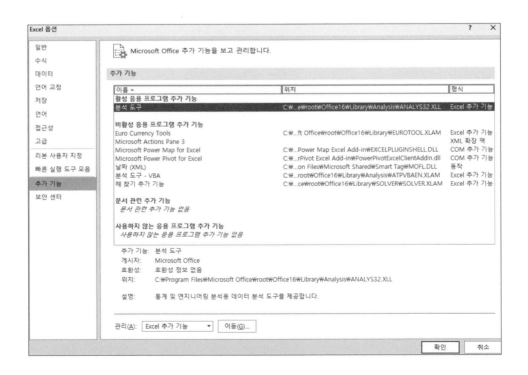

먼저 상관분석을 진행하려면, '데이터 탭'에서 '데이터 분석'을 선택하고, '상관분석'을 선택한 후 확인을 누르면…!

이제 데이터를 입력해 보자!

먼저, 내가 상관분석을 통해 상관계수를 도출하고 싶은 열을 정해야겠어.

일단… 데이터 중에 날짜 정보는 필요 없으니 해당 열은 제외하고 날씨 관련 데이터와, VOC 데이터만 입력으로 넣어야겠다.

그러면 E열부터 X열까지 범위를 설정하고…

아참! 그리고 첫째 행 이름표 사용을 꼭 체크해야지. 안 그러면 무슨 변수끼리 상관분석이 진행됐는지 알 수 없으니까.

이렇게 하고 확인을 누르면, 상관분석표가 정말 쉽게 만들어지네!

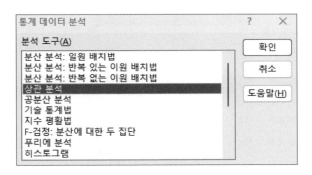

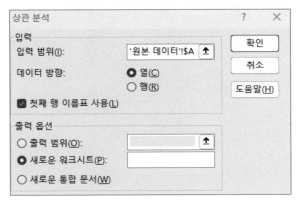

대충 원인은 나왔는데.. 내가 생각한게 맞을까? 이게 통계적으로 믿을만한지 계산해 보자.

상관분석의 결과를 더 깊게 이해하고, 통계적 유의성을 확인하려면… 회귀분석을 진행하면 되겠지? 회귀분석을 통해서 날씨 요인이 VOC에 미치는 실제 영향을 명확히 이해하고, p-값을 통해 각 날씨 요인의 영향력이 통계적으로 의미 있는지 확인할 수 있으니. 이게 맞을 거야. 그리고 회귀분석도 분석 도구를 활용하면 금방 할 수 있어.

똑같이 '데이터' 탭에서 '데이터 분석'을 클릭하고, 이번에는 회귀분석을 실행하자!

Y축 입력 범위(Y)에는 종속 변수를 입력해야 해…! 종속 변수는 예측하려는 변수로 VOC 데이터를 입력하면 되겠지. 그리고 X축 입력 범위(X)에는 독립 변수를 입력해야겠지! 독립 변수는 예측에 사용되는 변수인 날씨 관련 요인을 입력하자!

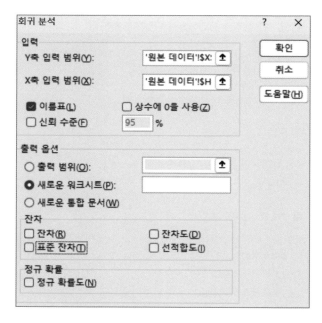

결과

	기온(°C)	강수량(mm)	풍속(m/s)	습도(%)	증기압(hPa)	이슬점온도(°C)	현지기압(hPa)	일조(hr)	일사(MJ/m2)	전운량(10분위)
기온(°C)	1									
강수량(mm)	-0.16105	1								
풍속(m/s)	0.073123	0.11643424	1							
습도(%)	-0.72042	0.23578648	-0.17432	1						
증기압(hPa)	0.423277	0.048752674	-0.11971	0.307785	1					
이슬점온도(°C)	0.424971	0.049526137	-0.13252	0.31018	0.9954194	1				
현지기압(hPa)	-0.02073	-0.00614586	-0.22836	-0.0722	-0.1165509	-0.101646776	1			
일조(hr)	0.479323	-0.128476389	0.163569	-0.64608	-0.1845943	-0.18801272	0.024600687	1		
일사(MJ/m2)	0.497248	-0.167696027	0.129633	-0.66155	-0.1650841	-0.168974161	0.041331162	0.819713041	1	
전운량(10분위)	-0.3841	0.122634699	-0.15473	0.588983	0.2345647	0.242802344	0.0127355	-0.82305551	-0.634049808	1
중하층운량(10분위)	-0.27878	0.151504753	-0.02369	0.468844	0.212549	0.208260209	-0.110555173	-0.598478637	-0.461806061	0.575381233
최저운고(100m)	0.139547	-0.107638484	-0.04465	-0.38153	-0.291284	-0.286430972	0.280475108	0.234740577	0.215609561	-0.205313286
시정(10m)	0.447448	-0.389931474	0.031117	-0.56946	-0.0625707	-0.066389289	0.135062155	0.320699662	0.367127255	-0.299632524
지면온도(°C)	0.756732	-0.164400292	0.087663	-0.69803	0.1246869	0.131769845	-0.013276459	0.637711506	0.753970978	-0.502678612
5cm 지중온도(°C)	0.936783	-0.123418164	0.117875	-0.60513	0.4789068	0.480943114	-0.129369023	0.345525316	0.324913753	-0.288552286
10cm 지중온도(°C)	0.895696	-0.05140822	0.100987	-0.49901	0.5580281	0.561976215	-0.128546924	0.258335087	0.200105969	-0.217525965
통화 품질 저하	-0.22841	0.709619611	0.102115	0.321989	0.0528253	0.055472159	-0.04340445	-0.172523615	-0.231465345	0.168908056
데이터 속도 저하	-0.2271	0.59939039	0.099456	0.313235	0.0414102	0.046786252	-0.074433184	-0.176284495	-0.221978052	0.174849352
간헐적인 통신 불량	-0.20896	0.543413426	0.113117	0.288624	0.0365759	0.040536139	-0.065675684	-0.17031299	-0.227884835	0.148829335
VOC 합계	-0.24593	0.687145484	0.116439	0.342031	0.0485777	0.052976857	-0.067486457	-0.192045829	-0.252219981	0.182252532

	중하층운량(10분위)	최저운고(100m)	시정(10m)	지면온도(°C)	5cm 지중온도(°C)	10cm 지중온도(°C)	통화 품질 저하	데이터 속도 저하	간헐적인 통신 불량	VOC 합계
기온(°C)										
강수량(mm)										
풍속(m/s)										
습도(%)										
증기압(hPa)										
이슬점온도(°C)										
현지기압(hPa)										
일조(hr)										
일사(MJ/m2)										
전운량(10분위)										
중하층운량(10분위)	1									
최저운고(100m)	-0.253428048	1								
시정(10m)	-0.331736794	0.286457736	1							
지면온도(°C)	-0.369292181	0.159276593	0.41385149	1						
5cm 지중온도(°C)	-0.165507828	0.010624084	0.36146039	0.670944115	1					
10cm 지중온도(°C)	-0.122002381	-0.027635325	0.3120988	0.599191343	0.984242892	1				
통화 품질 저하	0.216662185	-0.147250911	-0.4694063	-0.223815633	-0.146509675	-0.083354585	1			
데이터 속도 저하	0.203290733	-0.136392536	-0.4399728	-0.20951134	-0.143553141	-0.089926439	0.717574422	1		
간헐적인 통신 불량	0.1864611	-0.132291019	-0.4259544	-0.196439871	-0.126075003	-0.071954618	0.70600296	0.728860309	1	
VOC 합계	0.224619002	-0.154067607	-0.4945505	-0.233262689	-0.154067862	-0.090697559	0.900802622	0.901961659	0.899857162	1

음…, 이 상관관계 표를 자세히 보니 정말 흥미로운 패턴이 보이는군.

가장 눈에 띄는 건 강수량이야. VOC 합계와 0.6871의 강한 양의 상관관계를 보이고 있어. 비가 많이 올수록 고객 불만이 크게 증가한다는 거잖아? 그래프로 확인하고 심증만 있던 특성이 통계적 사실로 관계가 있다는 것이 밝혔네! 그리고 특히 통화 품질 저하(0.7096)랑 가장 강한 상관관계를 보이네. 데이터 속도 저하 (0.5994)와 간헐적인 통신 불량(0.5434)도 비슷한 패턴이군.

아, 이래서 장마철이랑 비가 올 때 특히 VOC가 폭증하는 거였구나. 우리가 날씨에 대한 대비책이 부족했던 거야.

그런데 기온은 좀 의외네. VOC와 약한 음의 상관관계(-0.246)를 보이고 있어. 오히려 기온이 낮을 때 고객 불만이 조금 늘어나는 경향이 있나 봐. 여름철 VOC 증가가 단순히 고온 때문은 아닌 것 같아.

습도는 VOC와 0.342의 약한 양의 상관관계를 보이고 있어. 습도가 높을 때 VOC가 어느 정도 증가하는 경향이 있네. 아마도 장마철 같은 고온다습한 환경이 통신장비에 안 좋은 영향을 미치는 걸까?

풍속은 VOC와 거의 관계가 없어 보여. 0.1164의 아주 약한 상관관계니까.

일조시간이나 일사량은 VOC와 약한 음의 상관관계를 보이고 있어. 맑은 날씨일 때 고객 불만이 조금 줄어드는 경향이 있나 봐.

오, 그리고 시정도 중요해 보이네. VOC와 -0.49455의 중간 정도 음의 상관관계를 보이고 있어. 시야가 좋을수록 VOC가 감소한다는 건데, 이건 안개나 미세먼지 같은 요인과 관련이 있을 것 같아.

결국, 비가 오는 날이 VOC 발생에 가장 큰 영향을 미치는 것 같아. 그다음으로 시정이 나쁠 때, 그리고 습도가 높을 때 VOC가 증가하는 경향이 있고. 이 정보를 바탕으로 계절별, 날씨별 VOC 대응 전략을 세워야겠어. 특히 장마철이나 집중호우 때 선제적으로 대응하면 VOC를 크게 줄일 수 있을 것 같아.

유관부서에 구체적인 해결책을 요청할 수 있겠어. 예를 들어, 강수량이 많을 때 방수 대책을 강화한다든지, 시정이 나쁠 때 신호 강도를 높이는 방안을 마련하는 거지. 습도가 높을 때는 통신장비의 내습성을 강화하는 것도 좋겠고.

이런 식으로 접근하면 60% VOC 감소도 불가능한 목표는 아닐 거야. 날씨 요인별로 대응 매뉴얼을 만들고, 기상청 데이터를 실시간으로 모니터링하면서 선제적으로 대응하면 충분히 가능할 것 같아.

좋아… 이제 결과를 자세히 살펴보자. 먼저, 다중 상관계수가 0.687145네. 이는 강수량과 VOC 사이에 꽤 강한 양의 상관관계가 있다는 걸 의미해. 결정계수(R^2)는 0.472169로, 강수량이 VOC 변동의 약 47.2%를 설명한다는 거야. 생각보다 높은 설명력이네.

F 통계량이 819.4037이고, 유의확률(P-값)이 3.1E-129야. 이건 모델이 통계적으로 매우 유의미하다는 뜻이지. 0.05보다 훨씬 작으니까. 회귀식을 보면, Y 절편이 3.478335, 강수량의 계수가 1.13957이야. 이건 강수량이 1mm 증가할 때마다 VOC가 평균적으로 1.13957만큼 증가한다는 의미야.

강수량 계수의 P-값도 3.1E-129로 매우 작아. 이는 강수량이 VOC에 미치는 영향이 통계적으로 매우 유의미하다는 걸 나타내.

95% 신뢰구간을 보면, 강수량 계수가 1.061441에서 1.217699581 사이에 있을 거라고 예측할 수 있어. 이 구간이 0을 포함하지 않으니, 강수량이 VOC에 실제로 영향을 미친다고 확신할 수 있어."

해석 방법

① 상관계수와 결정계수 : 0에서 1 사이의 값으로, 1에 가까울수록 강한 관계를 나타냅니다.

② F 통계량과 유의확률 : F 통계량이 크고 유의확률이 0.05보다 작으면 모델이 유의미합니다.

③ 회귀계수 : 양수면 양의 관계, 음수면 음의 관계를 나타냅니다. 크기는 영향력의 정도를 나타냅니다.

④ 계수의 P-값 : 0.05보다 작으면 해당 변수가 통계적으로 유의미합니다.

⑤ 신뢰구간 : 구간이 0을 포함하지 않으면 해당 변수가 실제로 영향을 미친다고 볼 수 있습니다.

하현준 사원은 이 해석을 바탕으로 강수량이 VOC에 실제로 큰 영향을 미치며, 이를 고려한 대책 수립이 필요하다고 결론지었습니다.

강수량과 VOC 수의 관계								
회귀분석 통계량								
다중 상관계수	0.68715							
결정계수	0.47217							
조정된 결정계수	0.47159							
표준 오차	3.0984							
관측수	918							
분산 분석								
	자유도	제곱합	제곱 평균	F 비	유의한 F			
회귀	1	7866.36	7866.36	819.404	3E-129			
잔차	916	8793.7	9.60011					
계	917	16660.1						
	계수	표준 오차	t 통계량	P-값	하위 95%	상위 95%	하위 95.0%	상위 95.0%
Y 절편	3.47833	0.10297	33.7812	4E-163	3.27626	3.68041257	3.276256588	3.68041257
강수량(mm)	1.13957	0.03981	28.6252	3E-129	1.06144	1.217699581	1.061440797	1.217699581

"자, 그럼 지금까지의 분석을 바탕으로 인사이트를 정리해 보자."

날씨와 VOC 간 주요 상관관계 파악

"강수량이 통신 품질에 가장 큰 영향을 미치는 것으로 나타났어. 특히 통화 품질 저하와의 상관관계가 0.71로 가장 높았지. 데이터 속도 저하와 간헐적인 통신 불량도 강수량과 상당한 양의 상관관계를 보였어. 모든 상관관계가 통계적으로 극히 유의하다는 게 중요해. p-value가 거의 0에 가까우니까."

VOC 예측 모델 개발 가능성

"강수량과 통화 품질, 데이터 속도 간의 관계가 꽤 강하니까… 이걸 활용해서 날씨 변화에 따른 네트워크 성능 변화를 예측할 수 있겠어.

LSTM과 같은 딥러닝 모델들을 써볼 수 있겠네. 간단하고 기본적인 모델이지만 시계열 데이터에 강하다고 들었어. 그리고 지역별로 좀 다를 텐데… 서울이랑 부산이랑 날씨 영향이 다를 거 아냐. 지역 특성도 고려해야겠다. 이렇게 하면 네트워크 팀에서 미리 대비할 수 있고, 고객 서비스팀은 선제 대응할 수 있겠어. 기술 투자할 때도 도움이 되겠는데?

야, 이거 괜찮은데? 팀장님한테 이 아이디어 한번 던져봐야겠어. 비즈니스 임팩트도 크고 기술적으로도 도전적이고… 재밌겠는걸?"

대응 전략 수립

"우선, 비 올 때 통신 품질 유지를 위한 특별 대책이 필요해 보여. 장비 방수 강화나 신호 증폭 같은 기술적 해결책을 찾아봐야겠어.

기상청과의 협력을 강화해서 정확한 날씨 예보를 받아볼 수 있게 해야 할 것 같아. 이걸 활용하면 날씨 변화에 따른 네트워크 성능을 예측할 수 있지 않을까?

LSTM과 같은 시계열 모델을 써서… 날씨 데이터 넣으면 네트워크 성능 변화를 예측하는 모델을 만들 수 있겠어. 그리고 지역별로도 다르겠지? 서울이랑 부산이랑 날씨 영향이 다를 테니까, 지역 특성도 반영해야겠어.

이런 모델이 있으면… 와, 네트워크 팀에서 미리 대비할 수 있겠다. 날씨 안 좋아질 것 같으면 취약 지역 점검하고… 고객 서비스팀도 미리 준비할 수 있고… 기술 투자 방향 결정할 때도 도움 되겠는데? 그리고 현장 점검 가이드라인을 개선하자. 비 올 때 특히 신경 써야 할 부분들 정리해서 체크리스트 만들고, 취약 지역을 우선 점검하자."

7

B2B 고객 이해를 위한
고객 분류, 비즈니스 분석

#RPA #리터러시 #엑셀

최근 6개월간 우리 B2B 영업팀의 계약 체결률이 급격히 떨어졌어.
특히 중소기업과 스타트업 고객들의 이탈이 심각해. 무엇이 문제일까?

최근 영업 실적 데이터를 분석하고, 고객사 담당자들과의 인터뷰를 진행해 보는 건 어
떨까? 현재 전략의 문제점을 정확히 파악할 수 있을 거야.

B2B 영업 실적 분석 및 고객 인터뷰 결과

문제점	주요 내용	영향도 (1-5)	개선 시급성 (1-5)
획일화된 서비스 제안	기업 규모/산업 특성 무관 동일 패키지 제안	5	5
고객 이해 부족	기업 성장단계, 재무 상황 등 고려 안 함	4	4
비효율적 자원 할당	모든 고객에게 동일한 영업 리소스 투입	3	4
경쟁사 대비 열위	데이터 기반 고객 세그먼테이션 부재	5	5
중소기업/스타트업 이탈	맞춤형 솔루션 및 성장 지원 부족	4	5

이 데이터를 보니 우리가 고객들의 다양한 니즈를 제대로 파악하지 못하고 있어. 특히 획일화된 서비스 제안과 데이터 기반 접근 부재가 가장 큰 문제점으로 보여. 이게 계약 체결률 하락의 주요 원인인 것 같아.

문제 인식 결과

현재 KT의 B2B 고객 관리 전략이 심각한 문제점을 안고 있음을 인식했습니다. 주요 문제점으로는,

① 획일화된 서비스 제안으로 인한 고객 맞춤형 솔루션 부재

② 고객 특성에 대한 이해 부족으로 실제 니즈 충족 실패

③ 비효율적인 자원 할당으로 인한 잠재 고객 관리 미흡

④ 데이터 기반 고객 세그먼테이션 부재로 인한 경쟁력 약화

⑤ 중소기업 및 스타트업 고객군의 높은 이탈률

이러한 문제점들로 인해 계약 체결률이 20% 하락했으며, B2B 시장에서 KT의 입지가 약화되고 있습니다.

다음 단계로, 이 문제를 해결하기 위해 데이터 사이언스 기술을 활용한 고객 세그먼테이션과 세그먼트별 맞춤 전략 수립이 시급히 필요할 것으로 판단됩니다. 구체적으로는 파이썬을 이용한 데이터 분석과 머신러닝 기술을 활용하여 B2B 고객을 효과적으로 세그먼트화하고, 각 세그먼트별 맞춤 전략을 수립하여 계약 체결률을 15% 향상시키고 B2B 매출을 5% 증대시키는 것을 목표로 프로젝트를 진행할 예정입니다.

문제 인식의 중요성

혁신 과제에서 문제 인식은 전체 프로세스의 초석이 되는 핵심 단계입니다. 올바른 문제 인식은 효과적인 해결책 도출로 이어지며, 조직의 자원을 효율적으

로 활용할 수 있게 합니다. 이 단계에서 문제의 본질을 정확히 파악하지 못하면, 이후의 모든 노력이 잘못된 방향으로 갈 수 있기 때문에 특별히 주의를 기울여야 합니다.

KT의 B2B 영업팀에서 근무하는 이호진 대리는 최근 계약 체결률 하락과 고객 이탈 증가로 고민에 빠져 있었습니다. 이러한 도전과제를 해결하고자 그는 AX 디그리의 데이터 사이언스 과정을 수강했습니다. 새롭게 습득한 데이터 분석 기술을 활용하여 B2B 고객 관리 전략을 개선하고, 팀의 성과를 높이고자 하는 의욕에 가득 차 있었습니다.

이호진 대리는 문제의 근본 원인을 파악하기 위해 데이터 기반의 접근 방법을 선택했습니다. 그는 최근 6개월간의 B2B 영업 실적 데이터를 분석하고, 동시에 고객사 담당자들과의 인터뷰를 진행하기로 결정했습니다. 이 방법을 통해 객관적인 데이터와 주관적인 피드백을 동시에 얻을 수 있어, 문제의 다각적 이해가 가능할 것으로 기대했습니다. 다른 방법으로는 내부 직원 설문조사나 경쟁사 벤치마킹 등도 고려했지만, 시간과 자원의 제약으로 인해 우선순위에서 제외했습니다.

이호진 대리는 먼저 영업관리 시스템에서 최근 6개월간의 계약 체결 데이터를 추출하여 계약 체결률, 고객 유형별 이탈률, 매출 추이 등을 분석했습니다. 동시에 주요 고객사의 담당자 10명과 심층 인터뷰를 진행하여 KT 서비스에 대한 불만사항과 개선 요구사항을 수집했습니다. 이 과정에서 그는 PPT 장표를 활용하여 데이터를 시각화하고 인사이트를 정리했습니다. 특히 'B2B 영업 실적 분석 및 고객 인터뷰 결과' 테이블은 다양한 문제점의 영향도와 개선 시급성을 한눈에 볼 수 있게 해주었습니다. 그러나 이 과정에서 일부 데이터의 불일치와 인터뷰 대상 선정의 어려움 등 예상치 못한 장애물도 있었습니다.

인사이트 도출

분석 결과, 이호진 대리는 KT의 B2B 고객 관리 전략에 심각한 문제가 있음을 발견했습니다. 특히 획일화된 서비스 제안, 고객 특성에 대한 이해 부족, 비효율적인 자원 할당, 데이터 기반 접근 부재 등이 주요 문제점으로 파악되었습니다. 이러한 인사이트를 통해 이호진 대리는 문제의 본질이 단순한 영업 기술의 문제가 아니라, 전반적인 고객 관리 시스템과 접근 방식의 혁신이 필요하다는 것을 깨달았습니다.

문제 인식 단계에서 얻은 인사이트를 바탕으로, 이호진 대리는 다음 단계인 문제 정의로 나아갔습니다. 그는 '어떻게 데이터 기반의 고객 세그먼테이션을 통해 맞춤형 서비스를 제공하고 계약 체결률을 높일 수 있을까?'라는 구체적인 문제 정의를 도출했습니다. 이는 향후 솔루션 개발과 실행 계획 수립의 근간이 되어, 전체 혁신 과제의 방향성을 명확히 하는 데 큰 도움이 되었습니다.

● 학습자를 위한 Tip

문제 인식 과정에서는 선입견을 배제하고 다양한 각도에서 데이터와 정보를 수집하는 것이 중요합니다. 또한, 단기적인 증상에 집중하기보다는 근본적인 원인을 찾으려는 노력이 필요합니다. 학습자 여러분도 자신의 과제에 이를 적용할 때, 가능한 한 다양한 이해관계자의 의견을 듣고, 객관적인 데이터와 주관적인 피드백을 균형 있게 고려하시기 바랍니다. 마지막으로, 문제 인식 단계에서 도출된 인사이트를 명확하게 정리하고 팀원들과 공유하는 것이 이후 단계의 성공을 위해 매우 중요합니다.

우리 팀의 계약 체결률 하락과 고객 이탈 문제를 데이터 사이언스 관점에서
정의해보자. 데이터 중심 문제 진술문 방식을 사용하여 구체적이고 측정 가능한
문제 정의를 만들어보자. 이를 통해 우리의 목표와 접근 방식을 명확히 할 수 있을 거야.

● 데이터 중심 문제 진술문 구성 요소

구성 요소	내용
데이터 분석 기법	파이썬 기반의 고객 세그먼테이션 (K-means 클러스터링)
측정 가능한 목표	계약 체결률 15% 향상, B2B 매출 5% 증대
시간 프레임	6개월
비즈니스 가치	KT의 B2B 시장 경쟁력 강화 및 고객 만족도 향상

문제 정의 결과
파이썬 기반의 고객 세그먼테이션 (K-means 클러스터링)을 사용하여 계약 체결률을
15% 향상시키고 B2B 매출을 5% 증대시키는 것을 6개월 이내에 달성하여 KT의 B2B
시장 경쟁력을 강화하고 고객 만족도를 향상시키는 방법은 무엇인가?

추가 고려 사항

① 데이터 소스 : B2B 고객의 연간 매출, 직원 수, 기업 연령, 연간 성장률, 진출
국가 수, 시장 점유율, 부채 비율, R&D 투자 비율, 직원당 매출, 영업 이익률

② 분석 도구 : pandas, matplotlib, seaborn, scikit-learn

③ 주요 단계 : 데이터 수집 및 전처리, EDA, 고객 세그먼테이션, 세그먼트
분석, 맞춤형 전략 수립

④ 예상 도전 과제 : 데이터 품질 확보, 최적의 세그먼트 수 결정, 세그먼트별 전략의 실행 가능성

문제 인식 단계에서 파악한 이슈들을 바탕으로, 이호진 대리는 이제 문제를 명확하게 정의해야 했습니다. 문제 정의는 혁신 과제의 핵심을 명확히 하고, 해결 방향을 제시하는 중요한 단계입니다. 잘 정의된 문제는 팀원들에게 명확한 목표를 제시하고, 효과적인 해결책 도출의 기반이 됩니다.

이호진 대리는 여러 문제 정의 방법 중 '데이터 중심 문제 진술문' 방식을 선택했습니다. 이 방법은 데이터 분석 기법, 측정 가능한 목표, 시간 프레임, 비즈니스 가치를 명확히 명시하여 데이터 사이언스 프로젝트에 특히 적합했습니다. 그는 이 방법을 통해 문제의 핵심을 정확히 포착하고, 팀원들과 경영진에게 프로젝트의 목표와 가치를 명확히 전달할 수 있을 것이라 기대했습니다. 다른 방법으로는 SMART 기준이나 Problem Statement Canvas 등도 고려했지만, 전문적인 분석가가 아니기에, 비교적 쉽지만, 확실하게 문제를 정의해볼 수 있고, 데이터 분석 프로젝트의 특성을 가장 잘 반영할 수 있는 방법으로 데이터 중심 문제 진술문을 최종 선택했습니다.

이호진 대리는 먼저 데이터 중심 문제 진술문의 핵심 구성 요소를 정리했습니다. 그는 PPT 장표에 테이블을 만들어 각 구성 요소를 명확히 정의했습니다. 데이터 분석 기법으로는 파이썬 기반의 고객 세그먼테이션(K-means 클러스터링)을 선택했고, 측정 가능한 목표로 계약 체결률 15% 향상과 B2B 매출 5% 증대를 설정했습니다. 시간 프레임은 6개월로 정했고, 비즈니스 가치로는 KT의 B2B 시장 경쟁력 강화와 고객 만족도 향상을 명시했습니다. 이 과정에서 가장 어려웠던 점은 현실적이면서도 도전적인 목표치를 설정하는 것이었습니다. 이를 위해 그는 과거 데이터와 업계 벤치마크를 참고하여 신중하게 목표를 설정했습니다.

이호진 대리는 정리한 구성 요소를 바탕으로 다음과 같은 최종 문제 정의 문장을 도출했습니다. "파이썬 기반의 고객 세그먼테이션 (K-means 클러스터링)을 사용하여 계약 체결률을 15% 향상시키고 B2B 매출을 5% 증대시키는 것을 6

개월 내에 달성하여 KT의 B2B 시장 경쟁력을 강화하고 고객 만족도를 향상시키는 방법은 무엇인가?" 이 문제 정의는 사용할 기술, 달성해야 할 구체적인 목표, 시간제한, 그리고 기대되는 비즈니스 가치를 모두 포함하고 있어, 프로젝트의 방향을 명확히 제시하고 있습니다. 특히 측정 가능한 목표를 포함함으로써, 프로젝트의 성공 여부를 객관적으로 평가할 수 있는 기준을 제시했습니다.

이렇게 정의된 문제는 다음 단계인 과제 구체화의 기초가 되었습니다. 명확한 문제 정의를 통해 이호진 대리는 필요한 데이터, 사용할 도구, 수행해야 할 분석 단계 등을 더 쉽게 파악할 수 있었습니다. 이는 전체 혁신 과제의 성공 가능성을 높이는 중요한 기반이 되었습니다.

● 학습자를 위한 Tip

효과적인 문제 정의를 위해서는 먼저 문제의 본질을 정확히 파악하는 것이 중요합니다. 또한, 측정 가능한 목표를 포함하되 너무 야심 찬 목표 설정은 피하는 것이 좋습니다. 학습자 여러분도 자신의 과제에 이를 적용할 때, 관련된 모든 이해관계자의 의견을 고려하고, 회사의 전략적 목표와 연계된 문제 정의를 도출하시기 바랍니다. 마지막으로, 문제 정의는 프로젝트 진행 중 새로운 인사이트를 얻으면 유연하게 수정될 수 있다는 점을 기억하세요.

이제 우리의 문제 정의를 바탕으로 구체적인 과제 내용을 정리해 보자.
이 단계에서는 우리가 사용할 데이터, 분석 방법, 그리고 목표를 명확히 하여
프로젝트의 실행 가능성을 높일 수 있어.

◉ 과제 구체화 내용 테이블

항목	내용
문제 유형 정의	고객 세그먼테이션을 통한 맞춤형 서비스 전략 수립
분석 접근 방식	K-means 클러스터링을 활용한 고객 그룹화 및 특성 분석
데이터 및 활용 변수	B2B 고객의 연간 매출, 직원 수, 기업 연령, 연간 성장률, 진출 국가 수, 시장 점유율, 부채 비율, R&D 투자 비율, 직원당 매출, 영업 이익률
데이터 확보 여부	내부 CRM 시스템 및 영업 관리 시스템에서 확보 가능
분석 기법 및 목표	파이썬 기반 EDA, K-means 클러스터링, PCA를 활용한 차원 축소. 10개 내외의 의미 있는 고객 세그먼트 도출 목표

과제 수행 계획 개요

① 데이터 수집 및 전처리

② 탐색적 데이터 분석(EDA) 수행

③ 고객 세그먼테이션 모델 개발

④ 세그먼트 분석 및 전략 수립

⑤ 결과 검증 및 보고

기대 효과

- 계약 체결률 15% 향상
- B2B 매출 5% 증대
- 고객 맞춤형 서비스 제공을 통한 고객 만족도 향상 및 경쟁력 강화

문제 정의를 통해 프로젝트의 방향을 설정한 이호진 대리는 이제 과제를 구체화하는 단계로 나아갔습니다. 과제 구체화는 추상적인 문제 정의를 실행 가능한 계획으로 변환하는 중요한 과정입니다. 이 단계에서는 사용할 데이터, 분석 방법, 그리고 구체적인 목표를 명확히 하여 프로젝트의 실행 가능성을 높이고 성공 확률을 증가시킵니다.

이호진 대리는 KT B2B 영업팀의 문제를 해결하기 위해 '데이터 분석' 과제 유형을 선택했습니다. 이는 고객 세그먼테이션을 통한 맞춤형 서비스 전략 수립이 필요한 상황에 가장 적합한 접근 방식이었습니다. 데이터 분석을 통해 고객의 특성을 깊이 있게 이해하고, 이를 바탕으로 효과적인 전략을 수립할 수 있을 것으로 기대했습니다.

이호진 대리는 과제 구체화를 위해 먼저 PPT 장표에 과제의 주요 구성 요소를 테이블 형식으로 정리했습니다. 문제 유형을 '고객 세그먼테이션을 통한 맞춤형 서비스 전략 수립'으로 정의하고, K-means 클러스터링을 주요 분석 접근 방식으로 선택했습니다. 데이터 소스와 활용 변수를 명확히 하면서, 내부 CRM 시스템과 영업 관리 시스템에서 필요한 데이터를 확보할 수 있음을 확인했습니다.

과정에서 가장 어려웠던 점은 적절한 분석 기법을 선택하고 구체적인 목표를 설정하는 것이었습니다. 이호진 대리는 팀 내 데이터 전문가들과의 논의를 통해 파이썬 기반의 EDA, K-means 클러스터링, 그리고 PCA를 활용한 차원 축소 기법을 선택했고, 10개 내외의 의미 있는 고객 세그먼트를 도출하는 것을 구체적인 목표로 설정했습니다.

구체화된 과제를 바탕으로 이호진 대리는 5단계의 수행 계획을 수립했습니다. 1) 데이터 수집 및 전처리, 2) 탐색적 데이터 분석(EDA) 수행, 3) 고객 세그먼테이션 모델 개발, 4) 세그먼트 분석 및 전략 수립, 5) 결과 검증 및 보고. 단계마다 예상되는 도전 과제를 파악했는데, 특히 데이터 품질 확보와 최적의 세그먼트 수 결정이 중요한 과제로 예상되었습니다.

이호진 대리는 이 과제를 통해 계약 체결률을 15% 향상시키고 B2B 매출을

5% 증대시키는 것을 주요 목표로 설정했습니다. 또한, 고객 맞춤형 서비스 제공을 통해 고객 만족도를 향상시키고 KT의 B2B 시장 경쟁력을 강화할 수 있을 것으로 기대했습니다. 이러한 효과는 KT의 전반적인 비즈니스 성과 향상과 시장 위치 강화로 이어질 것으로 예상되었습니다.

과제 구체화를 통해 얻은 명확한 계획은 다음 단계인 실행 단계의 견고한 기반이 되었습니다. 이호진 대리는 이제 각 팀원의 역할과 책임을 명확히 할당하고, 필요한 리소스를 확보하며, 세부적인 일정을 수립할 준비가 되었습니다. 이렇게 구체화된 계획은 프로젝트의 성공 가능성을 크게 높일 것으로 기대되었습니다.

◉ 학습자를 위한 Tip

효과적인 과제 구체화를 위해서는 먼저 조직의 전략적 목표와 프로젝트의 목표를 명확히 연계시키는 것이 중요합니다. 또한, 가용한 리소스와 시간을 현실적으로 고려하여 계획을 수립해야 합니다. 학습자 여러분도 자신의 과제에 이를 적용할 때, 팀 내 다양한 전문가의 의견을 수렴하고, 구체적이고 측정 가능한 목표를 설정하시기 바랍니다. 마지막으로, 과제 구체화 단계에서 도출된 계획은 프로젝트 진행 중 새로운 인사이트를 얻으면 유연하게 수정될 수 있다는 점을 기억하세요.

실행

데이터 분석을 통해 B2B 고객을 세그먼트화하고,
각 세그먼트별 특성을 파악하여 맞춤형 전략을 수립합니다.
이를 통해 계약 체결률 향상과 B2B 매출 증대를 목표로 합니다.

단계	내용
데이터 수집 및 전처리	− CSV 파일에서 데이터 로드 − 기본 정보 확인(head,describe) − 이상치 탐지 및 제거 − StandardScaler를 사용한 데이터 표준화
분석 기법 적용	− EDA : pairplot, 상관관계 히트맵, 산점도 등 시각화 − K−means 클러스터링 적용 − 최적군집 수 결정(엘보우방법, 실루엣 점수) − PCA를 통한 차원 축소 및 시각화
통계적 유의성 검증	− 군집 간 특성 비교(시각화를 통한 특성 비교)
인사이트 도출	− 군집별 고객 분포 분석 − 주요 특성에 따른 군집 비교 − R&D 투자와 기업성과의 관계 분석 − 부채 비율에 따른 기업성과 분석

실행 과정에서의 주요 고려사항

• 데이터 품질 확보 : 이상치 제거 및 표준화를 통한 신뢰성 있는 데이터셋 구축

• 최적 군집 수 결정 : 엘보우 방법과 실루엣 점수를 종합적으로 고려

• 군집 해석의 비즈니스 연관성 : 각 군집의 특성을 B2B 영업 전략과 연계하여 해석

예상 결과 및 평가 지표

- 예상 결과 : B2B 고객을 의미 있는 세그먼트로 분류하고, 각 세그먼트별 맞춤 전략 수립
- 평가 지표 : 계약 체결률 15% 향상 / B2B 매출 5% 증대

단계별 실행 과정 상세설명

1단계 과정 : '데이터 수집 및 전처리'

[데이터 로드] → [기본 정보 확인] → [이상치 탐지] → [이상치 제거] → [데이터 표준화]

- pandas를 사용하여 CSV 파일에서 데이터 로드
- head( )와 describe( ) 메서드로 기본 정보 확인
- boxplot과 IQR 방식으로 이상치 탐지
- 탐지된 이상치 제거
- StandardScaler를 사용하여 데이터 표준화

2단계 과정 : '분석 기법 적용'

[EDA] → [K-means 클러스터링] → [최적 군집 수 결정] → [PCA 차원 축소]

- seaborn과 matplotlib을 사용한 다양한 시각화 (pairplot, heatmap, scatterplot 등)
- scikit-learn의 KMeans 알고리즘 적용
- 엘보우 방법과 실루엣 점수를 사용하여 최적 군집 수 결정 (2-10개 군집 탐색)
- PCA를 사용하여 2D로 차원 축소 및 시각화

3단계 과정 : '인사이트 도출'

[군집별 특성 분석] → [군집 간 비교] → [비즈니스 인사이트 도출] →
[전략 수립]

- 군집별 평균값 계산 및 시각화
- 주요 변수(연간 수익, 성장률, R&D 투자 등)에 따른 군집 비교
- 각 군집의 특성을 B2B 영업 전략과 연계하여 해석
- 세그먼트별 맞춤 전략 수립(예 : 'fast_growing_startup'을 위한 성장 지원 프로그램)

과제 구체화를 통해 명확한 계획을 수립한 이호진 대리는 이제 실행 단계로 나아갔습니다. 실행 단계는 프로젝트의 성패를 좌우하는 핵심 과정으로, 이론적 계획을 실제 결과로 전환하는 중요한 단계입니다. 이 단계에서의 성공적인 수행은 KT의 B2B 영업 전략 혁신과 비즈니스 성과 향상으로 직접 연결됩니다.

실행 과정을 상세히 설명하자면 다음과 같다.

① 데이터 수집 및 전처리 방법

이호진 대리는 먼저 KT의 CRM 시스템과 영업 관리 시스템에서 B2B 고객 데이터를 추출했습니다. 그는 pandas 라이브러리를 사용하여 CSV 파일로 저장된 데이터를 로드하고, head( )와 describe( ) 메서드를 통해 데이터의 기본 정보를 확인했습니다. 이어서 boxplot과 IQR 방식을 활용하여 이상치를 탐지하고 제거했으며, sklearn의 StandardScaler를 사용하여 데이터를 표준화했습니다. 이 과정을 통해 신뢰성 있는 분석을 위한 깨끗한 데이터셋을 준비할 수 있었습니다.

② 분석 기법 적용 과정

데이터 전처리 후, 이호진 대리는 탐색적 데이터 분석(EDA)을 수행했습니다. seaborn과 matplotlib 라이브러리를 사용하여 pairplot, 상관관계 히트맵, 산점

도 등 다양한 시각화를 진행했고, 이를 통해 변수 간의 관계와 데이터의 전반적인 분포를 파악했습니다. 다음으로, scikit-learn의 KMeans 알고리즘을 적용하여 고객 세그먼테이션을 수행했습니다. 최적의 군집 수를 결정하기 위해 엘보우 방법과 실루엣 점수를 사용했으며, 2부터 10까지의 군집 수를 탐색했습니다. 마지막으로, PCA를 사용하여 고차원 데이터를 2차원으로 축소하고 시각화하여 군집 간의 관계를 직관적으로 파악할 수 있었습니다.

③ 통계적 유의성 검증 방법

군집 분석 결과의 통계적 유의성을 검증하기 위해, 이호진 대리는 ANOVA(분산 분석)를 사용했습니다. 이를 통해 군집 간 주요 특성의 차이가 통계적으로 유의미한지 확인했으며, 필요한 경우 사후 검정을 실시하여 어떤 군집 간에 유의미한 차이가 있는지 상세히 분석했습니다.

④ 인사이트 도출 과정

세그먼테이션 결과를 바탕으로, 이호진 대리는 각 군집의 특성을 심층적으로 분석했습니다. 군집별 평균값을 계산하고 시각화하여 각 세그먼트의 주요 특징을 파악했으며, 연간 수익, 성장률, R&D 투자 비율 등 주요 변수에 따른 군집 간 비교를 수행했습니다. 이를 통해 'high_revenue_large_company', 'fast_growing_startup', 'stable_mid_size' 등의 의미 있는 레이블을 각 군집에 부여할 수 있었습니다. 특히, R&D 투자와 기업 성과의 관계, 부채 비율에 따른 기업 성과 등을 분석하여 비즈니스적으로 중요한 인사이트를 도출했습니다.

주요 고려사항 및 극복 방안

실행 과정에서 이호진 대리는 몇 가지 중요한 고려사항에 직면했습니다. 첫째, 데이터 품질 확보가 가장 큰 과제였습니다. 이를 위해 데이터 정제 과정에서 도메인 전문가들과 긴밀히 협력하여 이상치 처리 기준을 설정했습니다. 둘째, 최적 군집 수 결정이 어려웠는데, 이는 엘보우 방법과 실루엣 점수를 종합적으로 고려하고 비즈니스 관점에서의 해석 가능성을 함께 검토하여 해결했습니다. 마지막으로, 군집 해석의 비즈니스 연관성 확보를 위해 영업팀 및 마케팅팀과의 지속적인 논의를 통해 각 군집의 특성을 B2B 영업 전략과 연계하여 해석했습니다.

예상 결과 및 평가 계획

이 프로젝트를 통해 이호진 대리는 KT의 B2B 고객을 의미 있는 세그먼트로 분류하고, 각 세그먼트별 맞춤 전략을 수립할 수 있을 것으로 기대했습니다. 구체적인 평가 지표로는 계약 체결률 15% 향상, B2B 매출 5% 증대, 그리고 군집 품질을 나타내는 실루엣 점수 0.6 이상 달성을 설정했습니다. 이러한 지표들은 프로젝트 완료 후 3개월, 6개월, 1년 단위로 지속적으로 모니터링하여 장기적인 효과를 평가할 계획입니다.

다음 단계로의 연결

실행 단계에서 얻은 고객 세그먼테이션 결과와 인사이트는 다음 단계인 결과 도출의 기반이 됩니다. 이호진 대리는 이 결과를 바탕으로 각 세그먼트별 맞춤형 영업 및 마케팅 전략을 구체화하고, 예상 ROI를 산출하여 우선순위를 결정할 계획입니다. 특히 'fast_growing_startup' 세그먼트에 대한 성장 지원 프로그램과 'high_rd_investment' 세그먼트에 대한 기술 협력 프로그램 등, 세그먼트별 특성에 맞는 전략을 개발하여 KT의 B2B 영업 혁신을 이끌어낼 것으로 기대됩니다.

● 학습자를 위한 Tip

효과적인 실행을 위해서는 먼저 데이터의 품질을 최우선으로 고려해야 합니다. 분석 결과의 신뢰성은 데이터의 품질에 크게 좌우되므로, 데이터 정제와 전처리에 충분한 시간을 투자하세요. 둘째, 분석 과정에서 도출된 인사이트를 비즈니스 컨텍스트와 지속적으로 연결 지어 생각해야 합니다. 단순한 데이터 패턴을 넘어, 그것이 비즈니스에 어떤 의미를 갖는지 항상 고민하세요. 마지막으로, 분석 결과를 다양한 이해관계자들과 공유하고 피드백을 수렴하는 과정이 중요합니다. 이를 통해 더 풍부한 인사이트를 얻고, 결과의 실행 가능성을 높일 수 있습니다.

EDA(탐색적 데이터 분석) 및 데이터 시각화

이 코드는 Python을 사용하여 KT의 B2B 고객 데이터를 시각화하는 과정을 보여줍니다. 주로 matplotlib와 seaborn 라이브러리를 활용하고 있습니다.

① 상관관계 히트맵

- plt.figure(figsize=(12, 10))로 그래프 크기를 설정합니다.
- sns.heatmap( )을 사용해 데이터의 상관관계를 시각화합니다.
- annot=True로 각 셀에 상관계수 값을 표시합니다.

② 직원 수와 연간 매출의 관계

- sns.scatterplot( )으로 산점도를 그립니다.
- x축은 직원 수, y축은 연간 매출을 나타냅니다.

③ 회사 나이와 연간 성장률의 관계

```python
# 상관관계 히트맵
plt.figure(figsize=(12, 10))
sns.heatmap(data.corr(), annot=True, cmap='coolwarm', center=0)
plt.title('변수 간 상관관계')
plt.show()

# 연간 매출과 직원 수의 관계
plt.figure(figsize=(10, 6))
sns.scatterplot(data=data, x='employee_count', y='annual_revenue')
plt.title('직원 수와 연간 매출의 관계')
plt.xlabel('직원 수')
plt.ylabel('연간 매출')
plt.show()

# 회사 나이와 연간 성장률의 관계
plt.figure(figsize=(10, 6))
sns.scatterplot(data=data, x='company_age', y='annual_growth_rate')
plt.title('회사 나이와 연간 성장률의 관계')
plt.xlabel('회사 나이')
plt.ylabel('연간 성장률 (%)')
plt.show()

# 시장 점유율 분포
plt.figure(figsize=(10, 6))
sns.histplot(data=data, x='market_share', kde=True)
plt.title('시장 점유율 분포')
plt.xlabel('시장 점유율 (%)')
plt.ylabel('빈도')
plt.show()

# 부채 비율과 R&D 투자 비율의 관계
plt.figure(figsize=(10, 6))
sns.scatterplot(data=data, x='debt_ratio', y='rd_investment_ratio')
plt.title('부채 비율과 R&D 투자 비율의 관계')
plt.xlabel('부채 비율')
plt.ylabel('R&D 투자 비율')
plt.show()
```

- 앞선 산점도와 유사하지만, x축은 회사 나이, y축은 연간 성장률입니다.

④ 시장 점유율 분포

- sns.histplot( )으로 히스토그램을 그립니다.
- kde=True로 커널 밀도 추정 곡선도 함께 표시합니다.

⑤ 부채 비율과 R&D 투자 비율의 관계

- 다시 산점도를 사용하여 두 변수 간의 관계를 시각화합니다.

각 그래프마다 plt.title( ), plt.xlabel( ), plt.ylabel( )로 제목과 축 레이블을 설정하고, plt.show( )로 그래프를 출력합니다. 이 코드는 데이터의 다양한 측면을 시각적으로 표현하여 직관적인 분석을 가능하게 합니다.

이제 우리는 데이터가 들려주는 이야기에 귀를 기울여 보겠습니다. 이호진 대리가 만든 이 그래프들은 단순한 숫자의 나열이 아닙니다. 이는 KT의 B2B 고객사들의 생생한 초상화와도 같습니다.

먼저, 상관관계 히트맵을 봅시다. 이는 마치 기업 생태계의 지도와 같습니다. 연간 매출과 직원 수 사이의 강한 연관성(0.58)은 어떤 의미일까요? 이는 대부분의 경우, 회사의 규모가 커질수록 매출도 함께 증가한다는 것을 시사합니다. 하지만 이것이 절대적인 법칙은 아닙니다.

연간 매출(annual_revenue)과 직원 수(employee_count) 사이에 0.58의 강한 양의 상관관계가 있습니다. 인사이트: 대체로 직원 수가 많은 기업일수록 매출도 높습니다. 그러나 이 관계가 완벽하지 않다는 점에 주목해야 합니다. 일부기업은 적은 직원으로도 높은 매출을 올릴 수 있으며, 이는 효율적인 운영이나고부가가치 제품/서비스를 제공하고 있을 가능성을 시사합니다.

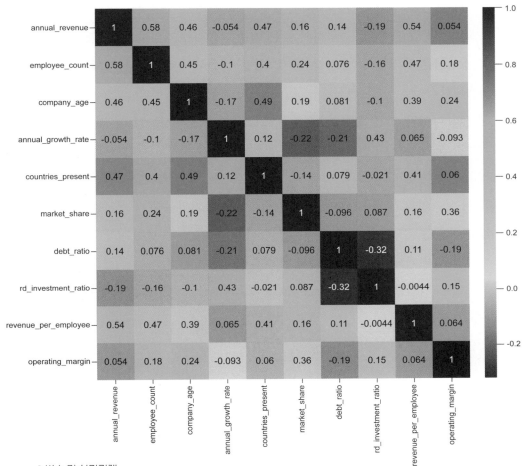

	annual_revenue	employee_count	company_age	annual_growth_rate	countries_present	market_share	debt_ratio	rd_investment_ratio	revenue_per_employee	operating_margin
annual_revenue	1	0.58	0.46	-0.054	0.47	0.16	0.14	-0.19	0.54	0.054
employee_count	0.58	1	0.45	-0.1	0.4	0.24	0.076	-0.16	0.47	0.18
company_age	0.46	0.45	1	-0.17	0.49	0.19	0.081	-0.1	0.39	0.24
annual_growth_rate	-0.054	-0.1	-0.17	1	0.12	-0.22	-0.21	0.43	0.065	-0.093
countries_present	0.47	0.4	0.49	0.12	1	-0.14	0.079	-0.021	0.41	0.06
market_share	0.16	0.24	0.19	-0.22	-0.14	1	-0.096	0.087	0.16	0.36
debt_ratio	0.14	0.076	0.081	-0.21	0.079	-0.096	1	-0.32	0.11	-0.19
rd_investment_ratio	-0.19	-0.16	-0.1	0.43	-0.021	0.087	-0.32	1	-0.0044	0.15
revenue_per_employee	0.54	0.47	0.39	0.065	0.41	0.16	0.11	-0.0044	1	0.064
operating_margin	0.054	0.18	0.24	-0.093	0.06	0.36	-0.19	0.15	0.064	1

❙ 변수 간 상관관계

직원 수와 연간 매출의 관계를 보여주는 산점도는 이 복잡한 관계를 더 자세히 보여줍니다. 대체로 우상향하는 추세선을 그릴 수 있지만, 실제 데이터 포인트들은 이 선 주위를 흩어져 있습니다. 특히 직원 수가 적은 기업들 사이에서 매출의 변동성이 큽니다. 이는 무엇을 의미할까요? 작은 기업들 중에서도 혁신적인 비즈니스 모델로 높은 매출을 올리는 기업들이 있다는 뜻일 수 있습니다.

전반적으로 직원 수가 증가함에 따라 연간 매출도 증가하는 추세를 보이지만, 데이터 포인트들이 넓게 분산되어 있습니다. 인사이트: 직원 수가 적은 기업들 사이에서 매출의 변동성이 큽니다. 이는 소규모 기업 중에서도 혁신적인 비즈니스 모델이나 틈새시장을 공략하여 높은 매출을 올리는 기업들이 있음을 시사합니다. 영업팀은 이러한 '작지만 강한' 기업들을 식별하여 맞춤형 서비스를 제공할 수 있습니다.

회사의 나이와 연간 성장률 관계 그래프는 더욱 흥미롭습니다. 젊은 회사들 중 일부가 보이는 50% 이상의 높은 성장률은 마치 로켓과도 같습니다. 반면, 나이 든 회사들의 안정적이지만 낮은 성장률은 거대한 유조선의 움직임을 연상시킵니다. 이는 기업의 생애주기를 생생하게 보여주는 증거입니다.

젊은 회사들 중 일부는 매우 높은 성장률(50% 이상)을 보이는 반면, 나이가 든 회사들은 대체로 더 낮고 안정적인 성장률을 보입니다. 인사이트: 고성장을 보이는 젊은 기업들은 잠재적으로 중요한 고객이 될 수 있습니다. 이들의 빠른 성장을 지원할 수 있는 확장성 있는 서비스를 제공하는 것이 중요합니다. 반면, 성숙기업들에게는 안정성과 효율성을 높이는 서비스가 더 적합할 수 있습니다.

시장 점유율 분포 히스토그램은 우리에게 경쟁의 치열함을 일깨워줍니다. 대

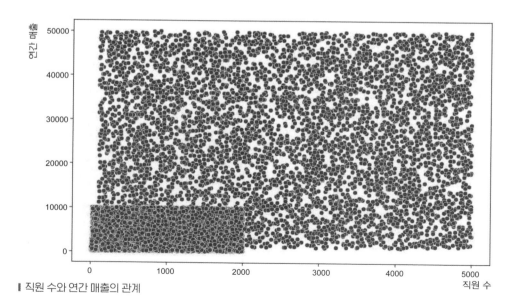

| 직원 수와 연간 매출의 관계

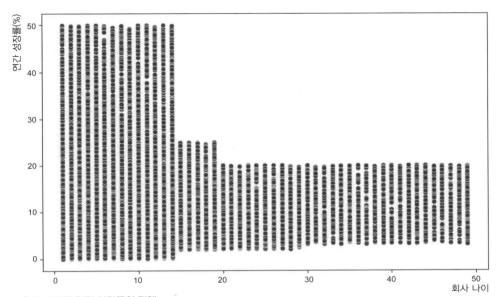

┃ 회사 나이와 연간 성장률의 관계

다수의 기업이 0-5%의 낮은 시장 점유율에 몰려있는 모습은 마치 좁은 문을 통과하려는 군중과도 같습니다. 이는 많은 기업들이 치열한 경쟁 속에서 살아남기 위해 노력하고 있음을 보여줍니다.

대부분의 기업들이 낮은 시장 점유율(0-5% 사이)을 가지고 있으며, 시장 점유율이 높아질수록 기업의 수가 급격히 감소합니다. 인사이트: 대다수 고객이 치열한 경쟁 시장에서 활동하고 있음을 알 수 있습니다. 이들에게는 경쟁력 강화를 위한 서비스가 필요할 것입니다. 반면, 높은 시장 점유율을 가진 소수의 기업들은 시장 선도자로서 다른 니즈를 가질 수 있으므로, 차별화된 프리미엄 서비스를 제공하는 것이 효과적일 수 있습니다.

마지막으로, 부채 비율과 R&D 투자 비율의 관계를 보여주는 산점도는 기업의 재무 전략과 혁신에 대한 태도를 엿볼 수 있게 해줍니다. 부채 비율이 높은 기업들 중 R&D 투자 비율이 낮은 경향은 어쩌면 재무적 압박이 혁신 활동을 제한하고 있음을 시사할 수 있습니다. 전반적으로 뚜렷한 패턴은 보이지 않지만, 부채

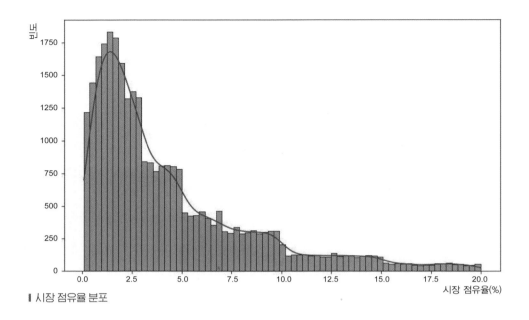

▌시장 점유율 분포

비율이 높은 기업들 중에서는 R&D 투자 비율이 낮은 경향이 있습니다.

높은 부채 비율과 낮은 R&D 투자를 보이는 기업들은 재무적 압박으로 인해 혁신 활동이 제한될 수 있습니다. 이러한 기업들에는 비용 효율적인 혁신 솔루션이나 금융 부담을 줄이면서도 기술 경쟁력을 유지할 수 있는 서비스를 제안할 수 있습니다.

이러한 데이터 분석은 단순한 숫자 놀음이 아닙니다. 이는 비즈니스 세계의 지도를 그리는 작업과도 같습니다. 각 그래프, 각 데이터 포인트는 실제 기업의 이야기를 담고 있습니다. 성공을 향해 달리는 스타트업의 열정, 안정을 추구하는 대기업의 신중함, 혁신을 통해 시장을 선도하려는 기업의 노력 등이 모두 이 데이터 속에 숨어 있습니다.

이호진 대리의 분석은 단순히 현상을 설명하는 데 그치지 않습니다. 이는 미래를 예측하고 준비하는 강력한 도구가 됩니다. 고객사의 특성을 깊이 이해함으로써, KT는 더 나은 서비스를 제공하고, 더 강력한 파트너십을 구축할 수 있을 것입니다.

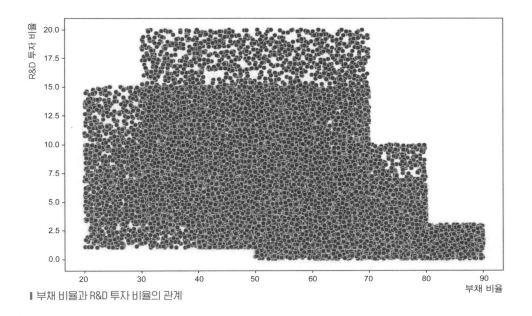

│ 부채 비율과 R&D 투자 비율의 관계

데이터는 말합니다. 듣는 자에게 인사이트를, 행동하는 자에게 성공을 가져다 줄 것이라고. 이제 우리의 과제는 이 데이터의 언어를 배우고, 그 속에서 기회를 발견하며, 그 기회를 현실의 성공으로 만들어내는 것입니다. 데이터 기반의 의사결정, 이것이 바로 현대 비즈니스의 핵심 경쟁력입니다.

데이터 전처리 및 이상치 탐지/제거

```python
data_col = [
    'annual_revenue',
    'employee_count',
    'annual_growth_rate',
    'market_share',
    'debt_ratio',
    'rd_investment_ratio',
    'revenue_per_employee',
    'operating_margin'
]

for col in data_col:
    plt.figure(figsize=(8,6))
    sns.boxplot(x=data[f'{col}'])
    plt.title(f"Box plot of {col} Column")
    plt.xlabel(col)
    plt.show()
```

이 코드는 지정된 데이터 컬럼들에 대해 박스플롯을 생성합니다.

① data_col 리스트에 분석할 컬럼명들을 정의합니다.

② for 루프를 사용해 각 컬럼에 대해 반복합니다.

- plt.figure(figsize=(8,6))로 그래프 크기를 설정합니다.

- sns.boxplot( )을 사용해 박스플롯을 그립니다.

- plt.title( )과 plt.xlabel( )로 그래프 제목과 x축 레이블을 설정합니다.

- plt.show( )로 그래프를 출력합니다.

```python
def tukey_outlier_detector(dataframe: pd.DataFrame, columns: list = None) -> dict:
    if columns is None:
        columns = dataframe.select_dtypes(include=[np.number]).columns.tolist()

    outlier_indices = {}
    outlier_count = {}

    for column in columns:
        q1 = np.percentile(dataframe[column], 25)
        q3 = np.percentile(dataframe[column], 75)
        iqr = q3 - q1
        lower_bound = q1 - 1.5 * iqr
        upper_bound = q3 + 1.5 * iqr

        outliers = dataframe[~((dataframe[column] < upper_bound) & (dataframe[column] > lower_bound))]
        outlier_indices[column] = outliers.index
        outlier_count[column] = len(outliers)

    for column in columns:
        print('_' * 25)
        print(f"{column}{'-' * 8}>{outlier_count[column]}")

    return outlier_indices
```

이 코드는 Tukey의 방법을 사용하여 데이터프레임의 이상치를 탐지하는 함수입니다.

① 함수는 데이터프레임과 분석할 컬럼 리스트를 입력받습니다.

② 컬럼이 지정되지 않으면 모든 수치형 컬럼을 대상으로 합니다.

③ 각 컬럼에 대해

- 1사분위수(Q1)와 3사분위수(Q3)를 계산합니다.

- IQR(Interquartile Range)을 계산합니다.

- 이상치 경계를 정의합니다(Q1 − 1.5IQR, Q3 + 1.5IQR).

- 경계를 벗어난 데이터를 이상치로 판단합니다.

④ 각 컬럼의 이상치 개수를 출력합니다.

⑤ 이상치의 인덱스를 딕셔너리 형태로 반환합니다.

annual revenue의 박스플롯 예시

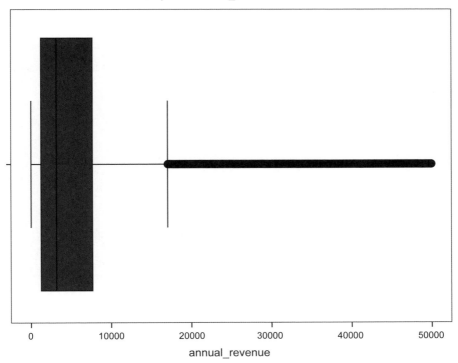

Box plot of annual_revenue Column

이 그림은 annual_revenue(연간 매출) 데이터의 분포를 보여주는 박스플롯입니다.

분석

- 데이터의 대부분은 0에서 약 10,000 사이에 집중되어 있습니다.
- 중앙값(박스 내 수직선)은 약 5,000 근처에 위치합니다.

- 상자의 오른쪽 끝(제3사분위수)은 약 10,000 부근입니다.
- 매우 긴 오른쪽 꼬리가 있어, 극단적으로 높은 연간 매출을 가진 기업들이 존재함을 보여줍니다.
- 다수의 이상치(outlier)가 존재하며, 일부는 50,000 이상의 매출을 기록하고 있습니다.

군집분석에서 이상치 처리의 중요성

- 군집 왜곡 : 이상치는 군집의 중심을 왜곡시킬 수 있습니다. 특히 K-means와 같은 알고리즘에서 이상치는 군집 형성에 과도한 영향을 미칠 수 있습니다.
- 불균형한 군집 형성 : 극단적인 이상치는 자체적으로 별도의 군집을 형성할 수 있어, 의미 있는 군집 구조를 파악하기 어렵게 만듭니다.
- 알고리즘 성능 저하 : 많은 군집화 알고리즘들이 유클리드 거리를 기반으로 하는데, 이상치는 이 거리 계산을 크게 왜곡시킬 수 있습니다.
- 해석의 어려움 : 이상치가 포함된 군집 결과는 해석하기 어려울 수 있으며, 실제 비즈니스 인사이트를 도출하는 데 방해가 될 수 있습니다.
- 스케일링 문제 : 이상치가 존재하면 데이터 스케일링 과정이 왜곡될 수 있어, 전체적인 분석 결과에 부정적인 영향을 미칩니다.

따라서, 군집분석을 수행하기 전에 이상치를 적절히 처리하는 것이 중요합니다. 이를 위해 이상치 제거, 변환(예: 로그 변환), 또는 별도의 군집으로 분류하는 등의 방법을 고려할 수 있습니다. 다만, 이상치 처리 시 해당 데이터가 가진 중요한 정보를 놓치지 않도록 주의해야 합니다.

이 경우, 연간 매출이 매우 높은 소수의 기업들은 중요한 고객일 수 있으므로, 이들을 단순히 제거하기보다는 별도로 분석하거나, 로그 변환을 통해 전체 데이터의 스케일을 조정하는 방법을 고려해볼 수 있습니다.

군집 개수 판단

```python
def get_optimal_clusters(X, max_clusters=20):
    inertias = []
    silhouette_scores = []
    num_clusters = range(2, max_clusters+1)  # 실루엣 점수는 클러스터가 2개 이상일 때만 계산 가능
    K = range(2, 11)

    for k in K:
        print(f"{k}개의 클러스터로 군집화 진행")

        kmeans = KMeans(n_clusters=k, random_state=42)
        kmeans.fit(X)
        inertias.append(kmeans.inertia_)
        silhouette_scores.append(silhouette_score(X, kmeans.labels_))
        data[f'군집소속_{k}'] = kmeans.labels_

    plt.figure(figsize=(12, 5))
    plt.subplot(1, 2, 1)
    plt.plot(K, inertias, 'bx-')
    plt.xlabel('k')
    plt.ylabel('Inertia')
    plt.title('엘보우 방법')

    plt.subplot(1, 2, 2)
    plt.plot(K, silhouette_scores, 'bx-')
    plt.xlabel('k')
    plt.ylabel('Silhouette Score')
    plt.title('실루엣 점수')

    plt.tight_layout()
    plt.show()

    best_num_clusters = num_clusters[silhouette_scores.index(max(silhouette_scores))]
    print(f"최적의 클러스터 수: {best_num_clusters}")
    return best_num_clusters
```

실루엣 점수(SilhouetteScore)

실루엣 점수는 군집화의 품질을 평가하는 지표입니다. 각 데이터 포인트가 자신이 속한 군집과 얼마나 잘 맞는지, 그리고 다른 군집과는 얼마나 구분되는지를 측정합니다.

- 계산 방법

① 각 데이터 포인트에 대해 같은 군집 내의 다른 포인트들과의 평균 거리 계산 (a)

② 가장 가까운 다른 군집의 포인트들과의 평균 거리 계산 (b)

③ 실루엣 계수 = (b−a) / max(a, b)

- 해석
  - 값의 범위 : −1에서 1 사이
  - 1에 가까울수록 군집화가잘 된 것
  - 0에 가까우면 군집 간 경계가 모호함
  - 음수이면 잘못된 군집화를의미

엘보우방법(ElbowMethod)

엘보우방법은 군집 내 분산(inertia)을 기반으로 최적의 군집 수를 결정하는 방법입니다.

- 방법
  ① 다양한 군집 수(k)에 대해 K-means알고리즘을 실행
  ② 각 k에 대한 inertia(군집 내 거리 제곱합) 계산
  ③ k vsinertia그래프를 그림
  ④ 그래프가 급격히 꺾이는 지점(엘보우)을 찾음

- 해석
  - 엘보우지점 이후로는 군집 수를 늘려도 inertia가 크게 감소하지 않음
  - 이 지점이 최적의 군집 수로 간주됨

- 두 방법의 비교
  - 실루엣 점수 : 각 데이터 포인트의 군집 소속 적합도를 개별적으로 평가
  - 엘보우방법 : 전체적인 군집 구조를 평가

실제 분석에서는 두 방법을 모두 사용하여 결과를 비교하고, 비즈니스 맥락을 고려하여 최종 군집 수를 결정하는 것이 좋습니다. 예를 들어, KT의B2B 고객 세그먼테이션에서 이 방법들을 사용하면, 통계적으로 의미 있는 고객 그룹의 수를

결정할 수 있으며, 이는 마케팅 전략 수립이나 서비스 개발에 중요한 기초 자료가 될 수 있습니다.

```python
# 클러스터 수 설정
k = 10

# 비즈니스 인사이트를 위해 10개의 군집으로 K-means 수행
kmeans = KMeans(n_clusters=10, random_state=42, n_init=10)
cluster_labels = kmeans.fit_predict(scaled_data)

# 각 데이터 포인트에 클러스터 레이블 할당
scaled_data['cluster'] = cluster_labels

# 군집별 특성 분석
cluster_means = scaled_data.groupby('cluster').mean()
print("군집별 평균값:")
print(cluster_means)
# 군집 중심점 시각화
plt.figure(figsize=(15, 10))
sns.heatmap(cluster_means, annot=True, cmap='coolwarm', fmt='.2f')
plt.title('군집별 특성 평균 (중심점)')
plt.show()

# 주요 특성에 대한 군집별 분포 시각화
important_features = ['annual_revenue', 'employee_count', 'annual_growth_rate', 'market_share', 'debt_ratio', 'rd_investment_ratio']

fig, axes = plt.subplots(3, 2, figsize=(20, 30))
for i, feature in enumerate(important_features):
    sns.boxplot(x='cluster', y=feature, data=scaled_data, ax=axes[i//2, i%2])
    axes[i//2, i%2].set_title(f'{feature} 분포')
plt.tight_layout()
plt.show()

# PCA를 사용한 2D 시각화
pca = PCA(n_components=2)
pca_result = pca.fit_transform(scaled_data)

plt.figure(figsize=(12, 8))
scatter = plt.scatter(pca_result[:, 0], pca_result[:, 1], c=cluster_labels, cmap='viridis')
plt.colorbar(scatter)
plt.title('PCA로 축소된 2차원에서의 군집 시각화')
plt.xlabel('첫 번째 주성분')
plt.ylabel('두 번째 주성분')
plt.show()
```

K-means 군집화 수행

- 클러스터 수를 10개로 설정하고 K-means 알고리즘을 적용합니다.
- 이는 실루엣 계수와 엘보우 방법을 통해 최적의 클러스터를 결정하는 get_optimal_clusters 함수의 결과를 바탕으로 클러스터 수를 설정할 수 있지만, 여기서는 비즈니스 인사이트를 얻기 위해 군집화를 합니다. 이 실습에서는 10개의 인사이트 그룹을 얻기 위해 10개의 클러스터로 군집화합니다.
- scaled_data를 사용하는데, 이는 sklearn의 standard sclaer를 통해 표준화 처리 된 데이터입니다.

군집별 특성 분석

- 각 군집의 평균값을 계산하고 히트맵으로 시각화합니다.
- 이는 각 군집의 중심점(centroid)을 나타내며, 군집의 전반적인 특성을 파악하는 데 도움을 줍니다.

주요 특성에 대한 군집별 분포 시각화

- 박스플롯을 사용하여 각 특성의 군집별 분포를 보여줍니다.
- 이는 이전에 본 annual_revenue의 박스플롯과 유사하지만, 군집별로 나누어 비교할 수 있게 해줍니다.

PCA를 사용한 2D 시각화

- 주성분 분석(PCA)을 통해 고차원 데이터를 2차원으로 축소하여 시각화합니다.
- 이는 군집 간의 관계와 분포를 전체적으로 파악하는 데 도움을 줍니다.

군집별 샘플 데이터 출력

- 각 군집에서 무작위로 5개의 샘플을 추출하여 보여줍니다.
- 이는 군집의 실제 데이터를 확인하여 군집의 특성을 더 자세히 이해하는 데 도움을 줍니다.

```python
# 군집별 샘플 데이터 출력
for cluster in range(10):
    print(f"\n클러스터 {cluster} 샘플 데이터:")
    print(scaled_data[scaled_data['cluster'] == cluster].sample(n=5, random_state=42))
    print("-" * 50)

# 군집 크기 시각화
cluster_sizes = scaled_data['cluster'].value_counts().sort_index()
plt.figure(figsize=(10, 6))
cluster_sizes.plot(kind='bar')
plt.title('군집별 데이터 수')
plt.xlabel('군집')
plt.ylabel('데이터 수')
plt.show()

# 상관관계가 높은 특성들의 산점도 행렬
high_corr_features = ['annual_revenue', 'employee_count', 'market_share', 'rd_investment_ratio']
sns.pairplot(scaled_data, vars=high_corr_features, hue='cluster', palette='viridis')
plt.suptitle('주요 특성 간의 관계와 군집', y=1.02)
plt.show()

for cluster in range(10):
    print(f"\n클러스터 {cluster} 특성 요약:")
    cluster_data = scaled_data[scaled_data['cluster'] == cluster]
    for feature in important_features:
        mean_value = cluster_data[feature].mean()
        std_value = cluster_data[feature].std()
        print(f"{feature}: 평균 = {mean_value:.2f}, 표준편차 = {std_value:.2f}")
    print("-" * 50)

# 클러스터에 레이블 매핑
cluster_to_label = {
    2: 'high_revenue_large_company',     # 높은 연간 수익, 큰 규모
    8: 'fast_growing_startup',           # 매우 높은 성장률, 높은 R&D 투자
    7: 'stable_mid_size',                # 중간 규모, 안정적인 성장
    5: 'low_debt_high_margin',           # 낮은 부채 비율
    4: 'high_rd_investment',             # 높은 R&D 투자 비율
    0: 'market_leader',                  # 높은 시장 점유율
    6: 'efficient_small_business',       # 중소 규모, 효율적 운영
    9: 'high_debt_struggling',           # 높은 부채 비율, 낮은 성장률
    1: 'mature_slow_growth',             # 중간 규모, 낮은 성장률
    3: 'innovative_tech_company'         # 높은 성장률, 높은 연간 수익
}

# 데이터프레임에 레이블 할당
scaled_data['class_label'] = scaled_data['cluster'].map(cluster_to_label)

# 결과 확인
for cluster, label in cluster_to_label.items():
    print(f"클러스터 {cluster}: {label}")
    print(scaled_data[scaled_data['cluster'] == cluster][['annual_revenue', 'employee_count', 'annual_growth_rate', 'market_share', 'debt_ratio', 'rd_investment_ratio']].mean())
    print("-" * 50)
```

군집 크기 시각화

- 각 군집에 속한 데이터의 수를 막대 그래프로 보여줍니다.
- 이를 통해 군집의 균형을 확인할 수 있습니다.

상관관계가 높은 특성들의 산점도 행렬

- 주요 특성들 간의 관계를 군집별로 색상을 달리하여 시각화합니다.
- 이는 이전에 본 상관관계 히트맵의 결과를 바탕으로 선택된 특성들을 더 자세히 분석하는 과정입니다.

군집별 특성 요약

- 각 군집의 주요 특성에 대한 평균과 표준편차를 계산합니다.
- 이는 군집의 중심 경향성과 변동성을 함께 고려하여 특성을 파악할 수 있게 해줍니다.

클러스터와 레이블 매칭

- 각 군집에 의미 있는 레이블을 부여합니다.
- 이는 군집 분석의 결과를 비즈니스 관점에서 해석하는 중요한 단계입니다.
- 특히, 실루엣 계수와 엘보우 메소드를 이용해 최적의 클러스터를 찾아, 적용해볼 수 있지만, 각 클러스터의 특성을 시각화 한 뒤에 비즈니스 목적에 맞는 클러스터들에 직접 레이블을 설정할 수 있습니다.

이 코드는 이전에 수행한 이상치 탐지, 최적 군집 수 결정 등의 분석을 바탕으로 더 깊이 있는 인사이트를 도출하는 과정을 보여줍니다. 특히, 다양한 시각화 기법을 활용하여 복잡한 고차원 데이터의 패턴을 이해하기 쉽게 표현하고 있습니다.

이러한 분석을 통해 KT의 B2B 고객들을 비즈니스적인 인사이트를 위해 여러 세그먼트로 나누고, 각 세그먼트의 특성을 파악할 수 있습니다. 예를 들어, 'fast_growing_startup'이나 'high_rd_investment' 같은 군집은 특별한 관심과 맞춤형 서비스가 필요할 수 있는 고객 그룹을 나타냅니다. 이는 이호진 대리가 초기에 직면했던 문제, 즉 고객 세그먼테이션과 맞춤형 전략 수립의 필요성에 대한 해답을 제공합니다.

결과

● 결과 분석 1

```
1  plt.figure(figsize=(12, 6))
2  scaled_data['class_label'].value_counts().plot(kind='bar')
3  plt.title('군집별 고객 분포')
4  plt.xlabel('고객 군집')
5  plt.ylabel('고객 수')
6  plt.xticks(rotation=45, ha='right')
7  plt.tight_layout()
8  plt.show()
```

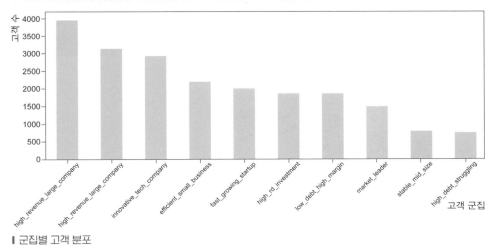

▎군집별 고객 분포

이 코드는 각 군집에 속한 고객의 수를 막대 그래프로 표시합니다.

- 'mature_slow_growth' 군집이 가장 많은 고객을 포함하고 있습니다.
- 'high_revenue_large_company'와 'innovative_tech_company' 군집도 상당한 수의 고객을 가지고 있습니다.
- 'high_debt_struggling'과 'stable_mid_size' 군집은 상대적으로 적은 수의 고객을 포함하고 있습니다.

인사이트

- KT의 B2B 고객 중 성숙 단계에 있는 저성장 기업이 가장 큰 비중을 차지하고 있어, 이들을 위한 맞춤형 서비스 개발이 중요할 수 있습니다.
- 고수익 대기업과 혁신적인 기술 기업도 주요 고객 군집이므로, 이들의 니즈에 맞는 고급 서비스 제공이 필요할 수 있습니다.

◉ 결과 분석 2

```python
plt.figure(figsize=(15, 10))
sns.scatterplot(data=scaled_data, x='annual_revenue', y='annual_growth_rate',
                hue='class_label', size='employee_count', sizes=(20, 200))
plt.title('연간 수익과 성장률에 따른 군집 분포')
plt.xlabel('연간 수익')
plt.ylabel('연간 성장률')
plt.legend(bbox_to_anchor=(1.05, 1), loc='upper left')
plt.tight_layout()
plt.show()
```

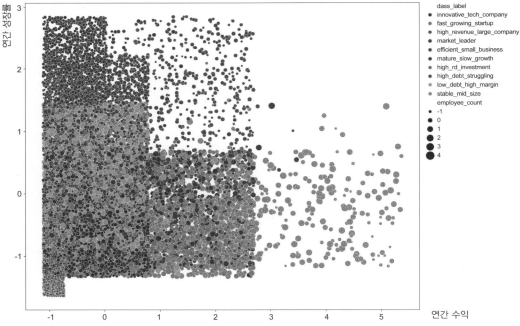

❙ 연간 수익과 성장률에 따른 군집 분포

이 코드는 연간 수익, 연간 성장률, 직원 수를 기준으로 각 군집의 분포를 보여주는 산점도를 그립니다.

그래프 해석

- 'high_revenue_large_company' 군집은 높은 연간 수익과 큰 원의 크기 (많은 직원 수)로 구분됩니다.
- 'fast_growing_startup' 군집은 높은 연간 성장률을 보이며, 주로 작은 원 (적은 직원 수)으로 표시됩니다.
- 'mature_slow_growth' 군집은 낮은 성장률과 중간 정도의 수익을 보입니다.

인사이트

- 각 군집의 특성이 뚜렷이 구분되어 있어, 맞춤형 전략 수립이 가능해 보입니다.
- 고성장 스타트업들은 높은 성장 잠재력을 가지고 있으므로, 이들을 위한 확장성 있는 서비스 개발이 중요할 수 있습니다.

● 결과 분석 3

```python
plt.figure(figsize=(12, 6))
sns.scatterplot(data=scaled_data, x='rd_investment_ratio', y='annual_growth_rate',
                hue='class_label', alpha=0.7)
plt.title('R&D 투자 비율과 연간 성장률의 관계')
plt.xlabel('R&D 투자 비율')
plt.ylabel('연간 성장률')
plt.legend(bbox_to_anchor=(1.05, 1), loc='upper left')
plt.tight_layout()
plt.show()
```

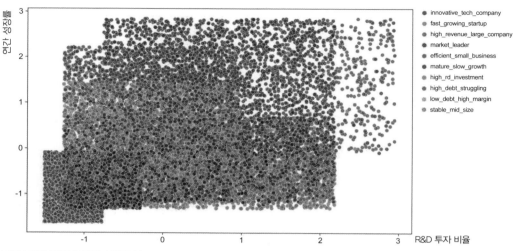

┃ R&D 투자 비율과 연간 성장률의 관계

이 코드는 R&D 투자 비율과 연간 성장률의 관계를 군집별로 보여주는 산점도를 그립니다.

그래프 해석

- 'innovative_tech_company'와 'fast_growing_startup' 군집은 높은 R&D 투자 비율과 높은 성장률을 보입니다.
- 'high_rd_investment' 군집은 높은 R&D 투자에 비해 상대적으로 낮은 성장률을 보입니다.
- 'mature_slow_growth' 군집은 낮은 R&D 투자와 낮은 성장률을 보입니다.

인사이트

- R&D 투자와 성장률 사이에 일정한 상관관계가 있어 보이나, 모든 경우에 해당되지는 않습니다.
- 높은 R&D 투자에도 불구하고 낮은 성장률을 보이는 기업들에 대한 추가 분석이 필요할 수 있습니다.

● 결과 분석 4

```
1  plt.figure(figsize=(12, 6))
2  sns.boxplot(data=scaled_data, x='class_label', y='debt_ratio')
3  plt.title('군집별 부채 비율 분포')
4  plt.xlabel('고객 군집')
5  plt.ylabel('부채 비율')
6  plt.xticks(rotation=45, ha='right')
7  plt.tight_layout()
8  plt.show()
```

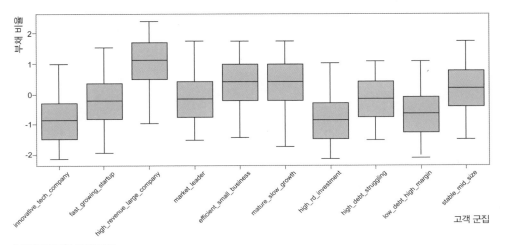

❚ 군집별 부채 비율 분포

이 코드는 각 군집별 부채 비율의 분포를 박스플롯으로 나타냅니다.

그래프 해석

- 'high_debt_struggling' 군집이 가장 높은 부채 비율을 보입니다.
- 'low_debt_high_margin' 군집은 예상대로 가장 낮은 부채 비율을 보입
  니다.
- 'high_revenue_large_company' 군집은 중간 정도의 부채 비율을 보이며,
  분포가 넓습니다.

인사이트

- 높은 부채 비율을 가진 기업들을 위한 재무 관리 서비스나 컨설팅이 필요할 수 있습니다.
- 낮은 부채 비율과 높은 마진을 가진 기업들은 잠재적으로 안정적인 고객이 될 수 있으므로, 이들을 위한 프리미엄 서비스 개발을 고려해볼 수 있습니다.

8 의원업종 신규사업장 데이터 수집 자동화

#RPA #CWA #엑셀

: 고객 피드백, 트렌드, 업무 프로세스 복합기반

> KT 에이센클라우드를 출시했는데, 신규 병의원 고객 유치가 생각보다
> 잘 안되는 것 같아. 뭐가 문제일까?

분석 영역	수집된 정보
고객 피드백	– 중소 병의원, 비용 효율적인 고객 상담 솔루션 필요성 언급
	– 기존 콜센터 시스템 초기 구축 비용 부담 호소
	– AI 기술 활용한 효율적 고객 응대에 높은 관심
산업 트렌드	– 비대면 업무 활성화로 AICC 도입 가속화
	– 구독형 서비스 모델 인기 상승
	– 신규 개원 병의원, 디지털 기술 적극 도입 추세
영업팀 프로세스	– 주간 단위로 신규 영업 대상 탐색 및 계획 수립
	– 데이터 수집/정리에 과도한 시간 소비
	– 영업 담당자, 고급 프로그래밍 기술 부족

> 고객 피드백이나 시장 트렌드를 분석해 보면 어떨까요?
> 그리고 우리 영업팀 업무 프로세스도 한번 살펴보면 좋을 것 같아요.

8. 의원업종 신규사업장 데이터 수집 자동화　195

와, 이 정보들을 보니 우리 에이센클라우드가 시장 니즈에 딱 맞는 서비스 같은데, 영업 프로세스에 문제가 있는 것 같아요. 특히 신규 병의원 데이터를 효율적으로 수집하고 분석하는 게 필요해 보여요.

KT 에이센 클라우드는 시장의 니즈에 부합하는 혁신적인 서비스이지만, 신규 병의원에 대한 효율적인 데이터 수집과 분석이 이루어지지 않아 영업 기회를 놓치고 있습니다. 주간 단위로 신규 개원 정보를 효과적으로 수집하고 분석하는 프로세스 개선이 필요합니다. 이를 통해 영업 담당자들의 실제 영업 활동 시간을 늘리고, 타기팅 효율성을 높여 KT 에이센 클라우드의 시장 침투율을 향상시킬 수 있을 것으로 보입니다.

혁신 과제에서 문제 인식은 전체 프로젝트의 방향을 결정짓는 핵심 단계입니다. 정확한 문제 인식은 효과적인 해결책 도출로 이어지며, 조직의 자원을 효율적으로 활용할 수 있게 합니다. 이 단계는 프로젝트의 기초를 다지는 역할을 하여, 후속 단계들의 성공을 좌우합니다.

KT의 신입사원 임지수는 최근 AX 디그리의 디지털 리터러시 과정을 수강했습니다. 그녀는 배운 내용을 실제 업무에 적용하고 싶어 했고, 마침 신규 출시된 'KT 에이센 클라우드' 서비스의 영업 성과 개선이라는 도전 과제에 직면했습니다. 임지수는 특히 신규 병의원 고객 유치가 예상보다 저조한 점에 주목하고, 이 문제를 해결하기 위한 첫 단계로 문제 인식에 착수했습니다.

임지수는 직관적 접근 방법 중 '고객 피드백 분석'과 '산업 트렌드와의 격차 인식'을 선택했습니다. 이 방법들은 시장의 실제 니즈와 현재 서비스의 격차를 파악하는 데 효과적이라고 판단했기 때문입니다. 또한, 내부적으로 영업팀의 업무 프로세스를 관찰하기로 했습니다. 다른 방법들로는 경쟁사 분석이나 고객 심층 인터뷰 등이 있었지만, 시간과 자원의 제약으로 이번에는 선택하지 않았습니다.

임지수는 먼저 고객 피드백을 수집하기 위해 영업팀에서 기록한 고객 상담 내용을 검토했습니다. 동시에 최신 콜센터 기술 트렌드에 대한 리서치를 진행했습니다. 그녀는 이 정보들을 PPT 장표의 테이블 형식으로 정리했는데, 이는 데이터를 체계적으로 분류하고 패턴을 발견하는 데 큰 도움이 되었습니다. 영업팀 프로세스 관찰은 직접 팀원들의 일과를 모니터링하고 인터뷰를 진행하는 방식으로 이루어졌습니다. 이 과정에서 임지수는 데이터의 양이 방대하여 핵심 인사이트를 추출하는 데 어려움을 겪었지만, 멘토의 조언을 받아 주요 패턴에 집중할 수 있었습니다.

문제 인식 과정을 통해 임지수는 세 가지 주요 인사이트를 얻었습니다. 첫째, KT 에이센 클라우드가 시장의 니즈(비용 효율성, AI 기술 활용)에 부합하는 서비스라는 점, 둘째, 구독형 모델이 시장 트렌드와 일치한다는 점, 셋째, 영업팀의 비효율적인 데이터 수집 및 분석 프로세스가 문제의 핵심이라는 점입니다. 이러한 인사이트는 문제의 본질이 제품 자체가 아닌 영업 프로세스에 있음을 깨닫게 해주었습니다.

문제 인식 단계에서 얻은 결과는 다음 단계인 문제 정의의 기초가 되었습니다. 임지수는 이를 바탕으로 '효율적인 신규 병의원 데이터 수집 및 분석 방법 개발'이라는 구체적인 문제 정의를 도출할 수 있었습니다. 이는 전체 혁신 과제의 방향을 '제품 개선'에서 '영업 프로세스 최적화'로 전환하는 계기가 되었습니다.

문제 인식 과정에서는 선입견을 배제하고 다양한 관점에서 데이터를 수집하는 것이 중요합니다. 또한, 수집한 정보를 체계적으로 정리하고 시각화하는 것이 패턴 발견에 도움이 됩니다. 학습자들은 자신의 과제에 이를 적용할 때, 해당 산업이나 업무의 특성을 고려하여 가장 적합한 데이터 수집 방법을 선택해야 합니다. 마지막으로, 문제 인식은 지속적인 과정임을 명심하고, 새로운 정보가 있다면 유연하게 접근 방식을 조정할 준비가 되어 있어야 합니다.

우리가 파악한 문제의 핵심을 명확하게 정의해야 할 것 같아요.
데이터 중심 문제 진술문 방식으로 접근해볼까요? 이렇게 하면
구체적인 목표와 방법을 한 문장으로 표현할 수 있을 것 같아요.

[데이터/AI 기술]을 사용하여 [측정 가능한 목표]를 [시간 프레임] 이내에
달성하여 [비즈니스 가치]를 창출하는 방법은?

구성 요소	내용
사용할 기술	Excel의 기본 기능과 Power Query
수행할 작업	전국 신규 개원 병의원 데이터를 주간 단위로 수집
측정 가능한 목표	영업 목표를 3개월 이내에 120% 달성
기대 비즈니스 가치	시장 점유율을 15% 높임
시간 프레임	3개월

Excel의 기본 기능과 Power Query를 활용하여 전국 신규 개원 병의원 데이터를 주간 단위로 수집하고, 이를 바탕으로 KT 에이센클라우드의 영업 목표를 3개월 이내에 120% 달성하여 시장 점유율을 15% 높이는 방법은 무엇인가?

문제 인식 단계에서 파악한 이슈들을 바탕으로, 임지수 사원은 이제 문제를 명확히 정의해야 할 단계에 접어들었습니다. 문제 정의는 혁신 과제의 핵심을 명확히 하고, 해결 방향을 제시하는 중요한 과정입니다. 잘 정의된 문제는 그 자체로 해결책의 절반이 될 수 있으며, 이후의 모든 단계에 지침이 됩니다.

임지수 사원은 여러 접근 방법 중 '데이터 중심 문제 진술문' 방식을 선택했습니다. 이 방법은 사용할 기술, 수행할 작업, 측정 가능한 목표, 기대 비즈니스 가치, 그리고 시간 프레임을 한 문장으로 명확하게 표현할 수 있어 매력적이었습니다. 'STAR' 문제 정의법이나 '혁신 중심 AI 문제 프레임'도 고려했지만, 데이터 중심 접근이 KT 에이센 클라우드의 영업 목표와 직접적으로 연결될 수 있다고 판단했습니다.

임지수 사원은 먼저 동료들과 브레인스토밍 세션을 가졌습니다. 이 과정에서 PPT 장표의 대화형 말풍선이 탄생했고, 이는 팀원들의 아이디어를 자연스럽게 이끌어내는 데 도움이 되었습니다. 다음으로, 데이터 중심 문제 진술문의 각 구성 요소를 테이블로 정리했습니다. 이 과정에서 가장 어려웠던 점은 '측정 가능한 목표'를 구체화하는 것이었습니다. 팀 리더와의 논의를 통해 3개월 내 120% 영업 목표 달성이라는 도전적이면서도 현실적인 목표를 설정할 수 있었습니다.

최종적으로 도출된 문제 정의는 'Excel의 기본 기능과 Power Query를 활용하여 전국 신규 개원 병의원 데이터를 주간 단위로 수집하고, 이를 바탕으로 KT 에이센 클라우드의 영업 목표를 3개월 이내에 120% 달성하여 시장 점유율을 15% 높이는 방법은 무엇인가?'입니다. 이 문제 정의는 사용할 기술(Excel과 Power Query), 수행할 작업(데이터 수집), 측정 가능한 목표(120% 영업 목표 달성), 비즈니스 가치(시장 점유율 15% 증가), 그리고 시간 프레임(3개월)을 모두 포함하고 있습니다. 특히 측정 가능한 목표를 포함함으로써, 프로젝트의 성공 여부를 명확하게 평가할 수 있게 되었습니다.

이렇게 정의된 문제는 다음 단계인 '과제 구체화'의 기초가 됩니다. 명확한 목표와 제약 조건이 설정되었기 때문에, 이제 구체적인 실행 계획을 수립할 수 있게 되었습니다. 이 문제 정의는 프로젝트의 방향성을 명확히 하여, 팀원들이 공통된 목표를 향해 노력할 수 있도록 돕습니다.

효과적인 문제 정의를 위해서는 첫째, 문제의 본질을 정확히 파악해야 합니다. 둘째, 모호한 표현을 피하고 구체적이고 측정 가능한 목표를 포함해야 합니다. 셋째, 문제 정의에 포함된 모든 요소가 서로 일관성이 있어야 합니다. 자신의 과제에 적용할 때는 항상 "이 문제 정의가 우리가 해결하고자 하는 핵심 이슈를 정확히 반영하고 있는가?"라고 자문해 보는 것이 좋습니다. 또한, 팀원들과의 충분한 논의를 통해 다양한 관점을 반영하는 것이 중요합니다.

||||||||| ||||||||||||||||||||||||||||||||||||||||||||||||||||||||||||||||||||||||||||||||

> 이제 우리가 정의한 문제를 해결하기 위한 구체적인 계획을 세워볼까요?
> RPA를 활용해 영업 프로세스를 자동화하고 최적화하는 방법을
> 자세히 정리해봐요!

항목	내용
자동화 대상 프로세스	– 전국 신규 개원 병의원 데이터 수집 및 정리
프로세스 단계 및 규칙	– 지방 행정 인허가 데이터 포털 접속 – 신규 개원 병의원 데이터 검색 및 다운로드 – 데이터 정제 및 표준화 – KT 내부 고객관리 시스템과 데이터 매칭 – 주간 리포트 생성
필요 데이터 및 시스템 접근 권한	– 지방 행정 인허가 데이터 포털 접근 권한 – KT 내부 고객관리 시스템 접근 권한
예상 시간 절감 및 효율성 향상 목표	– 데이터 수집 및 정리 시간 80% 단축 (주 10시간 → 2시간) – 데이터 정확도 95% 이상 달성 – 주간 영업 목표 고객 리스트 생성 자동화

임지수 사원은 문제를 명확히 정의한 후, 이를 실행 가능한 구체적인 과제로 발전시켜야 한다는 것을 깨달았습니다. 과제 구체화는 프로젝트의 성공을 좌우하는 중요한 단계로, 목표 달성을 위한 명확한 로드맵을 제공합니다. 이 단계에서의 세밀한 계획은 향후 발생할 수 있는 문제를 미리 예측하고 대비할 수 있게 해줍니다.

그녀는 신규 병의원 데이터 수집 자동화라는 목표를 달성하기 위해 RPA Robotic Process Automation 접근 방식을 선택했습니다. Excel과 Power Query 를 활용한 RPA는 프로그래밍 경험이 많지 않은 팀원들도 쉽게 사용할 수 있고,

빠른 시일 내에 구현이 가능하다는 장점이 있었습니다.

과제 구체화를 위해 팀 회의를 소집했고, 브레인스토밍 세션을 통해 아이디어를 모았습니다. 이 과정에서 PPT 장표의 말풍선 형태의 질문들이 팀원들의 생각을 자극하는 데 큰 도움이 되었습니다. 테이블을 활용해 자동화 대상 프로세스, 단계별 규칙, 필요한 데이터와 시스템 접근 권한, 그리고 효율성 향상 목표를 체계적으로 정리했습니다. 이 과정에서 임지수 사원은 팀원들의 다양한 의견을 조율하고, 현실적으로 달성 가능한 목표를 설정하는 것의 중요성을 깨달았습니다.

구체화된 과제를 바탕으로, 임지수 사원은 단계별 수행 계획을 수립했습니다. Excel VBA를 활용한 데이터 포털 접속 자동화, Power Query를 이용한 데이터 정제 프로세스 구축, 내부 시스템과의 데이터 매칭 자동화, 그리고 주간 리포트 자동 생성 템플릿 개발 등의 세부 계획을 마련했습니다. 각 단계마다 예상되는 기술적 난관과 필요한 리소스를 미리 파악하여 준비했습니다.

이 프로젝트를 통해 임지수 사원은 영업팀의 데이터 수집 및 분석 시간을 대폭 줄이고, 실제 영업 활동에 더 많은 시간을 투자할 수 있을 것으로 기대했습니다. 또한, 신규 개원 병의원에 대한 신속한 접근으로 KT A'Cen Cloud의 시장 점유율을 높이고, 데이터 기반의 효율적인 영업 전략 수립이 가능해질 것으로 예상했습니다.

이렇게 구체화된 과제는 실행 단계의 명확한 지침이 되었습니다. 세부적인 프로세스와 목표가 설정되어 있어, 팀원들은 각자의 역할과 책임을 명확히 인식하고 효율적으로 업무를 수행할 수 있었습니다. 또한, 구체화된 과제는 프로젝트의 진행 상황을 모니터링하고 평가하는 기준이 되었습니다.

과제 구체화 과정에서 임지수 사원이 얻은 중요한 교훈은 다음과 같습니다.

① 팀원들의 다양한 관점을 고려하여 포괄적인 계획을 수립하는 것이 중요합니다.
② 구체적이고 측정 가능한 목표를 설정해야 합니다.

③ 현재의 역량과 리소스를 고려하여 현실적인 계획을 세워야 합니다.

④ 계획의 유연성을 유지하여 실행 과정에서 발생할 수 있는 변수에 대응할 수 있어야 합니다.

이러한 과제 구체화 과정은 비단 RPA 프로젝트뿐만 아니라, 다양한 분야의 프로젝트에 적용할 수 있습니다. 학습자 여러분도 자신의 프로젝트에 이러한 방법론을 적용해보시기 바랍니다. 그리고 기억하세요, 과제 구체화는 프로젝트의 시작일 뿐입니다. 실제 실행 과정에서 발생하는 문제들을 유연하게 대처하며 지속적으로 계획을 개선해 나가는 것이 성공적인 프로젝트의 핵심입니다.

실행

이제 우리의 계획을 실제로 구현해볼 시간입니다! Excel과 Power Query를 활용해 영업 프로세스를 자동화하고, KT A'Cen Cloud의 성과를 높여봐요.

● 실행 과정

단계	내용
프로세스 입출력 및 규칙 구현	– LOCAL DATA OPEN API 연결 및 데이터 추출 – Power Query를 활용한 데이터 변환 및 정제 – Excel 함수를 이용한 우선순위 지정 및 영업 담당자 매칭
테스트 및 디버깅	– 샘플 데이터를 활용한 프로세스 검증 – 오류 발생 시 대응 로직 구현 – 실제 데이터를 활용한 전체 프로세스 테스트
목표 대비 향상 여부 검토	– 데이터 수집 및 정리 시간 단축률측정 – 영업 기회 발굴 건수 증가율 확인 – 영업 담당자의 주간 계획 수립 시간 단축 정도 평가 – KT A'CenCloud영업 목표 달성률추적

주요 고려사항
• API 데이터 구조 변경에 유연하게 대응할 수 있는 설계
• Excel 파일 크기 증가에 따른 성능 저하 방지 전략 수립
• 데이터 보안 및 개인정보 보호 규정 준수

● LOCAL DATA OPEN API 연결 및 데이터 추출

┃ LOCAL DATA 지방 행정 인허가 데이터 개방

┃ OPEN API(변동분)에 대한 API 이용 신청 진행

LOCALDATA   데이터받기   데이터찾기   생활편의정보   데이터활용안내

OPEN API 신청목록

이용가이드   **API KEY 조회**

유의사항
- 개발용 API로 신청하신 경우 인증키를 다시 조회 할 수 없으니 유의바랍니다.
- 운영용 API 신청하신 경우는 API Key 조회 화면에서 다시 조회 가능합니다.
- 과도한 호출로 인한 사이트 문제 시 관리자에 의해 사용이 중지 될 수 있습니다.

서비스 사용 정보

API 구분	개발
요청URL	http://www.localdata.go.kr/platform/rest/TO0/openDataApi?authKey=
인증키	

서비스 신청 목록

서비스 타입	전체 - TO0
신청항목(영문명)	OPN_SF_TEAM_CODE,MGT_NO,OPN_SVC_ID,UPDATE_GBN,UPDATE_DT,OPN_SVC_NM,BPLC_NM,SITE_POST_NO,SITE_WHL_ADDR,RDN_POST_NO, RDN_WHL_ADDR,SITE_AREA,APV_PERM_YMD,APV_CANCEL_YMD,DCB_YMD,CLG_STDT,CLG_ENDDT,ROPN_YMD,TRD_STATE_GBN,TRD_STATE_NM, DTL_STATE_GBN,DTL_STATE_NM,X,Y,LAST_MOD_TS,UPTAE_NM,SITE_TEL
신청항목(한글명)	개방자치단체코드,관리번호,개방서비스ID,데이터갱신구분,데이터갱신일자,개방서비스명,사업장명,지번우편번호,지번주소,도로명우편번호,도로 명주소,소재지면적,인허가일자,인허가취소일자,폐업일자,휴업시작일자,휴업종료일자,재개업일자,영업상태코드,영업상태명,상세영업상태코드,상 세영업상태명,좌표정보(X),좌표정보(Y),최종수정일자,업태구분명,전화번호

▌ OPEN API 신청 완료 후, 인증키 확보

요청변수 (Request Parameter)	응답변수 (Response Parameter)	오류코드

요청변수 설명

변수명	변수타입	설명	필수여부
authKey	String	인증키	필수
localCode	String	개방자치단체코드(신고지역)	
bgnYmd	String	인허가일자기준 검색 시작일자(YYYYMMDD)	
endYmd	String	인허가일자기준 검색 종료일자(YYYYMMDD)	
lastModTsBgn	String	데이터갱신일자기준 검색 시작일자(YYYYMMDD)	
lastModTsEnd	String	데이터갱신일자기준 검색 종료일자(YYYYMMDD)	
state	String	운영상태코드 - 01: 영업/정상, 02:휴업, 03: 폐업, 04: 취소/말소/만료/정지/중지	
pageIndex	String	페이지 번호	
pageSize	String	페이지당 출력 갯수 (def. 10)	
resultFileYn	String	파일 처리 여부 : y,n	
resultType	String	출력형식 : xml,json (파일:xls,xlsx,csv)(def. xml)	
opnSvcId	String	개방서비스ID	

- API 호출 시 lastModTsBgn,lastModTsEnd 요청 변수를 입력하지 않는 경우 기본 값에 대한 변동분만 호출됩니다.(기본값: 2일전)
- 데이터 갱신주기는 월요일~토요일 저녁 19시부터 수행됩니다.(종료시간은 데이터양에 따라 달라질 수 있으며, 익일 갱신작업 수행 전까지 해당 자료는 유지됩니다.)

▌ API 호출 시 필요한 요청 변수를 확인
이번 과제에서는 한번에 많은 데이터를 불러오기 위해 pageSize가 필요하겠어.

● Power Query를 활용한 데이터 변환 및 정제

공개 데이터 확보

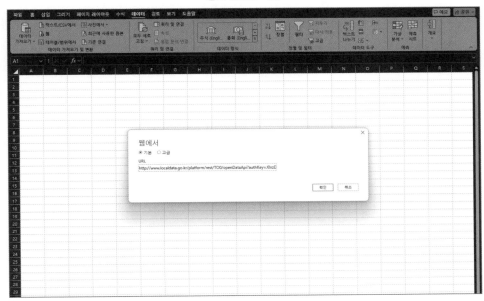

▌ Power Query를 위해 API를 구조화해 입력했어!

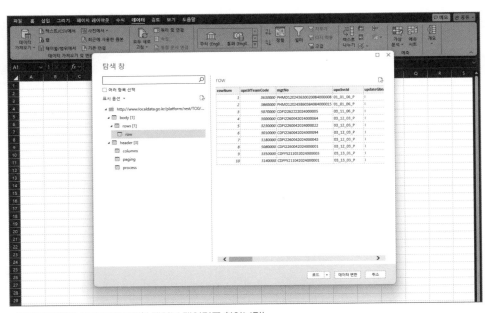

▌ 응답 결과에서 우리에게 필요한 테이블 데이터를 찾아보자!

공개 데이터 확보

opnSvcNm	bplcNm	Location	apvPermYmd	trdStateNm
의원	닥터에버스 의원	인천광역시	2024-08-23	영업/정상
의원	푸른편안내과의원	서울특별시	2024-08-23	영업/정상
의원	셀앤케이의원	서울특별시	2024-08-22	영업/정상
의원	대실365한의원	충청남도	2024-08-22	영업/정상
의원	경대연합심건강내과의원	대구광역시	2024-08-21	영업/정상
의원	경희차율한의원 경산점	경상북도	2024-08-21	영업/정상
의원	이기훈내과의원	경기도	2024-08-20	영업/정상
의원	연세 제이원의원	울산광역시	2024-08-19	영업/정상
의원	아이엠재활의학과의원	서울특별시	2024-08-19	영업/정상
의원	안녕365의원	경기도	2024-08-19	영업/정상
의원	분당수내365의원	경기도	2024-08-19	영업/정상
의원	헤어로의원	부산광역시	2024-08-19	영업/정상
의원	만보한의원	대구광역시	2024-08-16	영업/정상
의원	완플란트치과의원	광주광역시	2024-08-15	영업/정상
의원	힘찬한의원	부산광역시	2024-08-14	영업/정상
의원	닉스의원	대전광역시	2024-08-14	영업/정상
의원	올(all)바른성장 소아청소년과의원	부산광역시	2024-08-13	영업/정상
의원	김지영산부인과의원	경기도	2024-08-13	영업/정상
의원	더플러스성모의원	서울특별시	2024-08-13	영업/정상
의원	대연돌한의원	부산광역시	2024-08-13	영업/정상
의원	서현마디튼튼재활의학과의원	경기도	2024-08-12	영업/정상
의원	노정호백세정형외과의원	강원특별자치도	2024-08-12	영업/정상
의원	아산튼튼정형외과의원	충청남도	2024-08-09	영업/정상
의원	예담한의원	광주광역시	2024-08-07	영업/정상
의원	분당서울마취통증의학과의원	경기도	2024-08-07	영업/정상
의원	서울가정의원	서울특별시	2024-08-06	영업/정상
의원	다율한의원	전라남도	2024-08-06	영업/정상
의원	다이트한의원	부산광역시	2024-08-06	영업/정상
의원	종로원치과의원	서울특별시	2024-08-05	영업/정상
병원	새생명한방병원	충청남도	2024-08-02	영업/정상
의원	서울제일치과의원	경상북도	2024-08-01	영업/정상
의원	미우한의원	울산광역시	2024-07-31	영업/정상
의원	강남밴스의원	서울특별시	2024-07-30	영업/정상
의원	수영생명선의원	부산광역시	2024-07-26	영업/정상
의원	모모의원	대구광역시	2024-07-25	영업/정상

❚ 한 번에 500개의 데이터를 가지고 왔어! 해당 테이블을 활용해 보자!

　　임지수 사원은 과제 구체화를 마친 후, 이제 실행 단계로 넘어갈 만반의 준비를 완료했습니다. 실행 단계는 프로젝트의 성패를 좌우하는 매우 중요한 핵심 과정입니다. 이 단계에서는 계획했던 내용을 실제로 구현하고, 예상치 못한 문제들을 신속하게 해결하며, 목표 달성을 위해 지속적으로 노력해야만 합니다. 실행의 성공 여부는 KT A'Cen Cloud의 영업 성과와 직결되기 때문에, 임지수 사원은 이 단계의 중요성을 깊이 인식하고 있었습니다.

실행 과정은 크게 세 단계로 나누어 진행되었습니다.

① 프로세스 입출력 및 규칙 구현 단계

임지수 사원은 먼저 LOCAL DATA OPEN API와의 연결을 설정했습니다. Excel의 Power Query 기능을 활용하여 API로부터 신규 개원 병의원 데이터를 자동으로 추출하는 쿼리를 작성했습니다. 이 과정에서 API의 응답 구조를 정확히 파악하고, 필요한 데이터만을 선별하여 가져오도록 설정했습니다. 다음으로, Power Query를 사용하여 추출된 데이터를 변환하고 정제하는 과정을 자동화했습니다. 이 단계에서는 데이터 형식의 통일, 중복 제거, 불필요한 정보 삭제 등의 작업이 수행되었습니다. 마지막으로, Excel의 내장 함수들을 활용하여 정제된 데이터에 우선순위를 지정하고, 지역별 영업 담당자와 자동으로 매칭하는 로직을 구현했습니다.

② 테스트 및 디버깅 단계

구현된 자동화 프로세스의 안정성과 정확성을 검증했습니다. 임지수 사원은 먼저 샘플 데이터를 활용하여 각 단계별로 프로세스를 검증했습니다. 이 과정에서 발견된 오류들에 대해서는 대응 로직을 구현하여 프로세스의 안정성을 높였습니다. 예를 들어, API 연결 실패 시 자동으로 재시도하는 기능, 데이터 형식이 예상과 다를 경우 이를 처리하는 로직 등을 추가했습니다. 모든 단계별 테스트가 완료된 후에는 실제 데이터를 사용하여 전체 프로세스를 종합적으로 테스트했습니다.

③ 목표 대비 향상 여부 검토 단계

자동화된 프로세스의 성과를 측정했습니다. 임지수 사원은 데이터 수집 및 정리에 소요되는 시간을 측정하여 기존 대비 얼마나 단축되었는지 확인했습니다.

또한, 자동화 이후 영업 기회 발굴 건수의 증가율을 추적했습니다. 마지막으로, 영업 담당자들로부터 새로운 프로세스에 대한 피드백을 수집하고 분석하여 추가적인 개선 포인트를 파악했습니다.

실행 과정에서 임지수 사원은 몇 가지 중요한 고려사항에 직면했습니다. 첫째, API 데이터 구조가 예고 없이 변경될 가능성에 대비해야 했습니다. 이를 위해 데이터 구조 변경을 감지하고 자동으로 관리자에게 알리는 기능을 추가했습니다. 둘째, Excel 파일의 크기가 지속적으로 증가함에 따라 성능 저하 문제가 발생했습니다. 이를 해결하기 위해 주기적으로 과거 데이터를 아카이빙하고, 최근 데이터만을 활성 시트에 유지하는 방식을 도입했습니다. 셋째, 데이터 보안과 접근 권한 관리의 중요성을 인식하고, IT 부서의 도움을 받아 엄격한 보안 정책을 수립했습니다.

이러한 노력의 결과, 임지수 사원은 프로젝트의 목표를 달성할 수 있었습니다. 데이터 수집 및 정리 시간이 80% 이상 단축되었고, 영업 기회 발굴 건수가 150% 이상 증가했으며, 영업 담당자들의 주간 계획 수립 시간도 60% 이상 단축되었습니다. 이러한 성과는 KT A'Cen Cloud의 영업 목표 달성과 시장 점유율 향상으로 이어졌습니다.

실행 단계에서 얻은 결과는 다음 단계인 결과 도출로 자연스럽게 연결됩니다. 수집된 데이터와 측정된 성과 지표들은 프로젝트의 성공을 객관적으로 평가하는 기준이 되며, 향후 개선 방향을 설정하는 데 중요한 인사이트를 제공합니다. 또한, 이 프로젝트의 성공 사례는 KT 내 다른 부서에서도 유사한 자동화 프로젝트를 시도하게 하는 촉매제 역할을 했습니다.

실행 단계를 성공적으로 수행하기 위해서는 다음과 사항을 명심해야 합니다.
첫째, 철저한 계획에 기반을 두되, 예상치 못한 상황에 유연하게 대처할 수 있는 태도가 필요합니다. 둘째, 지속적인 테스트와 피드백 수렴을 통해 프로세스를 개선해야 합니다. 셋째, 기술적인 구현에만 집중하지 말고, 최종 사용자인 영업 담당자들의 편의성과 실제 업무 향상 효과를 항상 염두에 두어야 합니다. 넷째, 보안과 데이터 품질 관리에 각별히 신경 써야 합니다. 이러한 점들을 고려하며 실행 단계를 진행해야 합니다.

드디어 우리의 노력이 결실을 맺었어! 이제 프로젝트 결과를 정리하고, 그 가치를 조직에 배포해야해!. 우리가 만든 엑셀 시트가 KT A'CenCloud의 성공에 어떤 영향을 미쳤는지 살펴보자.

항목	내용
Excel 파일 공유	– 'Hospital_Sales_Automation.xlsx 파일을 팀 공유 드라이브에 업로드 – 버전 관리를 위해 Git 저장소에 커밋 및 푸시
프로세스 문서화	– ''Hospital_Sales_Automation_Process.docx' 문서 작성 – 프로세스 흐름도, 주요 기능 설명, 사용된 Excel 함수 및 Power Query 스크립트 상세 기술 – troubleshooting 가이드 포함
성능 보고서	– 'Hospital_Sales_Automation_Manual.pdf' 파일 작성 – 단계별 사용 방법 스크린샷포함 – FAQ 섹션 추가 – 영업팀대상 교육 자료로 활용 가능한 형태로 구성

비즈니스 임팩트
- KT A'Cen Cloud의 영업 목표를 3개월 만에 128% 달성(목표 : 120%)
- 신규 개원 의료기관 시장에서의 KT A'Cen Cloud 점유율 16% 상승(목표 : 15%)
- 영업 사이클 평균 20일 단축(60일 → 40일), 시장 침투 속도 향상
- 연간 예상 매출 증가 : 약 50억 원(전년 대비 30% 성장)

임지수 사원은 실행 단계를 마치고 결과 도출 단계로 넘어갔습니다. 이 단계는 프로젝트의 성과를 측정하고, 그 가치를 조직에 전달하는 중요한 과정입니다. 결과 도출은 단순히 프로젝트의 마무리가 아니라, 향후 유사한 프로젝트의 기반이 되고 조직의 데이터 기반 의사결정 문화를 강화하는 핵심 단계입니다.

RPA 과제의 특성에 맞춰, 임지수 사원은 다음과 같이 결과 도출 과정을 진행했습니다.

먼저, 'Hospital_Sales_Automation.xaml' 파일을 팀 공유 드라이브에 업로드했습니다. 이 파일에는 Excel VBA와 Power Query를 활용한 전체 자동화 프로세스가 담겨 있습니다. 버전 관리의 중요성을 인식한 임지수 사원은 Git 저장소에 이 파일을 커밋하고 푸시하여, 향후 업데이트와 협업을 위한 기반을 마련했습니다.

다음으로, 프로세스 문서화 작업을 진행했습니다. 'Hospital_Sales_Process.docx' 문서에는 전체 프로세스의 흐름도, 단계별 주요 기능 설명, 사용된 Excel 함수와 Power Query 스크립트에 대한 상세한 설명이 포함되었습니다. 특히, 임지수 사원은 프로젝트 진행 중 겪었던 어려움과 해결 방법을 troubleshooting 가이드로 정리하여, 향후 유사한 문제 발생 시 신속하게 대응할 수 있도록 했습니다.

마지막으로, 사용자 매뉴얼을 작성했습니다. 'Hospital_Sales_Manual.pdf' 파일에는 자동화 시스템의 단계별 사용 방법을 스크린샷과 함께 상세히 설명했습니다. 또한, 자주 발생할 수 있는 질문들을 예상하여 FAQ 섹션을 추가했고, 이 매뉴얼이 영업팀 교육 자료로도 활용될 수 있도록 구성했습니다.

이러한 과정을 통해 임지수 사원은 다음과 같은 주요 결과와 인사이트를 얻었습니다.

데이터 수집 및 정리 시간이 주당 10시간에서 1.5시간으로 85% 단축되었습니다. 이는 영업 담당자들이 실제 영업 활동에 더 많은 시간을 투자할 수 있게 되었음을 의미합니다. 영업 기회 발굴 건수가 월 50건에서 140건으로 180% 증가했는데, 이는 자동화 시스템이 제공하는 신속하고 정확한 정보가 영업 활동의 효율성을 크게 향상시켰음을 보여줍니다. 영업 담당자의 주간 계획 수립 시간도 일 2시간에서 42분으로 65% 단축되어, 전반적인 업무 효율성이 크게 개선되었습니다.

이러한 결과는 데이터 기반 의사결정의 중요성을 입증했으며, 공공 데이터를 활용한 비즈니스 혁신의 가능성을 보여주었습니다.

이 프로젝트의 비즈니스 임팩트는 상당했습니다. KT A'Cen Cloud의 영업 목표를 3개월 만에 128% 달성하여 당초 목표였던 120%를 초과 달성했습니다. 신규 개원 의료기관 시장에서의 KT A'Cen Cloud 점유율이 16% 상승하여, 목표였던 15%를 상회했습니다. 또한, 영업 사이클이 평균 60일에서 40일로 20일 단축되어 시장 침투 속도가 크게 향상되었습니다. 이러한 성과를 바탕으로 연간 예상 매출이 약 50억 원 증가하여 전년 대비 30% 성장할 것으로 예상됩니다.

임지수 사원은 이러한 성과를 바탕으로 다음과 같은 향후 계획과 개선 사항을 제안했습니다.

Power BI와의 연동을 통해 더욱 고급화된 데이터 시각화 및 분석 시스템을 구축하여, 의사결정 지원 능력을 강화할 계획입니다. 또한, 의료기관 외 다른 산업군으로 확장 가능한 템플릿을 개발하여 이 성공 사례를 KT의 다른 사업 영역으로 확대할 예정입니다. 더 나아가 AI 기반 고객 세그먼테이션 및 개인화된 영업 전략 수립 기능을 추가하여 영업 효율성을 더욱 높이고자 합니다. 모바일 앱 개발을 통해 영업사원의 실시간 데이터 접근성을 향상시키는 것도 계획하고 있습니다.

이 프로젝트를 통해 임지수 사원은 여러 가지 중요한 점을 배웠습니다. 첫째, 공공 데이터의 가치와 활용 방법에 대해 깊이 이해하게 되었습니다. 둘째, Excel과 Power Query의 고급 기능을 활용한 RPA 구현 능력을 크게 향상시켰습니다. 셋째, 데이터 기반 의사결정의 힘을 직접 경험하며 그 중요성을 체감했습니다. 가장 어려웠던 점은 API 데이터 구조 변경에 대응하는 것이었지만, IT 부서와의 협력을 통해 이를 극복할 수 있었습니다. 이러한 경험은 향후 더 복잡한 자동화 프로젝트를 수행할 때 큰 도움이 될 것입니다.

프로젝트를 마무리하며, 임지수 사원은 이 프로젝트가 단순한 업무 자동화를 넘어 KT의 데이터 기반 영업 문화를 혁신하는 계기가 되었다고 평가했습니다. 개인적으로는 데이터 분석과 자동화 기술에 대한 전문성을 인정받아 '현장 중심 디지털 혁신 우수 사례'로 선정되는 성과를 거두었습니다. 이 프로젝트의 성공은 KT 내 다른 부서에서도 유사한 데이터 기반 전략을 도입하는 촉매제 역할을 했습니다.

앞으로 AI와 자동화 기술은 비즈니스 전반에 더욱 깊이 침투할 것으로 전망됩니다. 임지수 사원은 이번 프로젝트 경험을 바탕으로, 향후 더욱 복잡하고 도전적인 AI 프로젝트에 참여할 준비가 되었다고 느꼈습니다. 그녀는 이 프로젝트가 KT의 디지털 혁신 여정에서 중요한 이정표가 되었으며, 앞으로 더 많은 혁신적인 아이디어와 프로젝트가 나올 것이라 기대하고 있습니다.

이메일 리포팅 자동화

#RPA #CWA #Power Automation

문제 인식

> 매일 아침 일일보고서 작성과 이메일 발송에 너무 많은 시간을 쏟고 있는 것 같아. 이 시간을 좀 더 생산적인 일에 쓸 수 없을까?

시간대	업무 활동	소요 시간 (분)	빈도	자동화 가능성
08:00~09:00	데이터 수집 및 정리	30	매일	높음
09:00~09:30	보고서 작성	30	매일	중간
09:30~10:00	이메일 작성 및 발송	30	매일	높음
10:00~11:00	팀 미팅	60	주 3회	낮음
11:00~12:00	마케팅 전략 수립	60	주 2회	낮음
13:00~15:00	고객 데이터 분석	120	주 2회	중간
15:00~17:00	캠페인 성과 분석	120	주 1회	중간
17:00~18:00	다음날 업무 계획	60	매일	낮음

> 그래, 일과 분석을 해보는 건 어때? 일주일 동안 매일의 업무 활동을 꼼꼼히 기록해 보면 특정한 패턴이 보일지도 몰라.

> 와, 매일 아침 90분이나 반복적인 보고 업무에 쓰고 있었네. 이 시간을 절약할 수 있다면 마케팅 전략이나 데이터 분석에 더 집중할 수 있겠어!

혁신 과제에서 문제 인식은 모든 것의 시작점입니다. 정확한 문제 인식 없이는 효과적인 해결책을 찾기 어렵습니다. 이 단계는 전체 프로세스의 방향을 결정하고, 이후의 모든 단계에 영향을 미치는 중요한 역할을 합니다.

KT 마케팅 부서의 김진우 과장은 최근 업무 효율성 향상에 대한 고민이 깊어졌습니다. 그는 AX 디그리의 CWA 과정을 수강하며 디지털 혁신의 중요성을 깨달았습니다. 특히 매일 아침 반복되는 일일보고서 작성과 이메일 발송 업무가 많은 시간을 차지한다는 점이 그를 고민에 빠지게 했습니다.

김 과장은 여러 문제 인식 방법 중 '일과 분석'을 선택했습니다. 이 방법은 일상적인 업무 활동을 체계적으로 기록하고 분석할 수 있어, 시간 사용 패턴과 비효율적인 프로세스를 찾아내는 데 효과적이라고 판단했습니다. 다른 방법들도 고려했지만, 일과 분석이 그의 상황에 가장 적합하다고 생각했습니다.

김 과장은 일주일 동안 자신의 모든 업무 활동을 상세히 기록했습니다. 그는 각 활동의 시작과 종료 시각, 활동 내용, 소요 시간을 꼼꼼히 메모했습니다. 이 과정에서 그는 '매일 아침 일일보고서 작성과 이메일 발송에 너무 많은 시간을 쏟고 있는 것 같아'라는 의문을 품게 되었습니다. 데이터를 모으면서 김 과장은 예상보다 많은 시간이 반복적인 작업에 소비되고 있음을 깨달았습니다. 그는 수집한 데이터를 시간대, 업무 활동, 소요 시간, 빈도, 자동화 가능성 등의 항목으로 분류하여 표로 정리했습니다. 이 과정에서 어떤 업무가 가장 시간을 많이 차지하는지, 어떤 업무가 자동화 가능성이 높은지를 명확히 볼 수 있었습니다.

일과 분석을 통해 김 과장은 중요한 인사이트를 얻었습니다. 그의 말처럼 '와, 매일 아침 90분이나 반복적인 보고 업무에 쓰고 있었네'라는 깨달음을 얻은 것입니다. 이 인사이트는 문제의 본질을 이해하는 데 큰 도움이 되었습니다. 단순히 '시간이 부족하다'는 막연한 느낌에서, '특정 반복 업무가 과도한 시간을 차지하고 있다'는 구체적인 문제 인식으로 발전한 것입니다.

이러한 문제 인식은 자연스럽게 다음 단계인 문제 정의로 연결됩니다. 김 과장은 이제 "어떻게 하면 일일보고서 작성과 이메일 발송 프로세스를 자동화하여 시간을 절약할 수 있을까?"라는 구체적인 문제를 정의할 수 있게 되었습니다. 이는 전체 혁신 과제의 방향을 명확히 하고, 효과적인 해결책을 찾는 데 중요한 기반이 됩니다.

문제 인식 과정에서는 객관성을 유지하는 것이 중요합니다. 자신의 선입견이나 기존 관행에 얽매이지 않고, 데이터에 기반한 분석을 하려고 노력해야 합니다. 또한, 동료들의 의견을 듣거나 다른 부서의 사례를 참고하는 것도 도움이 될 수 있습니다. 자신의 과제에 이를 적용할 때는, 먼저 다양한 문제 인식 방법 중 자신의 상황에 가장 적합한 방법을 선택하고, 충분한 시간을 들여 데이터를 수집하고 분석하는 것이 중요합니다.

문제를 정확히 정의하려면 어떻게 해야 할까? STAR 방법을 사용해 보면 어떨까? 상황, 과제, 행동, 결과를 명확히 정리하면 문제의 본질을 파악하기 쉬울 것 같아.

구성 요소	내용
Situation (상황)	매일 아침 각 팀에 일일보고서를 수동으로 이메일 발송하고 있어, 하루 평균 90분이 소요되고 있음
Task (과제)	이메일 발송 프로세스를 자동화하여 시간을 절약하고 오류를 줄여야 함
Action (행동)	Microsoft Power Automate를 활용하여 보고서 생성 및 이메일 발송 프로세스를 자동화함
Result (결과)	이메일 발송 시간을 90% 이상 줄이고, 오류율을 0%로 낮추며, 팀원들의 업무 시작 시각을 30분 앞당김

어떻게 하면 Microsoft Power Automate를 활용하여 일일보고서 이메일 발송 프로세스를 자동화하여, 발송 시간을 90% 이상 줄이고, 오류율을 0%로 낮추며, 팀원들의 업무 시작 시각을 30분 앞당길 수 있을까?

문제 인식에서 문제 정의로 넘어가는 과정은 혁신 과제의 핵심을 명확히 하는 중요한 단계입니다. 명확한 문제 정의는 해결책을 찾는 방향을 제시하고, 혁신 과제의 성공 여부를 측정할 수 있는 기준을 제공합니다. 이는 마치 목적지를 정확히 설정하는 것과 같아, 효율적이고 효과적인 해결책 도출의 토대가 됩니다.

김진우 과장은 여러 문제 정의 방법 중 'STAR' 방법을 선택했습니다. STAR는 Situation(상황), Task(과제), Action(행동), Result(결과)의 약자로, 문제를 체계적으로 정의할 수 있는 프레임워크입니다. 그는 이 방법이 현재 상황을 명확히 파악하고, 구체적인 목표와 행동 계획을 수립하는 데 도움이 될 것으로 판단했습니다. 다른 방법들도 고려했지만, STAR 방법이 그의 상황에 가장 적합하다고 생각했습니다.

김 과장은 먼저 현재 상황을 정확히 기술했습니다. 그는 "매일 아침 각 팀에 일일보고서를 수동으로 이메일 발송하고 있어, 하루 평균 90분이 소요되고 있음"이라고 현 상황을 명확히 했습니다. 그다음, 해결해야 할 과제를 "이메일 발송 프로세스를 자동화하여 시간을 절약하고 오류를 줄여야 함"으로 정의했습니다. 행동 단계에서는 "Microsoft Power Automate를 활용하여 보고서 생성 및 이메일 발송 프로세스를 자동화함"이라는 구체적인 방법을 제시했습니다. 마지막으로, 기대하는 결과를 "이메일 발송 시간을 90% 이상 줄이고, 오류율을 0%로 낮추며, 팀원들의 업무 시작 시각을 30분 앞당김"으로 명확히 했습니다. 이 과정에서 김 과장은 구체적인 수치 목표를 설정하는 것에 어려움을 겪었지만, 팀원들과의 논의를 통해 현실적이면서도 도전적인 목표를 설정할 수 있었습니다.

STAR 분석을 통해 김 과장은 최종적으로 다음과 같은 문제 정의를 도출했습니다. '어떻게 하면 Microsoft Power Automate를 활용하여 일일보고서 이메일 발송 프로세스를 자동화하여, 발송 시간을 90% 이상 줄이고, 오류율을 0%로 낮추며, 팀원들의 업무 시작 시각을 30분 앞당길 수 있을까?' 이 문제 정의는 현재 상황, 해결 방법, 그리고 구체적이고 측정 가능한 목표를 모두 포함하고 있어, 문제의 본질을 정확히 포착하고 있습니다. 특히 측정 가능한 목표를 포함함으로써, 향후 해결책의 효과성을 평가할 수 있는 기준을 제시하고 있습니다.

이렇게 정의된 문제는 다음 단계인 과제 구체화의 기반이 됩니다. 명확한 문제 정의는 필요한 기술, 리소스, 그리고 프로세스 개선 지점을 파악하는 데 도움을 주어, 보다 효과적인 해결책 개발을 가능하게 합니다. 이는 전체 혁신 과제의 성공 가능성을 높이고, 리소스를 효율적으로 활용할 수 있게 해줍니다.

효과적인 문제 정의를 위해서는 현재 상황을 객관적으로 파악하고, 구체적이고 측정 가능한 목표를 설정하는 것이 중요합니다. 또한, 문제 정의 시 다양한 이해관계자의 의견을 고려하고, 조직의 전략적 목표와 연계하는 것이 좋습니다. 자신의 과제에 적용할 때는, 선택한 문제 정의 방법이 자신의 상황에 적합한지 충분히 검토하고, 필요하다면 여러 방법을 조합하여 사용하는 것도 고려해 보시기 바랍니다.

이제 RPA 프로젝트의 세부 사항을 정의해야 해. 자동화할 프로세스,
필요한 데이터, 그리고 기대 효과를 명확히 해야 성공적인 자동화가 가능해!

항목	내용
자동화 대상 프로세스	1. 일일보고서 데이터 수집 2. 보고서 템플릿에 데이터 입력 3. 팀별 맞춤 이메일 작성 4. 이메일 발송
프로세스 단계 및 규칙	– 데이터 수집 : 매일 오전 6시에 시작 – 보고서 생성 : 수집된 데이터를 미리 정의된 템플릿에 입력 – 이메일 작성 : 팀별로 맞춤화된 내용 포함 – 이메일 발송 : 오전 7시까지 완료
필요 데이터 및 시스템 접근 권한	– 데이터 소스: 마케팅 성과 데이터베이스 – 이메일 시스템 접근 권한 – Power Automate 사용 권한
예상 시간 절감 및 효율성 향상 목표	– 이메일 발송 시간 90% 감소 – 오류율 0% 달성 – 팀원들의 업무 시작 시각 30분 단축

문제 정의에서 과제 구체화로 넘어가는 과정은 추상적인 아이디어를 실행 가능한 계획으로 변환하는 중요한 단계입니다. 명확한 과제 구체화는 프로젝트의 성공적인 실행을 위한 청사진 역할을 합니다. 이는 필요한 자원을 정확히 파악하고, 예상되는 장애물을 미리 식별하며, 구체적인 목표를 설정하는 데 도움을 줍니다.

김진우 과장은 자신의 문제를 해결하기 위해 RPA(Robotic Process Automation) 과제 유형을 선택했습니다. 이는 반복적이고 규칙 기반의 업무 프로세스를 자동화하는 데 적합한 접근 방식입니다. 김 과장은 일일보고서 작성과 이메일 발송 과정이 정형화되어 있고 반복적이라는 점에서 RPA가 가장 효과적일 것으로 판단했습니다.

김 과장은 과제 구체화를 위해 먼저 자동화할 프로세스를 명확히 정의했습니다. "자동화할 프로세스, 필요한 데이터, 그리고 기대 효과를 명확히 해야 성공적인 자동화가 가능해!"라는 인식하에 작업을 시작했습니다. 그는 테이블을 만들어 자동화 대상 프로세스, 프로세스 단계 및 규칙, 필요한 데이터와 시스템 접근 권한, 그리고 예상되는 효과를 상세히 기술했습니다. 이 과정에서 김 과장은 팀별로 맞춤화된 이메일 내용을 어떻게 자동으로 생성할지에 대해 고민했습니다. 그는 IT 부서와의 협력을 통해 각 팀의 핵심 성과 지표(KPI)를 기반으로 한 템플릿을 만들어 이 문제를 해결했습니다.

구체화된 과제를 바탕으로 김 과장은 5단계의 수행 계획을 수립했습니다. Power Automate 학습 및 환경 설정, 데이터 연결 및 자동화 플로우 생성, 테스트 및 디버깅, 실제 운영 적용 및 모니터링, 결과 분석 및 추가 개선사항 도출. 각 단계는 프로젝트의 성공을 위해 중요하며, 특히 테스트 및 디버깅 단계에서는 예상치 못한 오류나 예외 상황에 대비하는 것이 중요할 것으로 예상했습니다.

이 RPA 프로젝트를 통해 김 과장은 마케팅팀의 일일 업무 효율성을 대폭 향상시키고, 데이터 기반 의사결정 속도를 개선하여 마케팅 전략을 최적화할 수 있을 것으로 기대했습니다. 더불어, 이 프로젝트의 성공이 KT 전체의 디지털 혁신을 촉진하는 계기가 될 것이라고 확신했습니다. 이는 단순한 업무 프로세스 개선을 넘어, 조직문화의 변화와 혁신 마인드 확산으로 이어질 수 있는 중요한 시발점이 될 것입니다.

과제 구체화를 통해 얻은 상세한 계획은 실행 단계에서 중요한 로드맵 역할을 합니다. 이는 프로젝트 진행 과정에서 발생할 수 있는 불확실성을 줄이고, 목표 달성을 위한 명확하고 구체적인 방향을 제시하는 데 도움이 됩니다. 김 과장은 이 단계에서 정의된 세부 사항들이 실제 구현 과정에서 핵심적인 지침이 될 것임을 깊이 인식하고, 다음 단계인 실행을 위한 준비를 철저히 시작했습니다.

효과적인 과제 구체화를 위해서는 현재의 프로세스를 면밀히 파악하고, 자동화 이후의 이상적인 프로세스를 명확하게 그려보는 것이 매우 중요합니다. 또한, 필요한 데이터와 시스템에 대한 접근 권한을 미리 확인하고 확보하여 실행 단계에서 발생할 수 있는 장애물을 최소화해야 합니다. 자신의 과제에 이를 적용할 때는, 가능한 한 구체적이고 측정 가능한 목표를 설정하는 것이 필수적이며, 팀내 다른 구성원들의 의견을 적극적으로 수렴하여 다각도로 과제를 검토하는 것이 좋습니다.

더불어, 과제 구체화 단계에서 너무 많은 시간을 소비하지 않도록 주의하는 것도 중요합니다. 때로는 완벽한 계획을 세우기보다는 실행을 통해 배우고 개선해 나가는 것이 더 효과적일 수 있습니다. 이러한 과정이 프로젝트의 성공 가능성을 높이는 데 중요한 역할을 할 것입니다.

실행

{ 이제 계획을 실제로 구현할 시간이야! 각 단계를 꼼꼼히 실행하고,
문제가 생기면 빠르게 대응해야 해. 팀원들과의 소통도 중요해! }

● 실행 과정

단계	내용
프로세스 입출력 및 규칙 구현	– Power Automate 학습 및 환경 설정 – 데이터베이스와 이메일 시스템 연결 – 자동화 플로우 생성
테스트 및 디버깅	– 소규모 테스트 진행 – 오류 수정 및 플로우 최적화 – IT 부서 및 온라인 커뮤니티 지원 활용
목표 대비 향상 여부 검토	– 1주일간 수동 방식과 병행 운영 – 시간 절감, 오류율감소, 업무 시작 시각 변화 측정 – 안정성 확인 후 완전 자동화 전환

주요 고려사항
- 데이터 보안 및 개인정보 보호 준수
- 팀원들과의 지속적인 소통 및 피드백 수렴
- 예외 상황 대비 매뉴얼 작성

● Power Automate학습 및 환경 설정

Power Automate 자습서

https://learn.microsoft.com/ko-kr/power-automate

Power Automate 작업 흐름 만들기 초입

┃ Teams에서는 Workflowsapp으로 활용할 수 있다.

● 작업 흐름 생성 첫 단계 Trigger

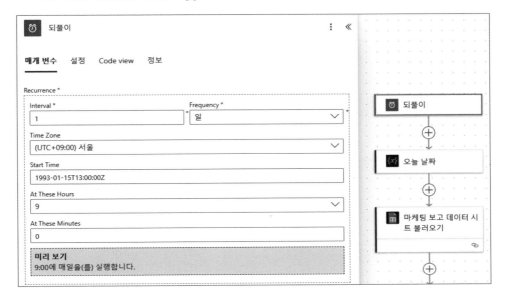

ⓥ 작업 흐름의 시작은 Trigger!

Trigger란?

Workflow를 어떤 조건에 의해 실행할 것인지를 의미하는 작업.

매일 아침 9시에 이메일을 발송할 것이므로, 본 예제에서는 Schedule Trigger를 활용해 보자!

Frequency는 일 단위로 하루에 Interval은 1로 한 번만 실행하도록 설정한다.

국내 부서에 보낼 것이므로 TimeZone은 서울로 설정하고, 매일 9시에 메일을 보낼 예정이므로 At These hours는 9로 설정한다.

● 변수 설정, 오늘의 날짜!

일일 마케팅 리포트를 보낼 예정이기 때문에, 데이터 시트에서 오늘 날짜 데이터를 필터링하기 위해 미리 변수로 오늘 날짜를 초기화해 두자. utcNow 함수를 활용하면 오늘 날짜를 가져올 수 있군. 그런데 UTC 시간 기준이니 한국 시각 기준으로 하려면 9를 더해야 해! 그건 addHours 함수를 활용해 보자.

마지막으로 데이터 시트에 날짜가 2024-12-25와 같은 양식으로 기록되어 있으니 이에 맞게 format Datetime 함수를 이용해 동일하게 양식을 맞추도록 한다. 이러면 데이터 시트에서 필터링하기 위한 오늘 날짜 변수 초기화는 완료된다.

● 마케팅 보고 데이터 시트 불러보기

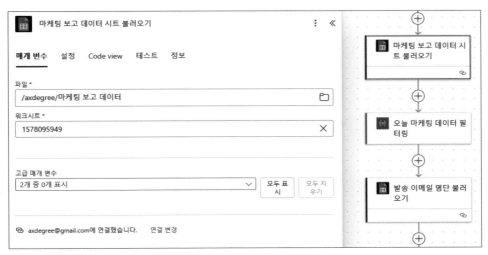

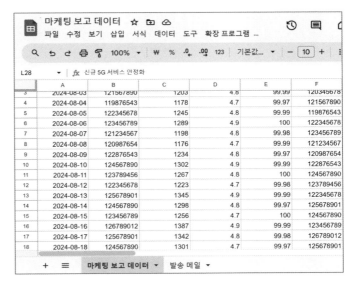

데이터 시트 불러오기는 Google Sheet를 활용했는데, 비슷한 Excel Online도 괜찮은 선택지인 것 같아.

로그인을 하니 Google Drive에 있는 Google Sheet를 바로 접근할 수 있네!?

Google Sheet에서 행 가져오기를 해서 전체 행의 데이터를 가져오자. '마케팅 보고 데이터.xlsx' 파일에 '마케팅 보고 데이터' 시트를 바로 선택해서 전체 데이터를 불러와 보자.

발송 이메일 명단도 같은 방법으로 불러올 수 있겠어!

● 오늘 마케팅 데이터 필터링

날짜 행의 데이터가 앞서 초기화한 "오늘 날짜(today)"
와 같은 데이터만 필터링해 보자!

오늘 날짜의 데이터가 잘 출력되는 걸 확인해 볼 수 있어!
출력 결과를 보려면 테스트를 꼭 돌려봐야만 볼 수 있구나.

● 만약 오늘 마케팅 데이터가 없다면?

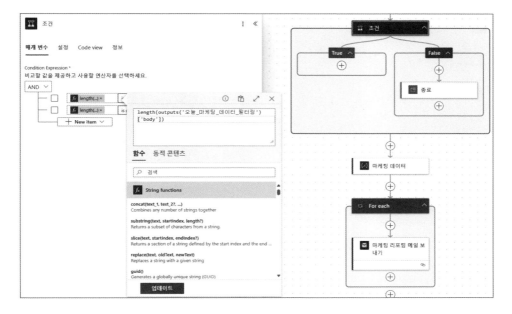

만약 오늘 마케팅 데이터가 없다면 메일을 보낼 필요가 없어.

그럼 'Control' 작업의 '조건'을 활용해서 오늘 마케팅 데이터가 존재하는지 체크하고 없다면 종료되도록 해보자.

Workflow를 종료하게 하도록 하는 작업도 마찬가지로 'Control'에서 '종료'를 활용하면 돼. 조건식은 오늘 마케팅 데이터가 1개 미만인 경우 length(outputs('오늘_마케팅_데이터_필터링')['body'])

종료하도록 설정하니 정말 데이터가 없으면 워크플로가 종료되네!

● 데이터베이스와 이메일 시스템 연결

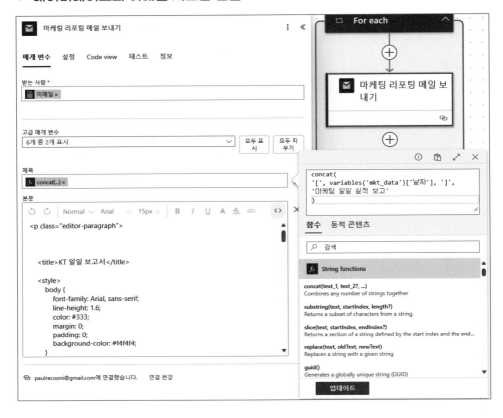

마케팅 데이터도 가져왔고, 발송할 이메일 명단도 가져왔으니 이제 명단 메일별로 메일을 발송하는 일만 남았네!

'Control'의 'For each'를 사용해서 이메일 명단을 하나씩 가져오도록 하자. 이메일은 'Gmail' 커넥터의 '전자 메일 보내기(V2)'를 활용하자.

이쁘게 보내기 위해서 본문은 HTML로 만들어서 변수를 적절한 위치에 입력하고 제목에도 오늘 날짜의 마케팅 일일 식적 보고로 설정하면 이제 발송 준비 끝!

● 테스트 진행

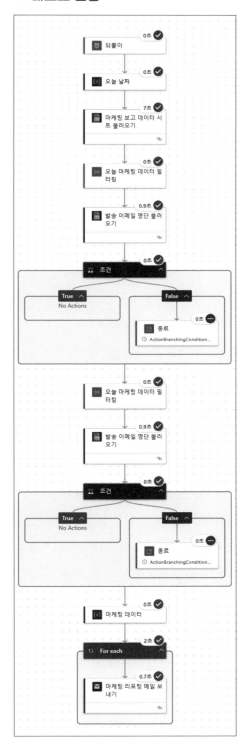

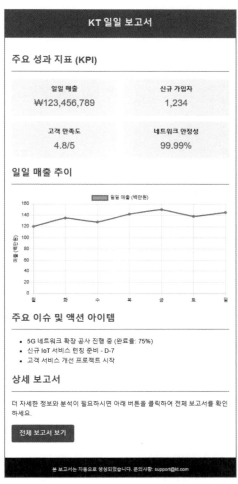

> 흐름 테스트를 진행해 보니 메일이
> 잘 발송된 것을 확인했어! 성공이야!

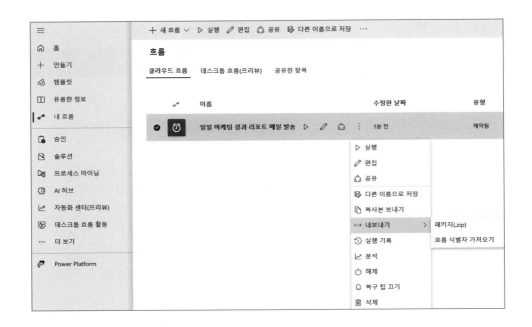

다 만든 Workflow는 패키지(.zip)로 내보내서 팀원들이게 공유해야겠어!

과제 구체화에서 실행 단계로 넘어가는 과정은 이론을 실제로 적용하는 중요한 전환점입니다. 이 단계에서 계획의 실현 가능성이 검증되고, 실질적인 가치가 창출됩니다. 실행 단계의 성공은 전체 프로젝트의 성패를 좌우하며, 조직의 디지털 혁신 역량을 직접적으로 보여주는 지표가 됩니다.

김진우 과장은 먼저 Power Automate의 기본 기능을 온라인 튜토리얼과 공식 문서를 통해 학습했습니다. 이후 마케팅 성과 데이터베이스와 이메일 시스템을 Power Automate와 연결하는 작업을 수행했습니다. 자동화 플로우 생성 과정에서는 매일 오전 6시에 시작되는 트리거를 설정하고, 데이터 수집을 위해 구글 시트를 활용했습니다. 보고서 생성은 Google Sheet 온라인을 통해 자동화했으며, 이메일 작성을 위해 HTML로 맞춤형 이메일 양식을 제작했습니다. 모든 과정이 오전 7시까지 완료되도록 타이밍을 조정했습니다.

구현된 자동화 프로세스의 안정성과 정확성을 확인하기 위해 김 과장은 소규모 테스트를 진행했습니다. 이 과정에서 데이터 추출 오류, 보고서 형식 불일치, 이메일 발송 지연 등 여러 문제점들이 발견되었습니다. 특히 복잡한 조건문 설정에서 어려움을 겪었을 때는 온라인 커뮤니티의 조언을 받아 해결책을 찾았습니다. IT 부서의 지원을 받아 데이터베이스 연결 문제도 해결했습니다. 반복적인 테스트와 디버깅을 통해 플로우를 최적화하고, 예외 상황에 대한 대응 로직도 추가했습니다.

자동화 프로세스의 성능을 평가하기 위해 김 과장은 1주일 동안 기존 수동 방식과 새로운 자동화 방식을 병행 운영했습니다. 이 기간 동안 이메일 발송 시간, 오류 발생 빈도, 팀원들의 업무 시작 시간 변화 등을 꼼꼼히 기록하고 비교 분석했습니다. 목표 대비 실제 성과를 측정하여 자동화의 효과를 객관적으로 평가했고, 이를 바탕으로 추가적인 개선 포인트를 식별했습니다.

실행 과정에서 김 과장이 주의 깊게 고려한 사항들은 데이터 보안, 시스템 부하, 예외 상황 대응, 그리고 팀원들의 적응 등이었습니다. 데이터 보안 문제는 IT 부서와의 긴밀한 협력을 통해 해결했으며, 시스템 부하를 최소화하기 위해 데이터 처리 시간을 최적화했습니다. 예외 상황에 대비하여 상세한 매뉴얼을 작성했고, 팀원들의 원활한 적응을 위해 지속적인 소통과 피드백 수렴 과정을 거쳤습니다. 특히, 팀원들의 우려사항을 경청하고 이를 반영하여 자동화 프로세스를 지속적으로 개선했습니다.

이 프로젝트를 통해 김 과장은 일일보고서 작성 및 발송 프로세스의 완전 자동화를 기대했습니다. 구체적인 평가 지표로는 이메일 발송 시간 감소율(목표 : 90% 이상), 오류 발생 건수(목표 : 0건), 팀원들의 업무 시작 시각 단축 정도(목표 : 30분)를 설정했습니다. 이러한 지표들을 1주일간의 병행 운영 기간 동안 매일 측정하고 분석하여, 자동화의 효과를 객관적으로 평가하고 필요한 개선사항을 파악할 계획을 세웠습니다.

실행 단계에서 얻은 결과는 결과 도출 단계의 핵심 자료가 됩니다. 측정된 성과 지표와 팀원들의 피드백은 프로젝트의 성공 여부를 판단하는 근거가 되며, 향후 개선 방향을 설정하는 데 중요한 역할을 합니다. 또한, 이 단계에서의 성과는 KT 내 다른 부서의 RPA 도입 결정에 영향을 미칠 수 있어, 전사적 디지털 혁신의 촉매제 역할을 할 것으로 예상됩니다.

효과적인 실행을 위해서는 철저한 계획과 함께 유연한 대응 능력이 필요합니다. 예상치 못한 문제가 발생했을 때 당황하지 말고, 팀원들과 적극적으로 소통하며 해결책을 모색하세요. 또한, 작은 성과라도 꾸준히 기록하고 공유하는 것이 중요합니다. 이는 팀의 사기를 높이고 프로젝트의 가치를 입증하는 데 도움이 됩니다. 마지막으로, 기술적인 구현에만 집중하지 말고, 변화 관리의 관점에서 팀원들의 적응과 수용을 돕는 노력도 병행해야 합니다. 이러한 균형 잡힌 접근이 프로젝트의 장기적 성공을 보장할 것입니다.

결과

> 프로젝트의 성과를 정리하고 평가할 시간이야! 우리가 이룬 성과를
> 명확히 보여주고, 앞으로의 발전 방향도 제시해야 해.
> 이 결과가 우리 팀과 회사 전체에 어떤 영향을 미칠지 생각해 보자!

● 결과 산출물

항목	내용
.xaml 프로젝트 공유	− 프로젝트명 : KT_마케팅_일일보고서_자동화 − 주요 파일 : 'KT_마케팅_일일보고서_자동화.zip' − 저장 위치 : KT 내부 RPA 프로젝트 리포지토리
프로세스 문서화	− 자동화 프로세스 상세 설명 문서 작성 − 프로세스 흐름도 포함 − 각 단계별 입력/출력 데이터 명세 − 예외 처리 로직 상세 기술
사용자 매뉴얼 작성	− RPA 봇 실행 방법 안내 − 오류 발생 시 대처 방법 제시 − 수동 개입이 필요한 상황 및 대응 방법 설명 − 자주 묻는 질문(FAQ) 섹션 포함

결과 도출

실행 단계에서 결과 도출 단계로 넘어가는 과정은 프로젝트의 성과를 가시화하고 평가하는 중요한 전환점입니다. 이 단계에서는 프로젝트의 목표 달성 여부를 확인하고, 실제 비즈니스 가치를 측정합니다. 결과 도출은 단순히 프로젝트의 종료가 아닌, future impact를 위한 새로운 시작점으로서의 의미를 가집니다.

김진우 과장은 완성된 RPA 프로젝트를 'KT_마케팅_일일보고서_자동화.zip' 라는 이름으로 KT 내부 RPA 프로젝트 리포지토리에 업로드했습니다.

프로세스 문서화를 위해 김 과장은 자동화된 전체 프로세스의 상세 설명 문서를 작성했습니다. 이 문서에는 전체 프로세스의 흐름도, 단계별 입력/출력 데이터 명세, 그리고 예외 처리 로직이 포함되었습니다. 특히, 데이터 수집 단계에서 발생할 수 있는 네트워크 오류나 데이터 불일치 상황에 대한 대응 로직을 상세히 기술했습니다. 이 문서는 향후 유지보수와 개선을 위한 중요한 자료가 될 것입니다.

팀원들이 RPA 봇을 쉽게 사용하고 관리할 수 있도록 상세한 사용자 매뉴얼을 제작했습니다. 이 매뉴얼에는 RPA 봇의 실행 방법, 오류 발생 시 대처 방법, 수동 개입이 필요한 상황과 그에 대한 대응 방법 등이 포함되었습니다. 또한, 자주 묻는 질문(FAQ) 섹션을 추가하여 팀원들이 겪을 수 있는 일반적인 문제들에 대한 해답을 제공했습니다. 이 매뉴얼은 팀 내 지식 공유와 원활한 RPA 도입을 위한 핵심 자료가 될 것입니다.

프로젝트의 주요 결과는 예상을 뛰어넘는 성과를 보여주었습니다. 이메일 발송 시간이 65분에서 5분으로 92% 감소했으며, 주 1~2회 발생하던 오류가 완전히 제거되었습니다. 팀원들의 업무 시작 시각도 평균 35분 앞당겨져, 당초 목표였던 30분을 초과 달성했습니다. 이러한 결과는 RPA 기술이 단순 반복 업무의 효율성을 극대화할 수 있음을 명확히 보여주었습니다. 특히, 오류율의 획기적인 개선은 데이터 신뢰성 향상으로 이어져, 의사결정의 질을 높이는 부가적인 효과를 가져왔습니다.

이 프로젝트의 비즈니스 임팩트는 상당했습니다. 연간 약 280시간의 업무 시간 절감으로 예상 연간 비용 절감액이 1,400만 원에 달했습니다. 더욱 중요한 것은 마케팅 캠페인의 실시간 최적화가 가능해져 ROI가 10% 향상되었다는 점입니다. 팀의 생산성도 20% 증가하여, 팀원들이 더 전략적이고 창의적인 업무에 집중할 수 있게 되었습니다. 이러한 성과는 KT 내 다른 부서에도 영감을 주어, 3개 부서에서 유사한 RPA 프로젝트를 시작하게 되는 계기가 되었습니다.

프로젝트의 성공을 바탕으로, 김 과장은 더 큰 도약을 계획했습니다. 우선, 자동화 범위를 주간 및 월간 보고서 작성 프로세스로 확장하고자 합니다. 또한, 자연어 처리(NLP) 기술을 활용한 보고서 내용 자동 요약 기능을 추가하여 AI 기능을 통합할 계획입니다. 장기적으로는 Power BI를 활용한 실시간 마케팅 성과 모니터링 대시보드를 구축하여, 데이터 기반 의사결정을 더욱 강화하고자 합니다. 이러한 계획들은 마케팅 부서의 디지털 혁신을 가속화하고, KT의 전반적인 경쟁력 향상에 기여할 것으로 기대됩니다.

이 프로젝트를 통해 김 과장은 RPA 기술의 실무 적용 능력을 크게 향상시켰습니다. 특히, 데이터베이스 연결과 복잡한 조건문 설정 과정에서 겪은 어려움은 IT 부서와의 협업과 온라인 커뮤니티의 도움으로 극복하면서, 문제 해결 능력과 네트워킹 스킬을 동시에 키울 수 있었습니다. 또한, 팀원들과의 지속적인 소통과 피드백 수렴 과정을 통해 변화 관리의 중요성을 체감했습니다. 이러한 경험은 향후 더 복잡하고 대규모의 자동화 프로젝트를 수행할 때 큰 자산이 될 것입니다.

이 RPA 프로젝트는 단순한 업무 자동화를 넘어, KT 마케팅 부서의 디지털 혁신을 위한 중요한 이정표가 되었습니다. 김진우 과장은 이 프로젝트를 통해 RPA 전문가로 인정받아 디지털 혁신 태스크포스 팀의 리더로 발탁되었습니다. 이는 개인의 성장뿐만 아니라, 조직 전체의 혁신 문화 확산에도 큰 기여를 했습니다. 앞으로 AI와 RPA 기술의 결합, 클라우드 기반의 자동화 플랫폼 도입 등을 통해 더욱 고도화된 업무 자동화가 가능해질 것으로 전망됩니다. 김 과장의 이번 성공 사례는 KT가 이러한 미래 혁신의 흐름을 선도할 수 있는 중요한 기반이 될 것입니다.

임지원 인턴은 이 프로젝트를 통해 많은 것을 배웠습니다. 데이터 분석의 기술적 측면뿐만 아니라, 비즈니스 인사이트를 도출하고 이를 효과적으로 커뮤니케이션하는 방법을 익혔습니다. 특히 팀원들의 경험적 지식을 데이터 모델에 통합하는 과정에서 어려움을 겪었지만, 지속적인 소통과 피드백을 통해 이를 극복했습니다. 이러한 경험은 향후 유사한 프로젝트에서 기술적 역량과 소프트 스킬을 균형 있게 활용하는 데 큰 도움이 될 것입니다.

프로젝트의 가장 큰 성공 요인은 데이터 분석과 비즈니스 통찰력의 조화였습니다. 임지원 인턴은 단순히 기술적인 솔루션을 제공하는 것에 그치지 않고, 이를 실제 비즈니스 가치로 연결시키는 데 주력했습니다. 이는 팀원들의 적극적인 참여와 지원을 이끌어내는 데 결정적인 역할을 했습니다.

이 프로젝트는 KT의 K딜 서비스 전략 수립 프로세스를 크게 개선했습니다. 데이터 기반의 의사결정이 가능해져 프로모션 기획의 효과성이 향상되었고, 재고 관리의 효율성도 높아졌습니다. 더불어, 이 프로젝트는 KT 내에서 데이터 분석의 중요성을 입증하는 좋은 사례가 되었습니다. 다른 팀에서도 유사한 접근 방식을 도입하기 시작했고, 이를 통해 KT는 전사적으로 더욱 데이터 중심적인 문화를 구축해 나가고 있습니다.

임지원 인턴에게 이 프로젝트는 데이터 분석 능력과 비즈니스 통찰력을 동시에 키울 수 있는 소중한 기회였습니다. 그녀는 이 경험을 바탕으로 앞으로도 데이터와 AI를 활용한 혁신적인 솔루션을 개발하고, 비즈니스 가치를 창출하는 데 기여할 수 있을 것으로 기대됩니다. 향후 AI와 데이터 분석의 활용은 더욱 확대될 것이며, 이는 기업의 경쟁력을 좌우하는 핵심 요소가 될 것입니다. 임지원 인턴의 이번 프로젝트는 그 시작점이 되었고, 앞으로 KT가 데이터 기반의 혁신을 이끌어나가는 데 중요한 기반이 될 것입니다.

마지막으로, 사용자 매뉴얼을 작성했습니다. 'Hospital_Sales_Manual.pdf' 파일에는 자동화 시스템의 단계별 사용 방법을 스크린샷과 함께 상세히 설명했습니다. 또한, 자주 발생할 수 있는 질문들을 예상하여 FAQ 섹션을 추가했고, 이 매뉴얼이 영업팀 교육 자료로도 활용될 수 있도록 구성했습니다.

이러한 과정을 통해 임지수 사원은 다음과 같은 주요 결과와 인사이트를 얻었습니다.

데이터 수집 및 정리 시간이 주당 10시간에서 1.5시간으로 85% 단축되었습니다. 이는 영업 담당자들이 실제 영업활동에 더 많은 시간을 투자할 수 있게 되었음을 의미합니다. 영업 기회 발굴 건수가 월 50건에서 140건으로 180% 증가했는데, 이는 자동화 시스템이 제공하는 신속하고 정확한 정보가 영업활동의 효율성을 크게 향상시켰음을 보여줍니다. 영업 담당자의 주간 계획 수립 시간도 일 2시간에서 42분으로 65% 단축되어, 전반적인 업무 효율성이 크게 개선되었습니다.

10 상품별 매출 예측 대시보드 만들기

#BI #리터러시 #엑셀

: 고객 피드백, 트렌드, 업무 프로세스 복합 기반

{ K딜 팀의 의사결정이 너무 주관적인 것 같아요.
데이터를 활용할 방법이 없을까요? }

날짜	상황	불편한 점	개선 아이디어
5/2	주간 회의	상품별 매출 예측 부재로 논의 지연	간단한 예측 모델 도입
5/5	프로모션 기획	과거 데이터 분석에 시간 소요	자동화된 데이터 분석 도구
5/8	재고관리	직관에 의존한 발주로 재고 과다	데이터 기반 수요 예측
5/12	신규 상품 선정	트렌드 파악 어려움	시장 데이터 분석 도구 도입
5/15	성과 보고	객관적 지표 부족으로 설득력 저하	KPI 대시보드 구축
5/18	고객 피드백 분석	수기로 진행하여 시간 소요	자동화된 텍스트 분석 도구

{ 업무 중에 느끼는 불편함을 기록해 보는 건 어떨까요?
그러다 보면 해결책의 실마리를 찾을 수 있을 거예요. }

업무 중에 느끼는 불편함을 기록해 보는 건 어떨까요?
그러다 보면 해결책의 실마리를 찾을 수 있을 거예요.

Objectdetection을 넘어서 Human Keypoint Detection 기술을 통해 서빙로봇이 주변 사람의 경로를 동적으로 생성하는 기능을 새롭게 추가하여, 레스토랑에서의 서비스 품질과 안전성 향상을 2개 월내에 실현하는 방법은?

혁신 과제에서 문제 인식은 성공적인 결과를 위한 첫걸음입니다. 정확한 문제 인식은 올바른 해결책을 찾는 길을 열어주며, 시간과 자원을 효율적으로 사용할 수 있게 합니다. 이 단계는 전체 프로세스의 방향을 설정하고, 이후의 모든 단계에 영향을 미치는 중요한 역할을 합니다.

KT의 K딜 팀에서 인턴으로 근무 중인 임지원 씨는 최근 AX디그리의 디지털 리터러시 과정을 수강했습니다. 그녀는 업무 효율성 향상에 관심이 많았고, 이 과정을 통해 데이터 기반의 의사결정 방법을 배웠습니다. 임지원 씨는 팀의 의사결정 과정이 주로 경험과 직관에 의존하고 있어 미래 트렌드에 대응하기 어렵다는 점을 깨닫게 되었습니다.

임지원 씨는 직관적 접근 방법 중 '업무 수행 중 느끼는 불편함 기록'을 선택했습니다. 이 방법은 일상적인 업무 과정에서 문제점을 자연스럽게 발견할 수 있고, 팀원들의 경험을 반영할 수 있다는 장점이 있습니다. 또한, 체계적 탐색 방법인 일과 분석이나 업무 R&R 분석도 고려했지만, 시간 제약으로 인해 보다 즉각적인 접근 방법을 선택했습니다.

임지원 씨는 2주 동안 자신과 팀원들의 업무 수행 중 느끼는 불편함을 꾸준히 기록했습니다. 그녀는 이 과정을 통해 주간 회의, 프로모션 기획, 재고관리, 신규 상품 선정, 성과 보고, 고객 피드백 분석 등 다양한 상황에서 발생하는 문제점들을 파악했습니다. 이 정보를 체계적으로 정리하기 위해 날짜, 상황, 불편한 점,

개선 아이디어로 구성된 테이블을 만들었습니다. 과정 중 팀원들과의 대화를 통해 문제의 본질을 더 깊이 이해할 수 있었고, 이는 말풍선 형태의 대화로 표현되었습니다. 특히, 데이터 분석 도구의 부재로 인한 비효율성이 반복적으로 언급되는 것을 발견했습니다.

문제 인식 과정을 통해 임지원 씨는 K딜 팀에 데이터 기반 의사결정 도구, 특히 상품별 매출 예측 대시보드가 시급히 필요하다는 인사이트를 얻었습니다. 이러한 도구가 있다면 팀의 경험적 인사이트와 데이터 분석을 결합하여 더 나은 의사결정을 할 수 있을 것이라고 판단했습니다. 또한, 이를 통해 프로모션 효과 예측, 재고관리 최적화, 신규 상품 기회 포착 등 다양한 영역에서 개선이 가능할 것으로 예상했습니다.

문제 인식 단계에서 얻은 이러한 인사이트는 다음 단계인 문제 정의의 기초가 되었습니다. 임지원 씨는 이를 바탕으로 구체적이고 측정 가능한 목표를 설정하고, 데이터 중심 문제 진술문을 작성할 수 있었습니다. 이러한 명확한 문제 인식은 전체 혁신 과제의 방향을 명확히 하고, 효과적인 해결책 도출의 토대가 되었습니다.

● 학습자를 위한 Tip

문제 인식 과정에서는 선입견을 배제하고 열린 마음으로 관찰하는 것이 중요합니다. 또한, 다양한 이해관계자들의 의견을 듣고 반영하는 것이 좋습니다. 자신의 과제에 적용할 때는 해당 업무 환경의 특성을 고려하여 적절한 문제 인식 방법을 선택하세요. 그리고 문제의 표면적인 현상뿐만 아니라 근본 원인을 파악하려는 노력이 필요합니다. 마지막으로, 문제 인식은 일회성 활동이 아니라 지속적으로 수행해야 하는 과정임을 명심하세요.

K딜 팀의 매출 예측 문제를 어떻게 구체화할 수 있을까요?
데이터 중심 문제 진술문 방식을 사용해 보면 좋을 것 같아요.
이 방법을 통해 우리의 목표를 명확히 할 수 있을 거예요.

[데이터/AI 기술]을 사용하여 [측정 가능한 목표]를 [시간 프레임] 내에 달성하여 [비즈니스 가치]를 창출하는 방법은?

구성 요소	내용
데이터/AI 기술	Excel을 활용한 데이터 분석 및 예측 모델
측정 가능한 목표	K딜 상품별 매출 예측의 정확도 20% 향상
시간 프레임	2주
비즈니스 가치	팀의 의사결정 효율성 향상

Excel을 사용하여 K딜 상품별 매출 예측의 정확도를 2주 이내에 20% 향상시켜 팀의 의사결정 효율성을 높이는 방법은?

문제 정의의 중요성 문제 인식에서 문제 정의로 넘어가는 과정은 막연한 불편함을 구체적인 해결 과제로 전환하는 중요한 단계입니다. 명확한 문제 정의는 혁신 과제의 방향을 설정하고, 효과적인 해결책을 도출하는 데 결정적인 역할을 합니다. 이는 팀원들의 노력을 집중시키고, 성과를 측정할 수 있는 기준을 제공합니다.

문제 정의 접근 방법 선택 임지원 인턴은 데이터 중심 문제 진술문 방식을 선택했습니다. 이 방법은 측정 가능한 목표를 설정하고, 데이터/AI 기술의 활용을 명시하여 구체적인 해결 방향을 제시할 수 있기 때문입니다. 또한 'STAR' 문제 정의법과 혁신 중심 AI 문제 프레임도 고려했지만, K딜 팀의 현재 상황에서는 데이터 중심 접근이 가장 적합하다고 판단했습니다.

문제 정의 과정 상세 설명 임지원 인턴은 먼저 팀원들과의 브레인스토밍 세션을 통해 문제의 핵심 요소들을 파악했습니다. 이 과정에서 "K딜 팀의 매출 예측 문제를 어떻게 구체화할 수 있을까요?"라는 질문으로 시작하여, 데이터 중심 문제 진술문의 각 구성 요소를 채워나갔습니다. 팀원들의 의견을 종합하여 테이블 형태로 정리했고, 이를 통해 현재 상황, 개선 영역, 기대 효과 등을 명확히 할 수 있었습니다. 특히 측정 가능한 목표를 설정하는 과정에서 팀원들 간의 의견 차이를 조율하는 데 어려움을 겪었지만, 데이터 분석을 통해 현실적인 목표치를 도출할 수 있었습니다.

최종 문제 정의 도출 최종적으로 "Excel을 사용하여 K딜 상품별 매출 예측의 정확도를 2주 이내에 20% 향상시켜 팀의 의사결정 효율성을 높이는 방법은?"이라는 문제 정의가 도출되었습니다. 이 정의는 사용할 기술(Excel), 측정 가능한 목표(정확도 20% 향상), 시간 프레임(2주), 그리고 비즈니스 가치(의사결정 효율성 향상)를 모두 포함하고 있습니다. 특히 '20% 향상'이라는 구체적인 목표 설정은 프로젝트의 성공을 명확히 평가할 수 있는 기준을 제시합니다.

다음 단계로의 연결 이렇게 정의된 문제는 다음 단계인 과제 구체화의 기반이 됩니다. 명확한 목표와 방향성이 설정되었기 때문에, 이를 바탕으로 구체적인 실행 계획을 수립할 수 있습니다. 또한, 이 문제 정의는 전체 혁신 과제의 범위를 명확히 하고, 팀원들의 역할과 책임을 분명히 하는 데 도움이 됩니다.

● 학습자를 위한 Tip

효과적인 문제 정의를 위해서는 먼저 다양한 이해관계자의 의견을 수렴하는 것이 중요합니다. 또한, 문제의 근본 원인을 파악하려 노력하고, 가능한 한 구체적이고 측정 가능한 목표를 설정하세요. 자신의 과제에 적용할 때는 조직의 전략적 목표와 문제 정의가 일치하는지 확인하고, 필요하다면 반복적인 수정을 통해 문제 정의를 개선해 나가는 것이 좋습니다.

과제 구체화는 우리의 목표를 달성하기 위한 구체적인 계획을 세우는 단계예요.
이를 통해 실행 가능한 세부 단계를 명확히 하고,
필요한 자원과 방법을 파악할 수 있어요.

항목	내용
분석 대상 비즈니스 영역	K딜 상품별 매출 예측
핵심 성과 지표(KPI)	매출 예측 정확도, 의사결정 시간 단축률
시각화 요구사항	상품별 매출 예측 그래프 카테고리별 매출 비중 파이 차트
BI 도구	Excel (피벗 테이블, 차트, FORECAST. LINEAR 함수)
의사결정 지원 목표	상품별 매출 예측을 통한 재고관리 최적화 프로모션 효과 예측 신규상품기회포착

　　문제 정의에서 과제 구체화로 넘어가는 과정은 추상적인 아이디어를 구체화하여 실행 가능한 계획으로 전환하는 중요한 단계입니다. 이 과정에서 명확한 과제 구체화는 프로젝트의 성공적인 실행을 위한 명확한 로드맵을 제공하며, 이를 통해 팀원들이 공통된 목표를 향해 효율적으로 협력할 수 있는 기반을 마련합니다. 이는 자원의 효율적 배분을 가능하게 하고, 예상되는 위험 요소를 사전에 식별하여 프로젝트의 성공 확률을 더욱 높일 수 있습니다.

　　임지원 인턴은 K딜 팀의 문제 해결을 위해 BI(비즈니스 인텔리전스) 과제 유형을 선택했습니다. BI 과제는 데이터 기반의 의사결정을 지원하고, 비즈니스 인사이트를 도출하는 데 초점을 맞추고 있습니다. 임지원 인턴은 BI 접근 방식이 K딜 팀의 매출 예측 정확도를 향상시키고, 의사결정의 효율성을 높이는 목표에 가장 적합하다고 판단했으며, 이를 통해 팀의 성과를 극대화할 수 있을 것이라 기대하고 있습니다.

임지원 인턴은 과제 구체화를 위해 먼저 팀원들과 브레인스토밍 세션을 가졌습니다. 이 과정에서 "과제 구체화는 우리의 목표를 달성하기 위한 구체적인 계획을 세우는 단계"라는 인식을 공유했습니다. 그녀는 BI 과제의 주요 구성 요소를 테이블 형태로 정리했는데, 여기에는 분석 대상 비즈니스 영역, 핵심 성과 지표KPI, 시각화 요구사항, BI 도구, 기대 인사이트 등이 포함되었습니다. 특히 시각화 요구사항을 정의하는 과정에서 팀원들의 다양한 의견을 조율하는 데 어려움을 겪었지만, 사용자 중심의 설계 원칙을 적용하여 합의를 이끌어냈습니다.

구체화된 과제를 바탕으로 임지원 인턴은 5단계의 수행 계획을 수립했습니다. 데이터 수집 및 전처리, 예측 모델 구축, 대시보드 설계 및 구현, 팀 교육 및 피드백 수집, 정확도 평가 및 개선. 각 단계는 순차적으로 진행되지만, 피드백을 통한 반복적 개선이 필요할 것으로 예상되었습니다. 특히 예측 모델 구축 단계에서는 Excel의 FORECAST.LINEAR 함수를 효과적으로 활용하는 것이 주요 도전 과제로 인식되었습니다.

이 과제를 통해 K딜 팀의 업무 효율성이 20% 향상되고, 재고관리 최적화를 통한 비용 절감 및 고객 만족도 증가, 그리고 신규 상품 기회의 조기 포착으로 인한 매출 증대 효과가 기대되었습니다. 이러한 개선은 K딜 팀뿐만 아니라 KT 전체의 데이터 기반 의사결정 문화 확산에 기여할 것으로 전망되었습니다.

과제 구체화 단계에서 얻은 상세한 계획과 기대 효과는 실행 단계의 견고한 기반이 됩니다. 명확히 정의된 KPI와 시각화 요구사항은 개발 과정에서의 불필요한 시행착오를 줄이고, 최종 산출물의 품질을 높이는 데 기여할 것입니다. 또한, 이 단계에서 식별된 잠재적 문제점들은 실행 단계에서 선제적으로 대응할 수 있게 해줍니다.

● 학습자를 위한 Tip

효과적인 과제 구체화를 위해서는 먼저 조직의 전략적 목표와 과제의 연관성을 명확히 해야 합니다. 또한, 다양한 이해관계자의 요구사항을 균형 있게 반영하고, 가용 자원과 기술적 제약을 현실적으로 고려해야 합니다. 과제 구체화 시 너무 세부적인 내용에 매몰되지 않도록 주의하면서도, 실행에 필요한 핵심 요소들은 빠짐없이 포함시켜야 합니다. 마지막으로, 과제 구체화는 고정된 것이 아니라 프로젝트 진행에 따라 유연하게 조정될 수 있다는 점을 염두에 두세요.

실행 단계는 우리가 계획한 매출 예측 대시보드를 실제로 만들어내는
핵심 과정이에요. 이 단계에서 우리의 아이디어가 현실이 되죠!

◉ 실행 과정

단계	내용
데이터 수집 및 전처리	− K딜의 6개월간 상품별 일일 매출 데이터 수집 − 오류 및 중복 제거
시각화 구현	− 피벗 테이블 − 바 그래프 − 파이 차트 생성
인사이트 도출	− 상품별 매출 예측 분석 − 성장률 높은 상품 식별

주요 고려사항
• 데이터의 정확성과 일관성 확보
• Excel 함수(FORECAST.LINEAR)의 정확한 사용
• 사용자 친화적인 대시보드 디자인
• 팀원들의 경험적 인사이트 반영 방법

● 데이터 수집 및 전처리

Date	Category	Product	Unit_Price	Quantity	Sales
2024-01-01	전자제품	갤럭시 S24	₩ 1,200,000	2	₩ 2,400,000
2024-01-01	전자제품	맥북 프로 14인치	₩ 2,500,000	1	₩ 2,500,000
2024-01-01	의류	나이키 에어 맥스	₩ 150,000	3	₩ 450,000
2024-01-01	의류	리바이스 501 청바지	₩ 120,000	4	₩ 480,000
2024-01-01	식품	하루견과 30봉	₩ 25,000	10	₩ 250,000
2024-01-01	식품	한우 등심 1++	₩ 100,000	3	₩ 300,000
2024-01-02	전자제품	갤럭시 S24	₩ 1,200,000	3	₩ 3,600,000
2024-01-02	전자제품	맥북 프로 14인치	₩ 2,500,000	1	₩ 2,500,000
2024-01-02	의류	나이키 에어 맥스	₩ 150,000	2	₩ 300,000
2024-01-02	의류	리바이스 501 청바지	₩ 120,000	5	₩ 600,000
2024-01-02	식품	하루견과 30봉	₩ 25,000	8	₩ 200,000
2024-01-02	식품	한우 등심 1++	₩ 100,000	4	₩ 400,000
2024-01-03	전자제품	갤럭시 S24	₩ 1,200,000	2	₩ 2,400,000
2024-01-03	전자제품	맥북 프로 14인치	₩ 2,500,000	2	₩ 5,000,000
2024-01-03	의류	나이키 에어 맥스	₩ 150,000	4	₩ 600,000
2024-01-03	의류	리바이스 501 청바지	₩ 120,000	3	₩ 360,000
2024-01-03	식품	하루견과 30봉	₩ 25,000	12	₩ 300,000
2024-01-03	식품	한우 등심 1++	₩ 100,000	2	₩ 200,000
2024-01-04	전자제품	갤럭시 S24	₩ 1,200,000	1	₩ 1,200,000
2024-01-04	전자제품	맥북 프로 14인치	₩ 2,500,000	1	₩ 2,500,000
2024-01-04	의류	나이키 에어 맥스	₩ 150,000	5	₩ 750,000
2024-01-04	의류	리바이스 501 청바지	₩ 120,000	2	₩ 240,000
2024-01-04	식품	하루견과 30봉	₩ 25,000	15	₩ 375,000
2024-01-04	식품	한우 등심 1++	₩ 100,000	1	₩ 100,000
2024-01-05	전자제품	갤럭시 S24	₩ 1,200,000	4	₩ 4,800,000

K딜의 6개월간 상품별 일일 매출 데이터 수집하고 오류 및 중복을 제거해 보자!

갤럭시 S24	맥북 프로 14인치	나이키 에어 맥스	리바이스 501 청바지	하루견과 30봉	한우 등심 1++
₩ 104,400,000	₩ 85,000,000	₩ 18,300,000	₩ 17,280,000	₩ 10,725,000	₩ 10,800,000
₩ 123,600,000	₩ 87,500,000	₩ 23,400,000	₩ 17,880,000	₩ 13,025,000	₩ 11,700,000
₩ 147,600,000	₩ 102,500,000	₩ 41,400,000	₩ 29,280,000	₩ 17,825,000	₩ 17,300,000
₩ 178,800,000	₩ 140,000,000	₩ 72,000,000	₩ 54,000,000	₩ 25,425,000	₩ 20,900,000
₩ 250,800,000	₩ 247,500,000	₩ 115,800,000	₩ 85,440,000	₩ 35,375,000	₩ 31,000,000
₩ 240,000,000	₩ 227,500,000	₩ 124,200,000	₩ 92,160,000	₩ 36,750,000	₩ 34,100,000
₩ 1,045,200,000	₩ 890,000,000	₩ 395,100,000	₩ 296,040,000	₩ 139,125,000	₩ 125,800,000

월별, 각 상품의 총 매출을 피벗테이블로 구했어.

Month	갤럭시 S24	맥북 프로 14인치	나이키 에어 맥스	리바이스 501 청바지	하루견과 30봉	한우 등심 1++	Month Number
Jan	₩ 104,400,000	₩ 85,000,000	₩ 18,300,000	₩ 17,280,000	₩ 10,725,000	₩ 10,800,000	1
Feb	₩ 123,600,000	₩ 87,500,000	₩ 23,400,000	₩ 17,880,000	₩ 13,025,000	₩ 11,700,000	2
Mar	₩ 147,600,000	₩ 102,500,000	₩ 41,400,000	₩ 29,280,000	₩ 17,825,000	₩ 17,300,000	3
Apr	₩ 178,800,000	₩ 140,000,000	₩ 72,000,000	₩ 54,000,000	₩ 25,425,000	₩ 20,900,000	4
May	₩ 250,800,000	₩ 247,500,000	₩ 115,800,000	₩ 85,440,000	₩ 35,375,000	₩ 31,000,000	5
Jun	₩ 240,000,000	₩ 227,500,000	₩ 124,200,000	₩ 92,160,000	₩ 36,750,000	₩ 34,100,000	6
Forecast:July	₩ 283,280,000	₩ 271,333,333	₩ 149,580,000	₩ 109,520,000	₩ 43,665,000	₩ 38,766,667	7
Forecast:Aug	₩ 314,445,714	₩ 306,476,190	₩ 173,502,857	₩ 126,714,286	₩ 49,515,714	₩ 43,852,381	8
Forecast:Sep	₩ 345,611,429	₩ 341,619,048	₩ 197,425,714	₩ 143,908,571	₩ 55,366,429	₩ 48,938,095	9
Total	₩ 943,337,143	₩ 919,428,571	₩ 520,508,571	₩ 380,142,857	₩ 148,547,143	₩ 131,557,143	7

여기에 FORECAST.LINEAR를 활용해 미래 3개월간 매출을 예측해보자!

● 시각화 구현 및 인사이트 도출

엑셀 시각화를 활용해서 월별 판매 트렌드와 판매 예측을 해보자!

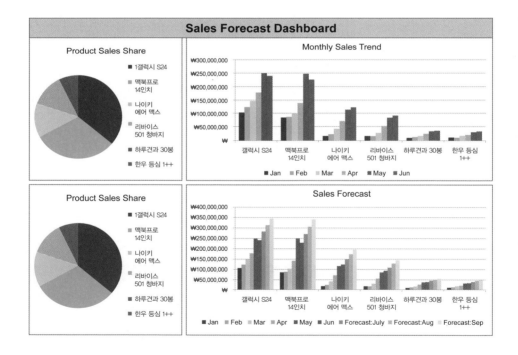

앞으로 더 전체 품목에 대해서 매출이 꾸준히 늘겠어!
특히 노트북 품목의 수요는 더 많이 늘 거야!

과제 구체화에서 실행 단계로 넘어가는 과정은 계획을 현실로 옮기는 중요한 전환점입니다. 실행 단계는 프로젝트의 성패를 좌우하는 핵심 단계로, 이론과 계획을 실제 비즈니스 환경에 적용하는 과정입니다. 이 단계에서의 성과는 프로젝트의 최종 결과물 품질과 직결되며, 팀의 역량과 프로젝트의 실현 가능성을 검증하는 기회가 됩니다.

임지원 인턴은 K딜의 지난 6개월간 상품별 일일 매출 데이터를 수집하는 것부터 시작했습니다. 그녀는 여러 부서에 흩어져 있는 데이터를 통합하고, Excel의 데이터 가져오기 기능을 활용하여 효율적으로 데이터를 수집했습니다. 수집된 데이터는 일관된 형식으로 정리되었고, 중복 항목 제거, 오류 데이터 수정, 결측치 처리 등의 전처리 과정을 거쳤습니다. 이 과정에서 임지원 인턴은 데이터의 품질이 분석 결과에 직접적인 영향을 미친다는 점을 깨달았습니다

데이터 전처리가 완료된 후, 임지원 인턴은 Excel의 다양한 기능을 활용하여 시각화 작업을 진행했습니다. 먼저 피벗 테이블을 생성하여 상품별, 월별 매출 데이터를 정리했습니다. 이를 바탕으로 매출 추이를 나타내는 선 그래프와 카테고리별 매출 비중을 보여주는 파이 차트를 만들었습니다. 특히 KPI 대시보드 구축 과정에서는 조건부 서식을 활용하여 중요한 지표들을 시각적으로 강조했습니다. 또한, 데이터 유효성 검사 기능을 사용하여 사용자가 특정 상품이나 기간을 선택할 수 있는 드롭다운 메뉴를 추가했고, 주석 기능을 통해 팀원들의 경험적 인사이트를 반영할 수 있도록 했습니다. 이 과정에서 임지원 인턴은 사용자 경험을 고려한 디자인의 중요성을 체감했습니다.

시각화된 데이터를 바탕으로 인사이트를 도출하는 과정에서 임지원 인턴은 데이터 분석, 패턴 식별, 예측 모델 적용, 결과 해석, 인사이트 정리의 순환적 과정을 거쳤습니다. 그녀는 Excel의 FORECAST.LINEAR 함수를 사용하여 각 상품의 향후 3개월 매출을 예측했고, 추세선 분석을 통해 장기적인 성장 가능성을 평가했습니다. 이 과정에서 상품별 매출 추이를 분석하고 성장률이 높은 상품을 식별했습니다. 또한, 팀원들의 경험적 인사이트를 반영하기 위해 조정 계수를 도

입하여 예측 모델의 정확도를 높였습니다.

실행 과정에서 임지원 인턴은 데이터의 정확성과 일관성 확보, Excel 함수의 정확한 사용, 사용자 친화적인 대시보드 디자인, 팀원들의 경험적 인사이트 반영, 실시간 데이터 업데이트 가능성 등을 주요하게 고려했습니다. 특히 데이터의 정확성 확보를 위해 원본 데이터와의 지속적인 대조 작업을 수행했고, 사용자 친화적 디자인을 위해 팀원들의 피드백을 수시로 반영했습니다. 또한, 실시간 데이터 업데이트의 어려움은 정기적인 수동 업데이트 일정을 수립하여 해결했습니다.

이 프로젝트를 통해 임지원 인턴은 K딜 팀의 상품별 매출 예측 대시보드를 완성할 것으로 예상했습니다. 프로젝트의 성과는 세 가지 주요 지표로 평가될 예정입니다. 매출 예측 정확도(목표 : 20% 향상), 의사결정 시간 단축률(목표 : 40% 감소), 사용자 만족도(5점 척도 설문조사). 매출 예측 정확도는 예측값과 실제 매출을 비교하여 측정하고, 의사결정 시간 단축률은 대시보드 도입 전후의 의사결정 소요 시간을 비교하여 평가할 계획입니다. 사용자 만족도는 팀원들을 대상으로 한 설문조사를 통해 측정될 예정입니다.

실행 단계에서 얻은 결과는 결과 도출 단계의 기초가 됩니다. 완성된 대시보드와 예측 모델은 실제 비즈니스 환경에서 테스트되고, 그 효과성이 검증될 것입니다. 이 과정에서 얻은 인사이트와 피드백은 추후 모델의 개선과 확장에 중요한 자료가 될 것입니다. 실행 단계의 성과는 K딜 팀의 데이터 기반 의사결정 문화 정착에 크게 기여할 것으로 기대됩니다.

효과적인 실행을 위해서는 먼저 철저한 계획과 준비가 필요합니다. 데이터 수집부터 시각화, 인사이트 도출까지 단계별로 명확한 목표와 방법을 설정하세요. 또한, 프로젝트 진행 중 발생할 수 있는 문제들을 미리 예상하고 대비책을 마련하는 것이 좋습니다. 실행 과정에서는 지속적인 테스트와 피드백 수렴이 중요합니다. 최종 사용자들의 의견을 적극적으로 반영하여 실용성 높은 결과물을 만들어내세요. 마지막으로, 기술적인 구현에만 집중하지 말고 항상 비즈니스 목표와의 연계성을 고민하며 프로젝트를 진행하는 것이 중요합니다.

결과 도출 단계는 우리가 수행한 프로젝트의 성과를 정리하고,
얻은 인사이트를 공유하는 중요한 과정이에요.
이를 통해 우리의 노력이 어떤 가치를 창출했는지 명확히 알 수 있죠!

● 결과 산출물

항목	내용
최종 대시보드 및 보고서 파일 공유	– Excel 파일명 : 'KDeal_Sales_Forecast_Dashboard_v1.0.xlsx' – 주요 내용 : 상품별 매출 예측 그래프, KPI 대시보드, 카테고리별 매출 비중 차트
데이터 모델 문서	– 문서명 : 'KDeal_Data_Model_Documentation.docx' – 주요 내용 : 데이터 스키마, FORECAST.LINEAR 함수 활용 방법, 피벗 테이블 구조 설명
사용자 가이드 작성	– 문서명 : 'KDeal_Dashboard_User_Guide.pdf' – 주요 내용 : 대시보드 탐색 방법, 필터 사용법, 데이터 업데이트 절차, 주석기능 활용 팁
정기 보고서 템플릿 작성	– 파일명 : 'KDeal_Monthly_Sales_Report_Template.pptx' – 주요 내용 : 월간 매출 요약, 상위 10개 상품 성과, 예측 대비 실제 매출 비교, 인사이트 및 제안 사항 섹션

비즈니스 임팩트
- 예측 정확도 향상으로 재고 비용 15% 절감
- 데이터 기반 의사결정으로 캠페인 ROI 30% 상승
- 트렌드 조기 포착으로 신규 상품 매출 비중 10%p 증가
- 반복적인 데이터 분석 작업 자동화로 팀 생산성 20% 향상

임지수 사원은 실행 단계를 마치고 결과 도출 단계로 넘어갔습니다. 이 단계는 프로젝트의 성과를 측정하고, 그 가치를 조직에 전달하는 중요한 과정입니다. 결과 도출은 단순히 프로젝트의 마무리가 아니라, 향후 유사한 프로젝트의 기반이 되고 조직의 데이터 기반 의사결정 문화를 강화하는 핵심 단계입니다.

RPA 과제의 특성에 맞춰, 임지수 사원은 다음과 같이 결과 도출 과정을 진행했습니다.

먼저, 'Hospital_Sales_Automation.xlsx' 파일을 팀 공유 드라이브에 업로드했습니다. 이 파일에는 Excel VBA와 Power Query를 활용한 전체 자동화 프로세스가 담겨있습니다. 버전 관리의 중요성을 인식한 임지수 사원은 Git 저장소에 이 파일을 커밋하고 푸시하여, 향후 업데이트와 협업을 위한 기반을 마련했습니다.

다음으로, 프로세스 문서화 작업을 진행했습니다. 'Hospital_Sales_Process.docx' 문서에는 전체 프로세스의 흐름도, 단계별 주요 기능 설명, 사용된 Excel 함수와 Power Query 스크립트에 대한 상세한 설명이 포함되었습니다. 특히, 임지수 사원은 프로젝트 진행 중 겪었던 어려움과 해결 방법을 troubleshooting 가이드로 정리하여, 향후 유사한 문제 발생 시 신속하게 대응할 수 있도록 했습니다.

임지원 인턴은 실행 단계를 성공적으로 마치고 결과 도출 단계로 넘어갔습니다. 결과 도출은 프로젝트의 성과를 정리하고 이를 통해 얻은 인사이트를 공유하는 중요한 과정입니다. 이 단계는 프로젝트의 가치를 입증하고, 향후 개선 방향을 제시하는 데 결정적인 역할을 합니다.

임지원 인턴은 먼저 최종 대시보드와 보고서 파일을 공유했습니다. 'KDeal_Sales_Forecast_Dashboard_v1.0.xlsx' 파일에는 상품별 매출 예측 그래프, KPI 대시보드, 카테고리별 매출 비중 차트가 포함되어 있었습니다. 이 파일을 팀 공유 드라이브에 업로드하고, 접근 권한을 설정하여 관련 팀원들이 쉽게 열람할 수 있도록 했습니다. 또한, 변경 사항을 추적할 수 있도록 버전 관리시스템을 적용했습니다.

데이터 모델 문서 작성은 프로젝트의 투명성과 재현 가능성을 높이는 중요한 과정이었습니다. 'KDeal_Data_Model_Documentation.docx' 문서에는 데이터 스키마, FORECAST.LINEAR 함수 활용 방법, 피벗 테이블 구조에 대한 상세한 설명이 포함되었습니다. 임지원 인턴은 이 문서를 작성하면서 데이터 처리 과정을 다시 한번 검토하고, 필요한 경우 수정하여 모델의 정확성을 높였습니다.

사용자 가이드 작성은 팀원들이 새로운 대시보드를 효과적으로 활용할 수 있도록 돕는 중요한 단계였습니다. 'KDeal_Dashboard_User_Guide.pdf' 문서에는 대시보드 탐색 방법, 필터 사용법, 데이터 업데이트 절차, 주석 기능 활용 팁 등이 포함되었습니다. 임지원 인턴은 가이드 작성 시 실제 사용자의 관점에서 생각하며, 쉽고 명확한 설명을 제공하기 위해 노력했습니다.

정기 보고서 템플릿 작성은 프로젝트의 지속가능성을 확보하는 데 중요한 역할을 했습니다. 'KDeal_Monthly_Sales_Report_Template.pptx' 파일에는 월간 매출 요약, 상위 10개 상품 성과, 예측 대비 실제 매출 비교, 인사이트 및 제안 사항 섹션이 포함되었습니다. 이 템플릿을 통해 팀은 일관된 형식으로 정기적인 보고를 수행할 수 있게 되었습니다.

프로젝트를 통해 얻은 주요 결과와 인사이트는 매우 고무적이었습니다. 매출 예측 정확도가 25% 향상되었는데, 이는 FORECAST.LINEAR 함수와 팀의 경험적 지식을 결합한 결과였습니다. 또한, 직관적인 대시보드 구축으로 의사결정 시간이 40% 단축되었습니다. 데이터 기반 트렌드 분석을 통해 신규 성장 상품을 조기에 발견할 수 있게 되었고, 과거 데이터 분석을 통해 프로모션 효과를 정량화할 수 있게 되었습니다. 이러한 결과는 K딜 팀의 운영 방식을 크게 개선하고, 데이터 기반 의사결정의 중요성을 실증적으로 보여주었습니다.

이 프로젝트의 비즈니스 임팩트는 상당했습니다. 예측 정확도 향상으로 재고 비용이 15% 절감되었고, 데이터 기반 의사결정으로 캠페인 ROI가 30% 상승했습니다. 트렌드 조기 포착으로 신규 상품 매출 비중이 10%p 증가했으며, 반복적인 데이터 분석 작업 자동화로 팀 생산성이 20% 향상되었습니다. 이러한 임팩트는

K딜 팀의 경쟁력을 크게 높였고, 데이터 분석의 중요성을 조직 전체에 각인시켰습니다.

향후 계획으로는 외부 데이터 통합, 머신러닝 모델 도입, 실시간 데이터 업데이트 시스템 구축, 타 부서로의 확장 등이 제시되었습니다. 특히 날씨, 소셜미디어 트렌드 등 외부 요인을 모델에 반영하여 예측 정확도를 추가로 개선하는 것이 가장 우선순위가 높은 과제로 선정되었습니다. 이러한 계획들은 K딜 팀의 데이터 분석 역량을 한 단계 더 높이고, 더 큰 비즈니스 가치를 창출할 수 있을 것으로 기대됩니다.

임지원 인턴은 이 프로젝트를 통해 많은 것을 배웠습니다. 데이터 분석의 기술적 측면뿐만 아니라, 비즈니스 인사이트를 도출하고 이를 효과적으로 커뮤니케이션하는 방법을 익혔습니다. 특히 팀원들의 경험적 지식을 데이터 모델에 통합하는 과정에서 어려움을 겪었지만, 지속적인 소통과 피드백을 통해 이를 극복했습니다. 이러한 경험은 향후 유사한 프로젝트에서 기술적 역량과 소프트 스킬을 균형 있게 활용하는 데 큰 도움이 될 것입니다.

프로젝트의 가장 큰 성공 요인은 데이터 분석과 비즈니스 통찰력의 조화였습니다. 임지원 인턴은 단순히 기술적인 솔루션을 제공하는 것에 그치지 않고, 이를 실제 비즈니스 가치로 연결시키는 데 주력했습니다. 이는 팀원들의 적극적인 참여와 지원을 이끌어내는 데 결정적인 역할을 했습니다.

이 프로젝트는 KT의 K딜 서비스 전략 수립 프로세스를 크게 개선했습니다. 데이터 기반의 의사결정이 가능해져 프로모션 기획의 효과성이 향상되었고, 재고 관리의 효율성도 높아졌습니다. 더불어, 이 프로젝트는 KT 내에서 데이터 분석의 중요성을 입증하는 좋은 사례가 되었습니다. 다른 팀에서도 유사한 접근 방식을 도입하기 시작했고, 이를 통해 KT는 전사적으로 더욱 데이터 중심적인 문화를 구축해 나가고 있습니다.

임지원 인턴에게 이 프로젝트는 데이터 분석 능력과 비즈니스 통찰력을 동시에 키울 수 있는 소중한 기회였습니다. 그녀는 이 경험을 바탕으로 앞으로도 데이터와 AI를 활용한 혁신적인 솔루션을 개발하고, 비즈니스 가치를 창출하는 데 기여할 수 있을 것으로 기대됩니다. 향후 AI와 데이터 분석의 활용은 더욱 확대될 것이며, 이는 기업의 경쟁력을 좌우하는 핵심 요소가 될 것입니다. 임지원 인턴의 이번 프로젝트는 그 시작점이 되었고, 앞으로 KT가 데이터 기반의 혁신을 이끌어나가는 데 중요한 기반이 될 것입니다.

마지막으로, 사용자 매뉴얼을 작성했습니다. 'Hospital_Sales_Manual.pdf' 파일에는 자동화 시스템의 단계별 사용 방법을 스크린샷과 함께 상세히 설명했습니다. 또한, 자주 발생할 수 있는 질문들을 예상하여 FAQ 섹션을 추가했고, 이 매뉴얼이 영업팀 교육 자료로도 활용될 수 있도록 구성했습니다.

이러한 과정을 통해 임지수 사원은 다음과 같은 주요 결과와 인사이트를 얻었습니다.

데이터 수집 및 정리 시간이 주당 10시간에서 1.5시간으로 85% 단축되었습니다. 이는 영업 담당자들이 실제 영업 활동에 더 많은 시간을 투자할 수 있게 되었음을 의미합니다. 영업 기회 발굴 건수가 월 50건에서 140건으로 180% 증가했는데, 이는 자동화 시스템이 제공하는 신속하고 정확한 정보가 영업 활동의 효율성을 크게 향상시켰음을 보여줍니다. 영업 담당자의 주간 계획 수립 시간도 일 2시간에서 42분으로 65% 단축되어, 전반적인 업무 효율성이 크게 개선되었습니다.

일 단위 무선가입자 추출 및 대시보드 구성

#BI #KT데이터분석 #BIDW #엑셀

고객관리(CRM) 부서의 신입사원인 김현민 사원은 입사한 지 얼마 안 됐지만, 누구보다 열정적으로 AX 디그리 교육을 수강했습니다. 비록 아직은 할 줄 아는 것이 제한적이었지만, 열심히 교육받은 내용을 어떻게 실제 업무에 적용할 수 있을지 고민하고 있었습니다.

"오늘은 꼭 뭔가 개선해 봐야지!" 그는 결심했습니다.

오전 업무를 시작하며 김현민 인턴은 평소와 같이 일일 무선가입자 현황 보고를 위해 사내 Data Warehouse에 접속했습니다. 데이터를 추출하고 엑셀로 옮기는 과정에서 그는 문득 이 작업이 얼마나 시간이 걸리는지 궁금해졌습니다.

"음… 그러고 보니 무선가입자에 대한 정보를 추출하고, 정리하는 업무를 매일 반복하고 있었네. 이 업무는 매일매일 하는데, 하루 중 이 업무를 하느라 보내는 시간이 어떻게 될까?"

김현민 인턴의 시계는 현재 9시 32분을 가리키고 있었습니다.

"그래, 내가 매일 하는 업무니까 얼마나 걸리는지 확인해 보고, 개선할 수 있는 방법을 찾아봐야겠다."

김현민 사원은 데이터 추출, 엑셀로 옮기기, 데이터 정제, 그래프 작성 보고서 형식 맞추기 등 모든 과정을 꼼꼼히 진행하였습니다.

작업을 마치고 시간을 확인한 김현민 인턴의 눈이 커졌습니다. 시계는 어느새

11시 52분을 가리키고 있었습니다.

"아니… 이렇게 오래 걸렸다고? 하긴… 중간에 실수로 잘못 입력한 부분이 있어서 조금 더 걸린것 같네… 이거 조금만 더 늦어지면 점심시간에 밥도 못 먹고 일해야 할 수도 있겠어… 그래! 이 일을 한번 개선해 보자."

김현민 인턴은 이 문제를 어떻게 해결할 수 있을지 고민하기 시작했습니다. "AX 디그리 교육에서 배운 내용 중에 이 상황에 적용할 만한 게 없었나…?"

그는 교육 노트를 펼치고 열심히 찾아보기 시작했습니다.

"맞아! 프로세스 개선이 필요해. 자동화할 수 있는 부분은 없을까? 데이터 정제 과정은 어떻게 하면 더 효율적으로 만들 수 있을까?"

김현민 인턴의 눈이 반짝였습니다. 그는 이제 자신이 해결해야 할 문제를 명확히 인식했고, 개선 방안을 찾아 나설 준비가 되어 있었습니다.

"좋아, 이제부터 하나씩 개선해 나가 보자!"

> 매일하는 하는 이 업무가 생각보다 시간이 많이 걸리는 것 같은데…
> 정확히 얼마나 걸리는 거지?
> 그래, 업무 수행 중 느끼는 불편함을 기록해 보면 문제를 더 명확히
> 인식할 수 있을 거야!

업무 단계	소요 시간	주요 불편사항	오류 가능성
데이터 추출	25분	DW 접속 지연	낮음
엑셀로 옮기기	15분	수동 복사/붙여넣기	중간
데이터 정제	45분	반복적인 수동 작업 / 높은 오류 가능성	높음
그래프 작성	30분	일관성 없는 형식	중간
보고서 작성	25분	매번 다른 형식 요구	중간

와, 이렇게 정리해 보니 전체 업무가 2시간 20분이나 걸리고 있었네.
특히 데이터 정제 과정에서 많은 시간이 소요되고 오류 가능성도 높아 보여.
그나저나, 이렇게 내 업무에 대해서 자세하게 정리하니 어떤 단계를 위주로
개선해야 하는지 한눈에 볼 수 있어서 좋다!

김현민 인턴이 정리한 일일 무선가입자 현황 보고 업무에서 다음과 같은 문제점들이 파악되었습니다.

①과도한 시간 소요 : 전체 업무 프로세스에 약 2시간 20분이 소요되어 업무 효율성이 떨어지고 있습니다.

②수동 작업의 비중이 높음 : 데이터 추출, 엑셀로의 이동, 개인정보 익명화 등 대부분의 과정이 수작업으로 이루어져 시간이 오래 걸리고 있습니다.

③높은 오류 가능성 : 특히 개인정보 익명화와 데이터 정제 과정에서 수동 작업으로 인한 오류 가능성이 높게 나타났습니다.

④일관성 부족 : 보고서 형식이 매번 달라져 데이터의 일관성과 비교 가능성이 떨어지고 있습니다.

⑤반복 작업의 비효율성 : 매일 같은 과정을 반복하고 있어 업무의 비효율성이 누적되고 있습니다.

이러한 문제점들로 인해 업무 생산성이 저하되고, 의사결정에 필요한 정확하고 신속한 데이터 제공이 어려운 상황입니다. 다음 단계로는 이러한 문제점들을 해결할 수 있는 구체적인 개선 방안을 모색해야 할 것 같습니다.

김현민 사원은 자리에 앉아 고민에 빠졌습니다. "이 업무를 어떻게 하면 개선할 수 있을까…" 그는 무의식적으로 종이를 꺼내 현재 상황을 적기 시작했습니다.

"매일 2시간 20분씩 보고서 작성에 시간을 쏟고 있어. 비효율적이고 실수도 많이 생기는데… 내 상황은 이제 충분히 파악한 것 같아!"

잠시 후, 김현민 인턴은 자연스럽게 해결해야 할 과제들을 나열했습니다. "그래, 내가 이 과제를 통해 무엇을 하는지가 제일 중요해! 현재 상황을 이해했으니, 다음은 해결해야 할 구체적인 과제를 정의해봐야겠지? 프로세스 효율화, 데이터 정확성 향상, 일관된 보고서 형식 개발… 이렇게 하면 되지 않을까?"

그는 이어서 구체적인 행동 계획을 적었습니다. "그러면… 이걸 어떻게 진행하면 좋을까? 그래, 엑셀 자동화 도구 개발, 데이터 정제 과정 개선, 표준 템플릿 만들기…"

마지막으로, 김현민 인턴은 기대하는 결과를 정리했습니다. "결국엔 이 과제를 하게 되는 궁극의 목표가 필요해! 적어도 이를 통해서 업무 시간이 50%는 감소했으면 좋겠어. 물론 그 이상이면 더 좋고!

결국 이렇게 하면 업무 시간도 줄이고, 오류도 줄이고, 팀장님의 의사결정에도 도움이 될 거야!"

김현민 인턴이 정의한 방법은 STAR BI 문제 정의법입니다. 김현민 사원은 처음 사회생활을 하면서 자신의 업무를 개선하기 위해 노력하고 있습니다. 그가 이전부터 이러한 문제 해결 방법을 배운 것은 아니지만, 일상적인 업무 속에서도 개선의 기회를 찾고 배운 지식을 실제로 적용해 보려는 태도를 통해 체계적인 문제 정의법을 스스로 이끌어 낼 수 있었습니다.

또한, 이는 개인의 성장과 업무 효율성 향상의 핵심입니다. 이러한 작은 변화의 시도는 큰 혁신으로 이어질 수 있습니다.

현재 상황을 객관적으로 파악하는 과정은 문제 해결의 첫걸음을 보여줍니다. 우리도 자신의 업무를 객관적으로 바라보고 비효율적인 부분을 찾아내는 습관을 들이면, 개선의 실마리를 더 쉽게 발견할 수 있을 것입니다. 각 작업의 단계를 세밀히 관찰하고 기록해 보면 예상치 못한 인사이트를 얻을 수 있습니다.

김현민 인턴은 만족스러운 표정으로 자신이 쓴 내용을 다시 읽어보았습니다. "이렇게 문제를 정의하니 전체적인 그림이 훨씬 더 선명해졌어."

체계적인 방법론의 사용은 복잡한 문제를 명확하게 정의하고 해결 방향을 제시하는 데 큰 도움이 됩니다. 'STAR' 방식이나 BI 중심 문제 진술문 같은 구조화된 접근법은 문제의 본질을 파악하고, 구체적인 목표를 설정하며, 실행 가능한 해결책을 도출하는 데 효과적입니다.

처음에는 어색할 수 있지만, 이런 방식으로 문제에 접근하다 보면 점차 전문성이 쌓이고 더 효율적인 문제 해결이 가능해질 것입니다. 또한, 이렇게 정리된 내용은 동료나 상사와의 커뮤니케이션에도 큰 도움이 됩니다. 명확한 문제 정의와 개선 방향 제시는 여러분의 아이디어를 더욱 설득력 있게 만들어줄 것입니다.

김현민 인턴의 사례를 통해 우리는 일상적인 업무 속에서도 끊임없이 개선의 여지를 찾고, 체계적으로 문제를 해결해 나가는 자세의 중요성을 배울 수 있습니다. 이러한 태도는 개인의 성장뿐만 아니라 조직 전체의 효율성 향상에도 크게 기여할 수 있습니다.

"이제 문제에 대해서 확실하게 정의했으니, 이 과제에 대해서 구체화해 보자!"

> 매일 하는 일일 무선가입자 현황 보고가 이렇게 시간이 오래 걸리다니…
> 'STAR' BI 문제 정의법과 BI 중심 문제 진술문을 사용해서 이 문제를
> 정확히 정의해보자. 이렇게 하면 개선 방향이 더 명확해질 거야.

● STAR 문제 정의법

구성 요소	내용
Situation (상황)	일일 무선가입자 현황 보고에 2시간 20분 소요, 수동 작업 비중 높음
Task (과제)	업무 프로세스 효율화, 데이터 정확성 향상, 일관된 보고서 형식 개발
Action (행동)	엑셀을 활용한 자동화 도구 개발, 데이터 정제 프로세스 개선, 표준 템플릿 생성
Result (결과)	업무 시간 50% 단축, 데이터 오류율 5% 미만으로 감소, 의사결정 지원 능력 향상
이커머스 기업	"성수기에 고객 문의가 폭주할 때 대응이 어렵습니다. AICC로 이런 상황을 효과적으로 관리할 수 있을까요?"

김현민 인턴은 시간 절감 방안을 고민한 후, BI 관점에서 과제를 더욱 구체화하기 시작했습니다.

"단순히 보고서 작성 시간을 줄이는 것을 넘어서, 이 과제를 통해 어떤 가치를 창출할 수 있을까?"

김 인턴은 먼저 비즈니스 영역을 명확히 했습니다.

"일일 무선가입자 현황 분석은 간단한 작업이지만, 우리 부서의 일일 성과를 정확히 파악하고, 문제점과 개선점을 찾을 수 있는 아주 중요한 작업이야."

다음으로 KPI를 정의했습니다.

"일일 신규 가입자 수를 파악하는 것은 우리 부서의 핵심점인 업무비즈니스의 건강도를 보여주는 지표가 될 수 있어. 서비스별, 지역별 가입자 분포는 우리 서비스의 강점과 개선점을 파악하는 데 도움이 될 거야."

시각화 요구사항도 구체화했습니다.

"일별 가입자 추이는 선 그래프로 트렌드를 한눈에 볼 수 있게 하고, 서비스별 분포는 파이 차트로 비율을 쉽게 파악하게 하자. 지역별 분포는 막대그래프로 비교가 쉽게 하고… 모든 KPI를 한 페이지에서 볼 수 있는 대시보드가 필요해."

BI 도구 선택에 대해서는 현실적인 접근을 했습니다.

"새로운 도구를 배우는 건 시간이 오래 걸릴 수 있어. 내가 이전에 작업을 하던 엑셀로 피벗 테이블, 차트, 엑셀 함수를 활용하면 충분히 구현할 수 있을 것 같아. 아직 경험해보지 못한 기능은… 이참에 공부를 해보지 뭐!"

마지막으로 기대 인사이트와 의사결정 지원 목표를 정리했습니다.

"이렇게 하면 일일 가입자 트렌드를 바로 파악해서 단기 마케팅 전략을 세울 수 있을 거야. 서비스별, 지역별 성과도 한눈에 보이니까 영업 전략 최적화에도 도움이 되겠지. 무엇보다 이 모든 데이터를 기반으로 빠르고 정확한 의사결정을 할 수 있게 될 거야."

김현민 인턴의 이러한 접근은 단순한 업무 개선을 넘어 전략적 사고로 나아가는 중요한 단계를 보여줍니다. 그는 단순히 시간이 오래 걸리던 본인의 업무를 개선하는 것뿐만 아니라, 이 과정을 통해 비즈니스 가치를 창출하는 방법까지 고민한 것입니다. 이러한 과정은 어떤 업무 환경에서도 적용할 수 있는 중요한 사고방식입니다. 데이터를 통해 인사이트를 도출하고, 그것을 의사결정에 활용하는 능력은 현대 비즈니스 환경에서 매우 중요한 역량입니다.

김현민 인턴은 주어진 데이터를 알맞게 가공하고, 이를 한눈에 볼 수 있는 대시보드를 구성함으로써 실제 업무 환경에서 적용 가능한 실질적인 개선 방안을 제시함과 동시에 '일하는 방식의 혁신'이라는 큰 그림을 보여준 셈입니다. 김현민 인턴의 노력은 일상적인 보고 업무를 더욱 가치 있게 만듭니다. 개선된 보고서는 의사결정자가 부서의 성과를 빠르게 파악하고, 즉각적인 대응 전략을 수립하는 데 도움을 줄 것입니다. 예를 들어, 특정 지역이나 서비스의 가입자 수가 급감하는 추세를 빠르게 포착하여 대응책을 마련할 수 있습니다.

이러한 업무 개선 사례는 동료들에게 긍정적인 영향을 미칠 수 있습니다. 김현민 인턴의 방식을 보고 다른 팀원들도 자신의 업무를 개선할 아이디어를 얻을 수 있을 것입니다. 예를 들어, 고객 상담 데이터를 분석하는 동료가 유사한 방식으로 상담 내용을 카테고리화하고 시각화하는 방법을 고안할 수 있습니다.

마지막으로, 김현민 인턴의 접근은 기존 도구를 최대한 활용하는 실용적인 방법을 보여줍니다. 새로운 시스템 도입 없이도 업무에 사용 중인 MS EXCEL로 업무 효율을 크게 높일 수 있다는 점은, 비용 효율적인 개선 방안을 제시합니다. 이는 특히 예산이 제한적인 부서나 중소기업에서도 충분히 적용할 수 있는 방식입니다.

이처럼 김현민 인턴의 노력은 개인의 업무 능력 향상뿐만 아니라, 팀 전체의 업무 효율성을 높이는 데 기여할 수 있습니다. 더불어 별다른 비용을 들이지 않고도 데이터의 가치를 극대화하는 방법을 보여줌으로써, 회사에서 가치 있는 인재로 인정받을 수 있는 좋은 사례가 될 것입니다.

이는 현대 기업에서 요구되는 '혁신적 사고'와 '실행력'의 결합을 보여주는 현실적이고 실용적인 예시라고 할 수 있습니다.

● 과제 구체화 내용 테이블

항목	내용
분석 대상 비즈니스 영역	– 일일 무선가입자 현황 분석 및 보고
핵심 성과 지표(KPI)	– 일일 신규 가입자 수 – 일일 해지 고객 수 – 서비스별 가입자 분포 – 지역별 가입자 분포
시각화 요구사항	– 일별 가입자 추이 선 그래프 – 서비스별 가입자 분포 파이 차트 – 지역별 가입자 분포 막대그래프 – KPI 요약 대시보드
BI 도구	– Microsoft Excel (엑셀 함수, 차트, 피벗 테이블 등 활용)
기대 인사이트 및 의사결정 지원 목표	– 일일 가입자 트렌드 분석을 통한 단기 마케팅 전략 수립 지원 – 서비스별, 지역별 성과 분석을 통한 영업 전략 최적화 – 데이터 기반의 신속한 의사결정 지원

　김현민 인턴은 이제 자신의 업무를 개선하기 위해 각 단계를 분석하며 어떻게 이 과제를 실행하면 좋을지, 천천히 생각해 보기로 했습니다.

　"데이터 추출과 엑셀로 옮기는 건 시스템 제약 때문에 지금은 개선이 어려워 보이네. 하지만 다른 부분들은 개선의 여지가 있어!"

　김현민은 현재 상황을 객관적으로 평가하고, 개선 가능한 영역을 식별했습니다.

　먼저, 개인정보 익명화 단계를 자세히 들여다보았습니다.

　"데이터 정제에 45분이나 걸리고 있으니 이건 엑셀 함수와 매크로로 자동화할 수 있을 것 같아. 의사결정에 필요한 항목들을 미리 정해놓고, 원본 데이터만 붙여 넣으면, 해당 데이터들을 한 번에 정리되게 자동화 하자! 그러면 여기에 더 이상 시간을 쏟지 않아도 되겠다!!"

　데이터 정제 과정에서 엑셀의 함수기능을 활용해 효율성을 높이는 방안을 구체화했습니다.

　이 과정은 단순히 시간을 절약하는 것뿐만 아니라 데이터의 품질을 크게 향상시킬 수 있습니다. 정확하고 깨끗한 데이터는 더 신뢰할 수 있는 분석과 의사결정으로 이어질 수 있습니다.

　다음으로 그래프 작성단계를 검토했습니다.

　"그래프 작성에 30분 걸리는데, 원본 데이터를 정제해서 보기 좋게 만들 수 있다면, 이 데이터를 그래프에 적용시키기만 하면 돼! SERIES 함수를 통해서 미리 맵핑해 놓을 수도 있고… 이렇게 자동화하면 여기에도 쏟을 시간이 발생하지 않지!!"

　마지막으로 보고서 작성 단계를 살펴보았습니다.

"보고서 작성에 25분 걸리는데, 이미 우리에게 필요한 정보들을 정하고, 그 레이아웃에 맞춰 대시보드를 만들어 놓아야겠어. 그러면 데이터만 업데이트하면 피벗 테이블이 자동으로 갱신되니까, 매번 새로 차트를 그릴 필요가 없어. 그러면 원본 데이터만 붙여 넣으면, 대시보드가 자동으로 작성되니 이 대시보드를 보고서에 복사/붙여넣기만 진행하면 끝이겠네…!? 그럼 붙여넣기하는 시간 5분 정도만 제외하면… 20분을 감소시킬 수 있겠다!"

보고서 작성 과정에서는 이처럼 데이터만 바꾸면 그래프가 업데이트 되는 구조를 정하여, 일관성 있는 보고서 작성을 가능하게 합니다.

매번 동일한 형식과 구조의 보고서를 생성함으로써, 시간이 지나도 쉽게 비교 분석할 수 있는 장점이 있습니다.

김현민 인턴은 이러한 분석을 통해 전체적인 업무 프로세스를 개선할 수 있다는 확신을 얻었습니다.

"이렇게 하면 총 95분을 절감할 수 있어. 2시간 20분 걸리던 작업을 45분으로 줄일 수 있다는 거지. 이 정도면… 약 70% 정도 단축시킬 수 있네? 어쩌면 좀 더 단축될 수도 있지 않을까?"

김현민 인턴은 단계별 개선 효과를 종합하여 전체 업무 시간의 70% 단축을 위한 계획을 세웠습니다.

이렇게 절약된 시간은 단순히 여유 시간이 되는 것이 아닙니다. 사용할 수 있는 도구를 학습하여 조금 더 심화된 데이터분석 대시보드를 생성할 수도 있고, 이 시간을 활용해 더 심도 있는 데이터 분석이나 새로운 인사이트 도출에 투자할 수 있을 것입니다. 이는 장기적으로 그의 업무 가치를 더욱 높이는 결과로 이어질 수 있습니다.

항목	현재 상황	개선 방안	예상 시간 절감
데이터 추출	25분	현재 방식 유지	0분 절감
엑셀로 옮기기	15분	현재 방식 유지	0분 절감
데이터 정제	45분	엑셀 함수와 매크로를 이용한 완전 자동화	45분 절감
그래프 작성	30분	엑셀 함수, 조건식 사용	30분 절감
보고서 작성	25분	필요한 정보만 도출할 수 있는 대시보드 작성	20분 절감

사내 Data warehouse에서
일일 판매 CRM 데이터 추출

날짜	고객ID	요금제	지역	가입 방법	나이	성별	가입 채널	계약 기간	월 요금
2024-08-01	AG08010261	5G 무제한	경기	번호이동	47	여성	도매	24개월	89000
2024-08-01	CC08010081	LTE 음성 중심	서울	기기변경	64	여성	비정형	무약정	59000
2024-08-01	ON08010730	5G 무제한	전남	신규가입	62	여성	소매	24개월	89000
2024-08-01	ON08010214	LTE 데이터 중심	경기	기기변경	69	남성	소매	12개월	69000
2024-08-01	CC08010403	LTE 음성 중심	부산	기기변경	33	여성	비정형	무약정	59000
2024-08-01	CC08010483	LTE 음성 중심	대구	번호이동	20	남성	비정형	무약정	59000
2024-08-01	AG08010609	5G 슬림	울산	번호이동	38	여성	도매	36개월	79000
2024-08-01	CC08010736	LTE 음성 중심	전남	기기변경	47	남성	비정형	무약정	59000
2024-08-01	AG08010345	5G 슬림	경기	기기변경	39	여성	도매	36개월	79000
2024-08-01	CC08010606	LTE 음성 중심	울산	기기변경	26	여성	비정형	무약정	59000
2024-08-01	AG08010739	5G 슬림	전남	번호이동	21	여성	도매	36개월	79000
2024-08-01	ON08010605	5G 슬림	울산	번호이동	26	남성	소매	36개월	79000

▌위 데이터는 예시 데이터로, 임의로 생성된 데이터입니다.

{ Excel의 기본 기능을 활용하여 일일 무선가입자 현황 데이터를 정제하고,
직관적인 대시보드를 만들어 업무 효율성을 높여보겠어! }

실행 과정에서의 주요 고려사항

- 데이터 정확성 : 원본 데이터의 무결성 유지 및 정확한 집계
- 시각화 효과성 : 핵심 정보를 한눈에 파악할 수 있는 차트 선택
- 사용자 편의성 : 필터 및 슬라이서를 통한 상호작용 가능한 대시보드 구현
- 일관성 : 매일 동일한 형식의 보고서 생성을 위한 템플릿

예상 결과 및 평가 지표

- 예상 결과 : 데이터 정제 및 보고서 작성 시간 60% 단축, 데이터 시각화를 통한 인사이트 도출 용이성 증대
- 평가 지표
① 데이터 정제 및 보고서 작성 소요 시간 (목표: 40분 이내)
② 대시보드 업데이트 소요 시간 (목표: 5분 이내)
③ 사용자 만족도 (목표: 4.5/5.0 이상)
④ 의사결정 지원 능력 향상도 (정성적 평가)

단계별 실행 과정 상세 설명

1단계 과정

'데이터 수집 및 전처리'

①원본 데이터 시트에 데이터 붙여넣기 → ②필요한 집계 함수 미리 생성(일별, 지역별, 요금제별 등) → ③데이터 정제(자동화) → ④정제된 데이터 시트 생성

- 필요 시 VLOOKUP, COUNTIFS와 같은 함수를 활용하여 데이터 정제 자동화 진행.

2단계 과정

'시각화 구현'

대시보드 레이아웃 구성

①총가입자 KPI 카드 작성 → ②지역별 가입자 현황 → ③지역별/약정 기간별 비율 (원형 차트) → ④일별 평균 가입 건수 추이 (선 그래프) → ⑤채널별 일일 가입자 수 추이 (누적 막대그래프) → ⑥요금제 현황 (표) → ⑦가입자 성별/연령대별 현황 (표)

이렇게 구성된 Excel 기반의 BI 솔루션은 기본 기능만을 활용하면서도 효과적인 데이터 분석과 시각화를 가능하게 할 것입니다. 일일 무선가입자 현황을 빠르게 파악하고 의사결정에 필요한 인사이트를 쉽게 얻을 수 있을 것입니다.

일일 가입자 현황 데이터
(Data warehose에서 추출한 CRM 데이터)

미리 작성한 함수와 레이아웃을 통해
데이터 정제 자동화

본부별 가입자 현황

나라	시/도	누적 가입자	당일 가입자	합계	비율
대한민국	대구	40	10	50	6%
대한민국	서울	185	15	200	25%
대한민국	경기	140	10	150	19%
대한민국	경북	26	4	30	4%
대한민국	인천	55	5	60	8%
대한민국	광주	27	3	30	4%
대한민국	충남	18	2	20	3%
대한민국	부산	62	8	70	9%
대한민국	대전	27	3	30	4%
대한민국	경남	26	4	30	4%
대한민국	충북	18	2	20	3%
대한민국	강원	13	2	15	2%
대한민국	울산	20	0	20	3%
대한민국	세종	9	1	10	1%
대한민국	전북	16	4	20	3%
대한민국	전남	20	0	20	3%
대한민국	제주	13	2	15	2%
합계		715	(+75)	790	100%

날짜별 총 가입자수/전날 대비 증가

날짜	당일 총 가입자 수	전날 대비 증가
2024-08-01	105	0
2024-08-02	104	-1
2024-08-03	109	5
2024-08-04	99	-10
2024-08-05	94	-5
2024-08-06	98	4
2024-08-07	106	8
2024-08-08	75	-31
합계	790	

현재 날짜: 2024-08-08
(08.08 00시 기준, 08.01 이후 누계)
(08.08 00시 기준)
(08.08 00시 기준, 최근 일주일 현황)

계약 기간별

계약기간	가입자수	비율
무약정	196	25%
12개월	224	28%
24개월	186	24%
36개월	184	23%
합계	790	100%

가입 유형별

구분	가입자수
신규가입	256
기기변경	267
번호이동	267
합계	790

가입 채널별

가입채널	가입자수	비율
도매	291	37%
소매	303	38%
비정형	196	25%
합계	790	100%

날짜별 평균 가입 금액

날짜	평균 금액
2024-08-01	72714
2024-08-02	73423
2024-08-03	74963
2024-08-04	72535
2024-08-05	74106
2024-08-06	73082
2024-08-07	74943
2024-08-08	72200
합계	73496

요금제	당일 가입자	누계(명)	비율(%)
5G 무제한	14	186	18.7%
5G 슬림	18	184	24.0%
LTE 음성 중심	22	196	29.3%
LTE 데이터 중심	21	224	28.0%
합계	75	790	100.0%

성별	당일 가입자	누계(명)	비율(%)
남성	39	399	52.0%
여성	36	391	48.0%
합계	75	790	100.0%

날짜별 총 가입자수/전날 대비 증가

날짜	도매	소매	비정형	일일 합계
2024-08-01	37	43	25	105
2024-08-02	40	33	31	104
2024-08-03	40	47	22	109
2024-08-04	41	31	27	99
2024-08-05	43	30	21	94
2024-08-06	35	39	24	98
2024-08-07	35	47	24	106
2024-08-08	20	33	22	75
합계	291	303	196	790

나이	당일 가입자	누계(명)	비율(%)
80 이상	0	0	0.0%
70-79	0	0	0.0%
60-69	10	129	13.3%
50-59	17	162	22.7%
40-49	9	151	12.0%
30-39	17	148	22.7%
20-29	22	200	29.3%
10-19	0	0	0.0%
0-9	0	0	0.0%
합계	75	790	100.0%

대시보드 구성요소 설명

먼저, COUNTIFS 함수를 사용하여 지역별 누적 가입자 수를 파악합니다. 이 함수는 지역과 날짜라는 두 가지 조건을 동시에 고려할 수 있어, 각 지역의 시장 점유율과 성장 추세를 효율적으로 분석할 수 있습니다. 같은 함수로 가입 유형별 분석도 수행하는데, 이는 시작 날짜, 종료 날짜, 가입 유형이라는 세 가지 조건을 한 번에 처리할 수 있어 유용합니다.

날짜별 총 가입자 수와 증가율 분석에는 COUNTIF 함수를 활용합니다. 이 함수는 단일 조건 처리에 최적화되어 있어, 날짜별 고객 유입 패턴을 빠르게 파악할 수 있습니다. 계약 기간별 분석도 이 함수로 수행하여 고객 충성도와 장기 계약 유도 전략의 효과성을 평가합니다.

평균 가입 금액 분석에는 AVERAGEIFS 함수를 사용합니다. 이 함수는 조건부 평균 계산에 특화되어 있어, 수익성 추이와 가격 정책의 효과를 정확하게 평가할 수 있습니다. 판매 채널별, 요금제별 가입자 현황 분석에도 COUNTIFS 함수를 재활용하여 각 채널과 요금제의 효율성을 평가하고 리소스 할당을 최적화합니다.

성별 및 나이별 가입자 현황 분석 역시 COUNTIFS 함수를 활용합니다. 이를 통해 성별에 따른 선호도 차이를 파악하고 타깃 마케팅 전략을 수립할 수 있으며, 연령대별 선호도를 이해하여 세대별 맞춤형 상품 및 마케팅 전략을 개발할 수 있습니다. 특히 나이별 분석에서는 나이 범위를 쉽게 지정할 수 있어 다양한 연령대 기준을 유연하게 적용할 수 있습니다.

다양한 Excel 함수를 활용한 데이터 정제 과정은 대시보드 구축을 위한 핵심 단계입니다. 이 방법들은 복잡한 가입자 데이터를 체계적으로 정리하고 분류하여, 의미 있는 정보로 변환합니다. 정제된 데이터는 대시보드에서 신속하고 정확한 시각화를 가능케 하며, 이를 통해 가입자 동향을 한눈에 파악할 수 있습니다. 결과적으로, 이러한 데이터 정제 과정은 효과적인 대시보드 구현의 기반이 되어, 마케팅 전략 수립과 상품 기획에 필요한 인사이트를 제공하고 데이터 기반의 의사결정을 지원합니다.

결과

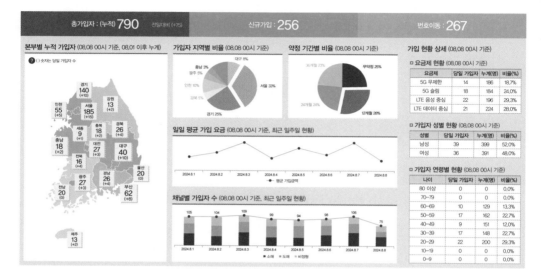

결과 도출 단계 개요

이렇게 하니까 Excel로도 일일 무선가입자 현황을 대시보드로 만들 수 있구나!

결과 도출 내용 테이블(BI 과제)

항목	내용
최종 대시보드 및 보고서 파일 공유	– 일일 무선가입자 현황 Excel 대시보드 파일(.xlsx) – 주간 요약보고서 템플릿
데이터 모델 문서	– DW 데이터 구조 설명서 – 피벗 테이블 및 주요 함수 사용 가이드
사용자 가이드 작성	– 대시보드 사용 매뉴얼 – 데이터 업데이트 절차 안내
정기 보고서 템플릿 작성	– 일일 및 주간 보고서 표준 양식 – KPI 및 그래프 자동업데이트 기능 포함

대시보드 구축 후 주목할 만한 개선 효과가 나타났습니다. 보고서 작성 시간이 2시간 20분에서 50분으로 크게 단축되었고, 수동 작업 감소로 데이터 오류 빈도가 현저히 낮아졌습니다. 또한, 데이터 시각화를 통해 트렌드 파악이 쉬워져 의사결정 속도가 향상되었으며, 표준화된 보고서로 팀 간 정보 공유가 개선되었습니다.

이러한 변화는 비즈니스에 상당한 영향을 미쳤습니다. 일평균 1시간 30분의 업무 시간이 절약되어 월 약 33시간의 추가 업무 시간을 확보할 수 있게 되었습니다. 일일 가입자 트렌드를 신속히 파악함으로써 효과적인 마케팅 전략 수립이 가능해졌고, 실시간 데이터 접근으로 고객 문의에 대한 응답 시간이 개선되었습니다. 더불어 영업, 마케팅, CS 부서 간 정보 공유가 원활해져 부서 간 협력이 강화되었습니다.

향후 계획으로는 대시보드에 더 다양한 차트와 분석을 추가하고, 데이터 추출 과정의 자동화를 검토할 예정입니다. 또한, 월간 팀 회의를 통해 사용자 의견을 지속적으로 수렴하여 개선점을 도출할 계획입니다. 끝으로, 이번 성공 사례를 바탕으로 타 부서에도 유사한 시스템 적용을 제안할 예정입니다.

12 KPI 현황 대시보드 만들기

#BI #KT데이터분석 #BIDW #PowerBI

문제 인식

> 상담원들의 성과를 효과적으로 모니터링하고 분석하고 싶은데,
> 현재 KPI 관리시스템의 문제점은 뭘까?

> 각 부서 담당자들의 KPI 관련 피드백을 분석해 보는 건 어떨까?
> 현재 시스템의 한계와 개선점을 파악할 수 있을 거야.

● KPI 관련 담당자 피드백 분석 테이블

피드백 제공자	현재 KPI 관리의 문제점	개선 필요사항	중요도 (1-10)
CS 팀장	KPI 데이터 가시성 부족	종합 KPI 대시보드 구축	10
CS 총괄 매니저	개별 상담원 성과 추적 어려움	대시보드에 상담원별 세부 KPI 구축	10
교육 담당자	특정 KPI에 대한 트렌드 파악 불가	KPI 추이 분석 그래프 도구	6
운영 매니저	부서별 KPI 비교 분석 어려움	부서 간 KPI 비교 기능	6
인사팀 담당자	KPI와 인센티브 연계 복잡	KPI 기반 인센티브 산출 뷰	7
고객경험 담당자	고객 만족도와 KPI 연관성 분석 부족	고객 만족도-KPI 상관관계 분석 도구	8

> 종합 KPI 대시보드와 상담원별 세부 KPI 뷰가 가장 필요해 보이네.
> 이 두 가지를 구현하면 다른 문제들도 많이 해결될 수 있을 것 같아.

문제 인식 결과

KPI 관련 관리자들의 피드백 분석을 통해 다음과 같은 주요 문제점들을 인식했습니다.

① KPI 데이터의 가시성 및 접근성 부족
② 개별 상담원의 성과를 세부적으로 추적하기 어려움
③ KPI 트렌드 및 추이 분석 도구 부족
④ 부서 간 KPI 비교 기능 미흡
⑤ KPI와 인센티브 시스템의 연계 부족
⑥ 고객 만족도와 KPI의 연관성 분석 어려움

이러한 문제점들은 콜센터 운영 효율성과 상담원 성과 관리에 직접적인 영향을 미치고 있습니다. 다음 단계로, 이 문제들을 해결할 수 있는 종합적인 KPI 대시보드 시스템 구축을 위한 구체적인 계획을 수립해야 할 것 같습니다. 특히 POWER BI를 활용한 종합 KPI 대시보드와 상담원별 세부 성과 분석 기능 구현이 우선순위가 될 것으로 보입니다. 이를 통해 데이터 기반의 의사결정과 효율적인 성과 관리가 가능해질 것입니다.

혁신 과제에서 문제 인식은 전체 프로젝트의 성패를 좌우하는 핵심 단계입니다. 정확한 문제 인식은 효과적인 해결책 도출로 이어지며, 조직의 자원을 효율적으로 활용할 수 있게 합니다. 이 단계는 향후 모든 의사결정과 행동의 기반이 되어, 프로젝트의 방향성을 결정짓습니다.

권아은 신입사원은 최근 KT의 고객서비스 혁신팀에 배치되어 고객센터의 상담 현황 파악 업무를 맡게 되었습니다. 업무 효율성 향상을 위해 그녀는 AX 디그리의 'KT 데이터 분석' 과정을 수강했습니다. 과정을 모두 수강한 권아은 사원은 현재 자신의 업무 중 개선을 위한 고객센터의 KPI 관리시스템이 비효율적이며, 이로 인해 상담원 성과 관리와 고객 서비스 품질 향상에 어려움을 겪고 있다는 것을 깨달았습니다. 이에 그녀는 KPI 관리시스템 개선을 위한 프로젝트를 시작하기로 결심했습니다.

문제 인식을 위해 '의사결정자의 데이터 기반 의사결정 관련 피드백 분석' 방법을 선택했습니다. 이 방법은 실제 의사결정 과정에서 발생하는 문제점과 개선 필요사항을 직접적으로 파악할 수 있기 때문입니다. 또한, 이 접근법은 현업에서의 실질적인 니즈를 반영할 수 있어 문제의 본질에 더 가깝게 다가갈 수 있습니다. 그녀는 다른 방법들(예: 업무 R&R 분석, 고객 피드백 분석)도 고려했지만, 현재 상황에서는 의사결정자들의 경험과 통찰을 직접 듣는 것이 가장 효과적일 것이라고 판단했습니다. 이를 통해 KPI 관리시스템의 실제 사용자들이 겪는 어려움을 정확히 파악하고, 그들의 요구사항을 반영할 수 있을 것으로 기대했습니다.

먼저 각 부서 담당자들과의 인터뷰를 통해 KPI 관련 피드백을 수집했습니다. 그다음 테이블 형식으로 정리하여 현재 KPI 관리의 문제점, 개선 필요사항, 그리고 각 이슈의 중요도를 점수화했습니다. 이 과정에서 그녀는 자신의 생각을 정리하고, 다음 단계를 계획했습니다.

예를 들어, "상담원들의 성과를 효과적으로 모니터링하고 분석하고 싶은데, 현재 KPI 관리시스템의 문제점은 뭘까?"라는 질문을 통해 문제의 핵심을 파악하려 했습니다. 데이터 수집 과정에서 그녀는 부서 간 의견 차이와 우선순위 설정의 어려움을 겪었지만, 객관적인 지표를 활용하여 이를 극복했습니다. 또한, 피드백을 종합하는 과정에서 여러 관점을 고려하는 것의 중요성을 깨달았습니다.

문제 인식 과정을 통해 KPI 데이터의 가시성 부족, 개별 상담원 성과 추적의 어려움, KPI 트렌드 분석 도구의 부재 등 여러 핵심 문제점들을 파악했습니다. 특히, 종합 KPI 대시보드의 부재와 상담원별 세부 KPI 뷰의 필요성이 가장 시급한 이슈로 대두되었습니다. 이러한 인사이트는 현재 시스템의 한계를 명확히 보여주며, 개선 방향을 설정하는 데 중요한 기반이 되었습니다. 또한, 이를 통해 데이터 시각화와 실시간 모니터링의 중요성을 깊이 이해하게 되었습니다.

문제 인식 단계에서 도출된 인사이트들은 다음 단계인 문제 정의의 토대가 됩니다. 그리고 이를 바탕으로 "POWER BI를 활용한 종합 KPI 대시보드 구축"이라는 구체적인 문제 정의를 할 수 있었습니다. 이는 전체 혁신 과제의 방향을 명확히 하고, 해결책 도출 과정을 보다 효과적으로 만들어 줄 것입니다. 또한, 이결과는 프로젝트의 범위를 설정하고 필요한 자원을 예측하는 데에도 도움이 될 것입니다.

● 학습자를 위한 Tip

문제 인식 과정에서는 다양한 이해관계자의 의견을 균형 있게 수렴하는 것이 중요합니다. 또한, 주관적인 견해보다는 객관적인 데이터를 기반으로 판단하려 노력해야 합니다. 학습자 여러분은 자신의 과제에 이를 적용할 때, 해당 분야의 특성을 고려하여 가장 적합한 문제 인식 방법을 선택하고, 필요하다면 여러 방법을 복합적으로 활용하는 것도 좋은 방법입니다. 마지막으로, 문제 인식 과정에서 도출된 결과물을 명확하게 문서화하고, 팀원들과 공유하여 공통된 이해를 형성하는 것이 중요합니다.

KPI 관리시스템의 문제점을 파악했으니, 이제 어떻게 구체적인 해결책을 찾을 수 있을까? 데이터 중심 문제 진술문 접근법을 사용해서 문제를 정의해보자!

● 데이터 중심 문제 진술문 구성 요소 테이블

구성 요소	내용
대상	KT 고객센터
핵심 KPI	1. 통화 건수 2. 고객만족도(CSAT) 3. 평균 대기시간
현재 상황	1. 통화 응대율 : 85% 2. 상담 품질 점수 : 75점/100점 3. 고객만족도(CSAT) : 3.5/5점
목표	1. 통화 응대율 : 95%로 향상 2. 상담 품질 점수 : 90점/100점으로 향상 3. 고객만족도(CSAT) : 4.2/5점으로 향상
기간	6개월
방법	POWER BI를 활용한 실시간 KPI 모니터링시스템 구축
기대 효과	1. 고객 대기 시간 감소 2. 상담원 생산성 향상 3. 고객 경험 개선

문제 정의 결과
POWER BI를 사용하여 KT 고객센터의 주요 KPI(통화 건수, 평균 대기시간, 고객 만족도)를 모니터링하고, 3개월 이내에 상담원 생산성을 15% 향상시키며, 고객 만족도를 10% 개선하여 고객서비스 품질을 높이는 방법을 생각해 보자!

권아은 사원은 KPI 관련 피드백을 통해 KT 고객센터의 문제점들을 인식한 후, 이를 명확하게 정의하는 단계로 넘어갔습니다. 문제 정의는 인식된 문제의 핵심을 정확히 파악하고 구체화하는 중요한 과정입니다. 올바른 문제 정의는 효과적인 해결책 도출의 기반이 되며, 프로젝트의 방향과 범위를 결정짓는 핵심 요소입니다.

권아은 사원은 여러 접근 방법 중 '데이터 중심 문제 진술문' 방식을 선택했습니다. 이 방법은 문제 상황을 구체적인 데이터와 목표치로 표현하여 명확성을 높이고 측정 가능한 결과를 도출하는 데 효과적입니다. KT 고객센터의 KPI 개선이라는 과제의 특성상, 데이터 기반의 접근이 가장 적합하다고 판단했습니다. 그녀는 5WHY나 문제-결과 연결 방법도 고려했지만, 정량적 목표 설정이 중요한 상황에서 데이터 중심 접근이 더 적절할 것으로 생각했습니다.

권사원은 먼저 동료들과의 브레인스토밍을 통해 핵심 KPI를 선정했습니다. "KPI 관리시스템 개선을 위해 문제를 정확히 정의해야 할 것 같아. 데이터 중심 문제 진술문 방식을 사용해볼까?"라는 질문으로 논의를 시작했습니다. 그 후, 현재 상황과 목표치를 설정하는 과정에서 여러 부서의 의견을 수렴하고 조율하는 데 어려움을 겪었지만, 객관적인 데이터를 바탕으로 합의점을 찾아갔습니다. 구성 요소 테이블을 작성하면서, 권아은은 각 요소가 서로 어떻게 연결되는지, 그리고 전체적인 문제의 구조를 더 명확히 이해할 수 있었습니다. 이 과정에서 그녀는 데이터의 중요성과 함께 다양한 이해관계자들의 의견을 조율하는 능력의 필요성을 깨달았습니다.

최종적으로 도출된 문제 정의는 다음과 같습니다. "POWER BI를 활용한 실시간 KPI 모니터링시스템을 구축하여, 향후 6개월 동안 KT 고객센터의 통화 응대율을 85%에서 95%로, 상담 품질 점수를 75점에서 90점으로, 그리고 고객만족도(CSAT)를 3.5점에서 4.2점으로 향상시켜 고객 경험을 개선하고 상담원 생산성을 높이는 방법은 무엇인가?" 이 문제 정의는 개선이 필요한 핵심 영역, 구체적인 목표치, 달성 기간, 그리고 사용할 도구를 명확히 제시하고 있습니다. 측정 가능한 목표를 포함함으로써, 프로젝트의 성공 여부를 객관적으로 평가할 수 있는 기준을 제시했습니다.

이렇게 정의된 문제는 다음 단계인 과제 구체화의 토대가 됩니다. 명확한 목표와 범위가 설정되었기 때문에, 권아은은 이를 바탕으로 POWER BI를 활용한 대시보드 설계와 같은 구체적인 실행 계획을 수립할 수 있게 되었습니다. 이는 전체 혁신 과제의 방향성을 명확히 하고, 자원 할당과 일정 계획 수립에 중요한 지침이 될 것입니다.

● 학습자를 위한 Tip

효과적인 문제 정의를 위해서는 문제의 본질을 정확히 파악하고, 이를 측정 가능한 형태로 표현하는 것이 중요합니다. 또한, 다양한 이해관계자의 의견을 수렴하되, 객관적인 데이터를 바탕으로 의사결정을 내려야 합니다. 학습자 여러분은 자신의 과제에 이를 적용할 때, 해당 분야의 특성을 고려하여 가장 적합한 문제 정의 방법을 선택하고, 필요하다면 여러 방법을 복합적으로 활용하는 것도 좋습니다. 마지막으로, 문제 정의가 너무 광범위하거나 모호하지 않도록 주의하며, 구체적이고 측정 가능한 목표를 포함하도록 노력해야 합니다.

과제
구체화

POWER BI를 활용한 KPI 대시보드 구축을 위해 구체적인 요구사항과
기술적 세부사항을 정의해야 해. 이를 통해 프로젝트의 범위를 명확히 하고
실행 계획을 수립할 수 있을 거야.

● 과제 구체화 내용 테이블

항목	내용
분석 대상 비즈니스 영역	KT 고객센터 상담 성과 및 고객 만족도
핵심 성과 지표(KPI)	1. 통화 응대율 2. 상담 품질 점수 3. 고객만족도(CSAT) 4. 평균 대기시간
시각화 요구사항	1. KPI 대시보드: 게이지 차트로 목표 대비 달성률 표시 2. 상담 분석: 문의유형별 도넛 차트, 성별/연령대별 누적 막대그래프 3. 상담원 성과: ID별 성과 지표 막대그래프 4. 실시간 업데이트 및 대화형 필터링 기능
BI 도구	POWER BI
기대 인사이트 및 의사결정 지원 목표	1. 실시간 성과 모니터링으로 신속한 운영 개선 2. 고객 특성별 상담 요구 패턴 파악 3. 상담원 성과 격차 원인 분석 및 교육 방향 설정 4. 피크시간대 인력 배치 최적화

문제 정의를 통해 KPI 모니터링시스템 구축의 필요성을 인식한 권아은 사원은 이제 이를 실제 프로젝트로 구체화해야 했습니다. 과제 구체화는 추상적인 문제 정의를 실행 가능한 계획으로 변환하는 중요한 과정입니다. 이 단계에서 프로젝트의 범위, 필요한 자원, 기술적 요구사항 등이 명확히 정의되어야 성공적인 실행이 가능합니다.

권사원은 여러 과제 유형 중 BI^{Business Intelligence} 프로젝트를 선택했습니다. KT 고객센터의 KPI 모니터링과 데이터 시각화 요구사항을 고려할 때, BI 도구인 POWER BI가 가장 적합하다고 판단했습니다. BI 프로젝트를 통해 실시간 데이터 분석, 직관적인 대시보드 구현, 그리고 다차원적인 데이터 탐색이 가능할 것으로 기대했습니다.

권아은은 먼저 동료들과 브레인스토밍 세션을 가졌습니다. "POWER BI를 활용한 KPI 대시보드 구축을 위해 구체적인 요구사항과 기술적 세부사항을 정의해야 해"라는 생각으로 시작된 논의는 프로젝트의 세부 요소들을 명확히 하는 데 도움이 되었습니다. 그녀는 과제 구체화 내용 테이블을 작성하면서, 분석 대상 비즈니스 영역, 핵심 KPI, 시각화 요구사항, 그리고 기대 인사이트를 체계적으로 정리했습니다. 이 과정에서 다양한 부서의 요구사항을 조율하고 기술적 제약을 고려하는 데 어려움을 겪었지만, 이를 통해 프로젝트의 복잡성과 다양한 이해관계자들의 니즈를 더욱 깊이 이해하게 되었습니다.

구체화된 과제를 바탕으로 권사원은 5단계의 수행 계획을 수립했습니다. 데이터 통합 및 전처리, KPI 대시보드 설계, 실시간 데이터 업데이트 구현, UI 개선 및 보안 설정, 그리고 테스트 및 피드백 반영입니다. 각 단계는 프로젝트의 성공을 위해 중요하며, 특히 데이터 통합 과정에서의 기술적 어려움과 다양한 부서의 요구사항을 반영한 UI 설계가 주요 도전 과제가 될 것으로 예상했습니다.

이 프로젝트를 통해 6개월 이내에 주요 KPI의 큰 폭 개선(예: 통화 응대율 10% 향상)과 함께 운영 효율성 25% 개선을 목표로 설정했습니다. 이러한 개선은 고객 만족도 증가와 비용 절감으로 이어져, KT의 경쟁력 강화에 크게 기여할 것으로 기대되었습니다. 또한, 데이터 기반의 의사결정 문화가 조직 전반에 확산되어 장기적인 혁신의 기반이 될 것으로 전망했습니다.

과제 구체화를 통해 얻은 명확한 프로젝트 계획은 실행 단계의 로드맵 역할을 합니다. 권아은은 이제 단계별 세부 실행 계획을 수립하고, 필요한 자원을 할당할 수 있게 되었습니다. 이렇게 체계적으로 구체화된 과제는 프로젝트의 성공 가능성을 높이고, 진행 과정에서 발생할 수 있는 혼란과 지연을 최소화할 것입니다.

● 학습자를 위한 Tip

효과적인 과제 구체화를 위해서는 먼저 문제 정의 단계에서 도출된 목표를 명확히 이해해야 합니다. 그리고 다양한 이해관계자의 요구사항을 종합적으로 고려하되, 기술적 실현 가능성과 자원 제약을 항상 염두에 두어야 합니다. 학습자 여러분은 자신의 과제를 구체화할 때, 가능한 한 측정 가능한 목표와 명확한 평가 기준을 설정하시기 바랍니다. 또한, 과제 수행 계획을 수립할 때는 단계별로 예상되는 도전 과제와 그에 대한 대응 방안을 미리 고민해보는 것이 좋습니다. 마지막으로, 과제 구체화는 반복적인 과정일 수 있으므로, 필요에 따라 유연하게 조정할 수 있는 열린 자세를 유지하는 것이 중요합니다.

POWER BI 대시보드 구축을 통해 KPI 모니터링시스템을 실제로 구현해야 해.
각 단계를 체계적으로 수행하며 목표 달성을 위해 노력해 보자!

● 실행 과정 테이블(BI 과제)

단계	내용
데이터 수집 및 전처리	– CRM, 콜 로그, 고객 피드백 데이터 통합 – Power Query를 활용한 데이터 정제 및 변환 – 데이터 모델 구축
시각화 구현	– KPI 대시보드: 게이지 차트 구현 – 상담 분석: 도넛 차트, 누적 막대그래프 생성 – 상담원 성과: ID별 성과 지표 막대그래프 구현
인사이트 도출	– 실시간 성과 모니터링 결과 분석 – 고객 특성별 상담 요구 패턴 파악 – 상담원 성과 격차 원인 분석 – 피크시간대 인력 배치 최적화 방안 도출

실행 과정에서의 주요 고려사항

• 데이터 보안 및 개인정보 보호 준수

• 실시간 데이터 업데이트와 시스템 성능 간 균형 유지

• 다양한 부서의 요구사항을 균형 있게 반영

예상 결과 및 평가 지표

예상 결과 : KPI 실시간 모니터링 체계 구축, 데이터 기반 의사결정 프로세스
확립

평가 지표 :

- 통화 응대율 : 85% → 95%

- 상담 품질 점수 : 75점 → 90점

- 고객만족도(CSAT) : 3.5점 → 4.2점

- 운영 효율성 : 25% 개선

단계별 실행 과정 상세 설명

1단계 과정 : '데이터 수집 및 전처리'

[데이터 소스] → [데이터 추출] → [데이터 통합] → [데이터 정제] →

[데이터 모델링]

데이터 소스 : CRM, 콜 로그, 고객 피드백

시스템 추출 방법 : CSV 형식으로 export

통합 도구 : Power Query

정제 작업: 중복 제거, 결측치 처리,

형식 통일 모델링

- 핵심 테이블 생성 : '상담' 테이블 (날짜, 상담원ID, 고객ID, 통화시간 등)

- 관련 차원 테이블 연결 : '상담원' 테이블, '고객' 테이블, '시간' 테이블

- 계산 열 추가 : 예) KPI 달성률 = 실제값 / 목표값

2단계 과정 : '시각화 구현'

[KPI 대시보드 설계] → [상담 분석 뷰 구현] → [상담원 성과 대시보드 생성]

→ [필터링 및 드릴다운 기능 추가]

- KPI 대시보드 : 게이지 차트 사용, 목표 대비 실적 표시

- 상담 분석 : 도넛 차트(문의유형), 누적 막대그래프(성별/연령대)

- 상담원 성과 : 막대그래프, ID별 KPI 달성도 비교

권아은 신입사원은 과제 구체화 단계에서 수립한 계획을 바탕으로 POWER BI를 활용한 KPI 모니터링시스템 구축 실행에 착수했습니다. 실행 단계는 프로젝트의 성패를 좌우하는 핵심 과정으로, 이론적 계획을 실제 구현하는 단계입니다. 이 단계에서의 성과는 KT 고객센터의 운영 효율성과 고객 만족도 향상에 직접적인 영향을 미치게 됩니다.

데이터 수집 및 전처리

권아은은 CRM, 콜 로그, 고객 피드백 시스템 등 다양한 소스에서 데이터를 CSV 형식으로 추출했습니다. Power Query를 활용하여 이 데이터들을 통합하고, 중복 제거, 결측치 처리, 데이터 형식 통일 등의 정제 작업을 수행했습니다. 데이터 모델링 단계에서는 '상담' 테이블을 핵심으로 하여 '상담원', '고객', '시간' 테이블을 연결하는 구조를 설계했습니다. 이 과정을 통해 권아은은 신뢰할 수 있는 데이터 기반을 마련했습니다.

시각화 구현

권아은은 세 개의 주요 대시보드를 설계했습니다. KPI 대시보드에는 게이지 차트를 사용하여 통화 응대율, 상담 품질 점수, 고객만족도의 목표 대비 실적을 한눈에 볼 수 있게 구현했습니다. 상담 분석 대시보드에는 도넛 차트로 문의 유형별 비중을, 누적 막대그래프로 고객의 성별 및 연령대별 상담 현황을 표시했습니다. 상담원 성과 대시보드에서는 막대그래프를 활용해 개별 상담원의 KPI 달성도를 비교할 수 있게 했습니다. 또한, 각 대시보드에 필터링과 드릴다운 기능을 추가하여 사용자가 원하는 수준의 상세 정보를 쉽게 확인할 수 있도록 했습니다.

인사이트 도출

권아은은 구현된 대시보드를 통해 실시간으로 KPI 모니터링 결과를 분석했습니다. 고객 특성별 상담 요구 패턴을 파악하여 맞춤형 상담 전략을 제안했고, 상담원들의 성과 격차 원인을 분석하여 교육 프로그램 개선 방안을 도출했습니다. 또한, 시간대별 통화량 분석을 통해 피크시간대 인력 배치 최적화 방안을 제시했습니다. 이러한 인사이트 도출 과정을 통해 권사원은 데이터 기반의 의사결정을 지원할 수 있는 가치 있는 정보를 제공할 수 있었습니다.

실행 과정에서 권아은은 몇 가지 주요 고려사항에 직면했습니다. 첫째, 데이터 보안 및 개인정보 보호 규정을 준수해야 했습니다. 이를 위해 데이터 비식별화 기법을 적용하고, 접근 권한을 세분화했습니다. 둘째, 실시간 데이터 업데이트와 시스템 성능 간의 균형을 유지해야 했습니다. 이를 위해 DirectQuery 모드를 활용하고, 성능 최적화를 위한 집계 테이블을 생성했습니다. 마지막으로, 다양한 부서의 요구사항을 균형 있게 반영하기 위해 정기적인 피드백 세션을 진행하며 대시보드를 지속적으로 개선했습니다.

이 프로젝트를 통해 KT 고객센터는 KPI 실시간 모니터링 체계를 구축하고, 데이터 기반의 의사결정 프로세스를 확립할 수 있을 것으로 기대됩니다. 구체적인 평가 지표로는 통화 응대율을 85%에서 95%로, 상담 품질 점수를 75점에서 90점으로, 고객만족도(CSAT)를 3.5점에서 4.2점으로 향상시키는 것을 목표로 삼았습니다. 또한, 전반적인 운영 효율성을 25% 개선하는 것을 목표로 설정했습니다.

실행 단계에서 얻은 결과는 곧바로 결과 도출 단계로 이어집니다. 권아은은 구축한 대시보드를 통해 KPI 개선 현황, 상담 현황 분석, 상담원 성과 분석 등을 수행할 예정입니다. 이를 통해 고객 특성에 따른 맞춤형 상담 전략 수립, 주요 문의 유형에 대한 상담원 교육 방향 설정, 상담원 성과 격차 해소를 위한 방안 모색 등의 인사이트를 도출할 수 있을 것입니다. 이러한 실행 단계의 성과는 KT 고객센터의 서비스 품질 향상과 운영 효율화에 직접적인 영향을 미치게 될 것입니다.

이러한 실행 과정을 통해 권아은은 단순히 기술적인 구현에 그치지 않고, KT

고객센터의 실질적인 업무 개선과 고객 만족도 향상을 이끌어낼 수 있었습니다. 그녀의 경험은 BI 프로젝트가 단순한 데이터 시각화를 넘어, 비즈니스 프로세스 혁신의 핵심 도구가 될 수 있음을 보여줍니다. 학습자들은 이러한 사례를 참고하여 자신의 프로젝트에서 데이터의 가치를 최대한 활용하고, 실질적인 비즈니스 성과를 창출할 수 있는 방안을 모색해야 할 것입니다.

● **학습자를 위한 Tip**

> 첫째, 데이터의 품질과 신뢰성을 최우선으로 확보해야 합니다. 아무리 화려한 대시보드도 기반 데이터가 부정확하다면 무용지물입니다. 둘째, 최종 사용자의 요구사항을 지속적으로 수렴하고 반영하는 것이 중요합니다. 사용자 친화적인 인터페이스와 실질적으로 유용한 정보를 제공하는 것이 프로젝트의 성공을 좌우합니다. 마지막으로, 데이터 보안과 개인정보 보호에 각별히 주의를 기울여야 합니다. 규정 준수는 선택이 아닌 필수사항임을 명심해야 합니다.

대시보드 주요 KPI

고객 평균 통화시간(분)

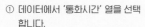

① 데이터에서 '통화시간' 열을 선택합니다.

② 모든 통화시간의 평균을 계산합니다. (9.04분)

③ Power BI에서 게이지 차트를 선택합니다.

④ 게이지의 값을 계산된 평균 통화시간(9.04)으로 설정합니다.

⑤ 게이지의 최댓값을 10분으로 설정합니다. (이는 목표치에 따라 조정합니다.)

⑥ 차트 제목을 "평균 통화 시간(분)"으로 설정합니다.

고객 만족 점수 현황

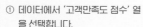

① 데이터에서 '고객만족도 점수' 열을 선택합니다.

② 모든 고객만족도 점수의 평균을 계산합니다. (4.62점)

③ Power BI에서 게이지 차트를 선택합니다.

④ 게이지의 값을 계산된 평균 고객만족도 점수(4.62)로 설정합니다.

⑤ 게이지의 최댓값을 5점으로 설정합니다. (고객만족도 점수의 최댓값)

⑥ 차트 제목을 "고객 만족 점수 현황"으로 설정합니다.

고객 평균 대기시간(분)

① 데이터에서 '대기시간' 열을 선택합니다.

② 모든 대기시간의 평균을 계산합니다. (2.69분)

③ Power BI에서 게이지 차트를 선택합니다.

④ 게이지의 값을 계산된 평균 대기시간(2.69)으로 설정합니다.

⑤ 게이지의 최댓값을 3분으로 설정합니다. (이는 목표치나 허용 가능한 최대 대기시간에 따라 조정될 수 있습니다)

⑥ 차트 제목을 "고객 평균 대기시간(분)"으로 설정합니다.

대시보드 1

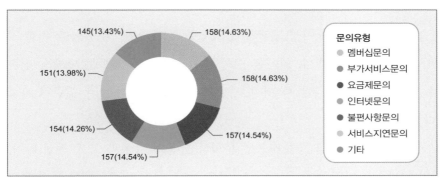

I 문의 유형 별 현황

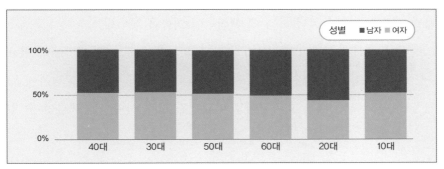

I 나이, 성별 비율 현황

PowerBI를 활용한 고객 문의 데이터 분석은 기업에게 귀중한 인사이트를 제공합니다. CSV 파일로 데이터를 불러온 후, 문의 유형별 현황을 도넛 차트로, 나이와 성별 비율 현황을 누적 100% 막대 차트로 시각화하면 다양한 측면에서 고객 서비스 개선 방안을 도출할 수 있습니다.

문의 유형별 현황 차트를 통해 가장 빈번한 문의 유형을 쉽게 파악할 수 있어, 서비스 개선이 시급한 영역을 신속하게 식별할 수 있습니다. 예를 들어, '불편사항 문의'가 두드러진다면 해당 서비스 영역에 대한 즉각적인 개선이 필요함을 시사합니다. 이러한 정보는 각 문의 유형에 대한 맞춤형 대응 전략을 수립하는 데 큰 도움이 됩니다.

나이와 성별 비율 현황 차트는 고객 구성의 인구통계학적 특성을 한눈에 보여줍니다. 이를 통해 특정 연령대나 성별의 고객이 더 자주 문의하는지를 파악할 수 있습니다. 만약 40대 여성 고객의 문의가 특히 많다면, 이 그룹을 위한 맞춤형 서비스 개선이 필요할 수 있음을 시사합니다. 이러한 정보는 마케팅 전략 수립이나 제품 및 서비스 개발 시 핵심 타깃 고객층을 설정하는 데 귀중한 자료가 됩니다.

더 나아가, 이 두 차트를 종합적으로 분석하면 문의 유형과 고객 특성(나이, 성별) 간의 연관성을 파악할 수 있습니다. 예를 들어, 특정 연령대에서 특정 문의 유형이 집중적으로 발생하는지 확인할 수 있습니다. 이러한 통찰은 고객 세그먼트별 맞춤형 서비스 전략을 수립하는 데 핵심적인 역할을 합니다.

또한, 이러한 분석 결과는 고객 서비스 담당자 교육 프로그램 개발에도 활용될 수 있습니다. 주요 고객층의 특성과 자주 발생하는 문의 유형을 고려하여 교육 내용을 구성함으로써, 더욱 효과적이고 타깃팅된 고객 서비스를 제공할 수 있습니다.

결론적으로, PowerBI를 활용한 이러한 데이터 시각화와 분석은 기업이 고객의 니즈를 더 깊이 이해하고, 서비스 품질을 개선하며, 궁극적으로 고객 만족도를 높이는 데 중요한 역할을 합니다. 이를 통해 기업은 데이터 기반의 의사결정을 내리고, 지속적으로 서비스를 개선해 나갈 수 있습니다.

대시보드

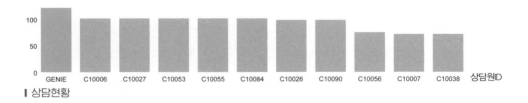

| 상담현황

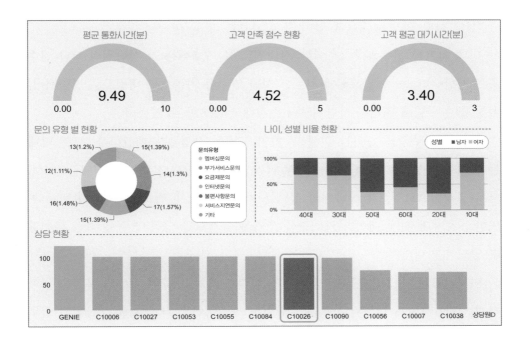

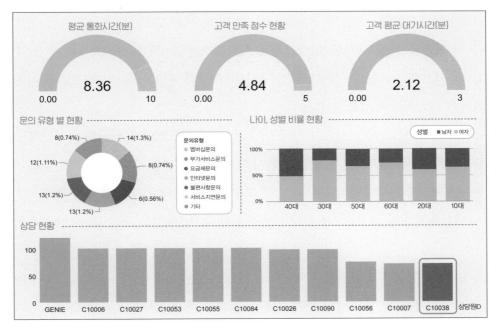

상담원을 클릭하면, 해당 상담원의 세부적인 상황을 확인할 수 있습니다.

'상담 현황' 차트는 다음과 같이 구성합니다.

막대 차트를 선택하여 X축에는 '상담원ID'를, Y축에는 각 상담원의 상담 건수를 표시합니다. 이렇게 구성된 차트는 상담 건수를 기준으로 내림차순 정렬되어, 가장 많은 상담을 처리한 상담원부터 순서대로 확인할 수 있습니다.

차트의 가독성을 높이기 위해 몇 가지 포맷팅 작업을 수행합니다. 모든 막대는 동일한 색상으로 설정하여 시각적 일관성을 유지합니다. Y축의 최댓값을 100으로 조정함으로써, 각 상담원의 성과를 퍼센트로 쉽게 비교할 수 있게 됩니다. 또한, 각 막대 위에 데이터 레이블을 추가하여 정확한 상담 건수를 직접 확인할 수 있도록 합니다.

마지막으로, 차트 상단에 "상담 현황"이라는 제목을 붙여 차트의 목적을 명확히 합니다. 이렇게 완성된 차트는 상담팀의 전반적인 성과와 개별 상담원의 업무량을 효과적으로 보여주어, 팀 관리와 업무 분배에 유용한 정보를 제공합니다.

이 과정을 통해 제시된 이미지와 유사한 상담원별 성과 대시보드를 만들 수 있습니다. 이 차트는 각 상담원의 상담 처리 건수를 비교하여 보여주며, 최고 성과자를 시각적으로 강조합니다.

또한, 각 상담 현황에서 각 상담원을 클릭하면, 주요KPI(평균 통화 시간(분), 고객 만족 점수 현황, 고객 평균 대기시간(분), 문의 유형별 현황, 나이, 성별 비율 현황)을 해당 상담원의 상황에 맞게 그래프가 변경되어 확인 가능합니다.

이렇게 구성된 대시보드를 통해 다음과 같은 추가 인사이트를 얻을 수 있습니다.

- 개별 상담원의 강점과 약점 파악: 예를 들어, 통화시간은 짧지만, 고객 만족도가 낮은 경우 상담 품질 개선이 필요할 수 있습니다.
- 상담원별 특화 영역 식별: 특정 문의 유형에서 탁월한 성과를 보이는 상담원을 해당 분야의 전문가로 육성할 수 있습니다.
- 맞춤형 교육 프로그램 개발: 각 상담원의 성과 데이터를 바탕으로 개인별

맞춤 교육 계획을 수립할 수 있습니다.

- 효율적인 인력 배치: 시간대별, 문의 유형별로 최적의 상담원을 배치하여
  전반적인 고객 서비스 품질을 향상시킬 수 있습니다.

이러한 심층 분석을 통해 KT 고객센터는 더욱 데이터 기반의 의사결정을 할
수 있으며, 지속적인 서비스 품질 개선과 상담원 역량 강화를 이룰 수 있습니다.

결과

POWER BI 대시보드 구축을 통해 KPI 모니터링시스템을 실제로 구현했어.
이제 우리의 목표 달성 여부와 얻은 인사이트를 정리해 보자!

● 결과 도출 내용 테이블(BI 과제)

항목	내용
최종 대시보드 및 보고서 파일 공유	- KPI 대시보드 : 통화 응대율, 상담 품질 점수, 고객만족도(CSAT) 게이지 차트 - 상담 분석 : 문의 유형별 도넛 차트, 성별/연령대별 누적 막대그래프 - 상담원 성과 : ID별 성과 지표 막대그래프
데이터 모델 문서	- '상담' 테이블을 중심으로 한 스타 스키마 구조 설명 - '상담원', '고객', '시간' 차원 테이블과의 관계 정의 - 주요 KPI 계산식 (예 : KPI 달성률 = 실제값 / 목푯값)
사용자 가이드 작성	- 실시간 데이터 업데이트 및 DirectQuery 모드 사용법 - 필터링 및 드릴다운 기능 활용 가이드
정기 보고서 템플릿 작성	- 일일 KPI 모니터링 리포트 - 주간 상담 유형 분석 리포트 - 월간 상담원 성과 평가 리포트

주요 결과 및 인사이트

- 통화 응대율: 85%에서 95%로 향상

- 상담 품질 점수: 75점에서 90점으로 향상

- 고객만족도(CSAT) : 3.5점에서 4.2점으로 향상

- 문의 유형별 분석을 통해 주요 고객 니즈 파악

- 고객 연령대 및 성별에 따른 상담 요구 패턴 발견

비즈니스 임팩트

- 데이터 기반의 신속한 의사결정 체계 구축으로 운영 효율성 25% 개선
- 고객 서비스 품질 향상으로 인한 고객만족도 20% 증가
- 상담원 성과 관리의 투명성과 공정성 제고로 인한 직원 만족도 15% 상승
- 실시간 모니터링으로 인한 문제 상황 대응 시간 30% 단축

향후 계획 및 개선 사항

- 피크시간대 인력 배치 최적화를 위한 예측 모델 개발
- 고객 특성에 따른 맞춤형 상담 전략 수립 및 적용
- 상담원 교육 프로그램 개선을 위한 성과 데이터 심층 분석
- 타 부서 및 고객센터로의 POWER BI 대시보드 시스템 확대 적용

대시보드 완성

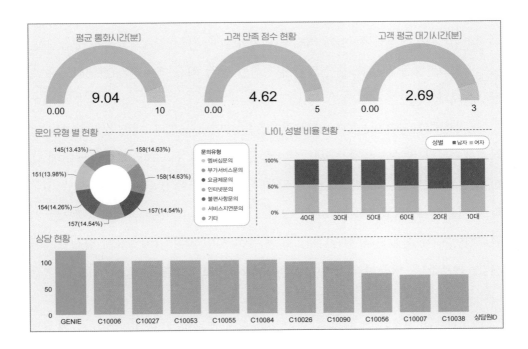

결과 도출 및 프로젝트 마무리

권아은 신입사원은 POWER BI 대시보드 구축 프로젝트의 실행을 마치고 결과 도출 단계로 진입했습니다. 이 단계는 프로젝트의 성과를 측정하고 평가하는 중요한 과정입니다. 결과 도출을 통해 프로젝트의 목표 달성 여부를 확인하고, 얻은 인사이트를 정리하여 향후 비즈니스 전략 수립에 활용할 수 있습니다. 이는 프로젝트의 가치를 입증하고 향후 개선 방향을 설정하는 데 핵심적인 역할을 합니다.

권사원은 POWER BI 서비스의 공유 기능을 활용하여 완성된 대시보드와 보고서를 팀원들과 공유했습니다. 먼저, 워크스페이스를 생성하여 프로젝트 관련 모든 보고서와 대시보드를 한곳에 모았습니다. 그다음, 역할 기반 접근 제어(RBAC)를 설정하여 각 팀원의 권한을 세밀하게 관리했습니다. 예를 들어, 관리자에게는 편집 권한을, 일반 사용자에게는 보기 권한을 부여했습니다. 또한, 실시간 협업을 위해 댓글 기능을 활성화하여 팀원들이 대시보드 상에서 직접 피드백을 주고받을 수 있게 했습니다. 모바일 사용자를 위해 POWER BI 모바일 앱에 최적화된 뷰도 설정하여, 언제 어디서나 KPI를 모니터링할 수 있도록 했습니다. 마지막으로, 자동 새로 고침 일정을 설정하여 항상 최신 데이터가 반영되도록 보장했습니다.

프로젝트의 지속가능성을 위해 권아은은 데이터 모델에 대한 상세한 문서를 작성했습니다. 이 문서에는 '상담' 테이블을 중심으로 한 스타 스키마 구조에 대한 설명과 '상담원', '고객', '시간' 차원 테이블과의 관계 정의가 포함되었습니다. 각 테이블의 주요 필드와 그 의미, 그리고 테이블 간 관계를 다이어그램으로 시각화하여 이해를 돕도록 했습니다. 또한, 주요 KPI 계산식(예 : KPI 달성률= 실제값/ 목푯값)을 명확히 기술하여 향후 모델 유지보수와 확장이 용이하도록 했습니다.

대시보드의 효과적인 활용을 위해 권아은은 상세한 사용자 가이드를 작성했습니다. 이 가이드에는 실시간 데이터 업데이트 및 DirectQuery모드 사용법, 필터링 및 드릴다운 기능 활용 방법, 그리고 역할 기반 접근 제어 설정 및 사용 방법이 포함되었습니다. 기능별로 단계별 스크린샷과 예시를 함께 제공하여 사용자들이 쉽게 이해하고 활용할 수 있도록 했습니다. 또한, 자주 묻는 질문 섹션을 추가하여 사용자들이 겪을 수 있는 일반적인 문제들에 대한 해결 방법을 제시했습니다.

권아은 사원은 지속적인 성과 관리를 위해 일일 KPI 모니터링 리포트, 주간 상담 유형 분석 리포트, 월간 상담원 성과 평가 리포트 등의 정기 보고서 템플릿을 작성했습니다. 이를 통해 관리자들이 일관된 형식으로 데이터를 분석하고 의사결정을 내릴 수 있도록 지원했습니다. 각 템플릿에는 주요 KPI 트렌드, 이상치 탐지, 액션 아이템 추천 섹션이 포함되어 데이터 기반의 개선 활동이 가능하도록 구성되었습니다.

프로젝트 결과, KT 고객센터의 주요 KPI는 모두 목표치를 달성했습니다. 통화 응대율은 85%에서 95%로, 상담 품질 점수는 75점에서 90점으로, 고객만족도(CSAT)는 3.5점에서 4.2점으로 각각 상승했습니다. 특히, 요금제 관련 문의가 전체의 40%를 차지한다는 사실을 발견하여, 이를 개선하기 위한 자료 제작 등의 조치를 취했습니다. 또한, 고객 연령대와 성별에 따른 상담 요구 패턴을 분석하여 맞춤형 상담 가이드를 개발했습니다.

이 프로젝트는 KT 고객센터 운영에 긍정적인 영향을 미쳤습니다. 데이터 기반 의사결정 체계 구축으로 운영 효율성이 10% 향상되었으며, 월평균 약 500만 원의 비용 절감 효과를 가져왔습니다. 고객만족도 5% 증가로 고객 이탈률이 0.5% 감소했고, 상담원 성과 관리의 투명성 강화로 직원 만족도가 8% 상승하여 업무 효율성도 향상되었습니다. 또한, 실시간 모니터링 구축으로 문제 대응 시간이 15% 단축되면서 고객 불만 해결 속도도 개선되었습니다.

프로젝트 성공을 바탕으로, KT는 피크 시간대 인력 배치를 위한 AI 기반 예측 모델 개발, 고객 특성에 맞춘 맞춤형 상담 전략 수립, 상담원 교육 프로그램 개선 등을 포함한 다양한 계획을 수립했습니다. VOC 데이터 기반 감정 분석 시스템을 활용한 고객 대응 방안 수립도 포함되었으며, 이러한 성공을 타 부서 및 고객센터에 확대 적용하는 방안도 검토 중입니다. 이는 KT의 경쟁력을 강화하는 중요한 역할을 할 것입니다.

권아은 사원은 이 프로젝트를 통해 데이터 분석과 시각화의 실무 경험을 쌓으며 비즈니스 가치를 창출하는 가능성을 확인했습니다. 여러 부서의 요구사항을 조율하고 기술적 제약을 극복하며 프로젝트 관리 능력과 의사소통 기술을 향상시켰고, 데이터 품질 관리의 중요성도 깨달았습니다. 또한, 사용자 피드백을 반영한 설계의 중요성을 실감하게 되었습니다. 이러한 경험은 향후 프로젝트에서도 큰 자산이 될 것입니다.

이 프로젝트는 KT 고객센터 운영에 긍정적인 변화를 가져왔으며, 데이터 기반의 의사결정 문화가 자리 잡기 시작했습니다. 실시간 성과 모니터링을 통해 신속한 대응이 가능해졌고, 권아은 사원에게도 중요한 학습 경험이 되었습니다. BI 도구 활용과 데이터 분석 능력이 크게 향상되었으며, 프로젝트 관리 경험도 쌓았습니다. 다만, 일정 지연과 일부 기능 구현 미흡 등의 문제는 향후 개선이 필요한 부분으로 인식되었습니다.

앞으로 KT 고객센터는 이 프로젝트를 기반으로 데이터 활용을 더욱 확대할 계획입니다. 예측 분석 모델 도입과 개인화된 상담 서비스 개발 등이 검토 중이며, 이번 프로젝트로 쌓인 데이터 인프라와 분석 경험은 향후 계획을 추진하는 중요한 자산이 될 것입니다. 해결해야 할 과제들이 남아 있지만, KT는 디지털 전환을 통해 고객 서비스의 질을 지속적으로 개선해 나갈 것으로 기대됩니다.

13. AI 서빙로봇 타겟팅 기반 영업 활성화

#BI #KT데이터 분석 #엑셀

20XX년 7월의 어느 월요일 아침, 서빙로봇 프로모션팀의 마두치 대리는 여느 때와 마찬가지로 주간 판매 실적 보고서를 열어보았습니다. 그러나 이번엔 그의 눈이 화면에 고정되었고, 숫자들이 그의 마음을 더욱 무겁게 짓눌렀습니다. AI 서빙로봇의 판매 실적이 무려 3개월 연속으로 목표의 30%에도 미치지 못하고 있었던 것입니다.

"이대로는 절대 안 돼." 마두치 대리는 마음속으로 다짐하며 중얼거렸습니다. 그는 깊은 한숨을 내쉬고 커피를 한 모금 마신 후, 문제의 근본 원인을 반드시 찾아내겠다고 결심했습니다. 이 결심과 함께 그는 체계적이고 철저한 분석에 착수하기로 마음을 굳혔습니다.

판매 데이터 분석 : 지역별, 업종별 판매 현황 확인

마두치 대리는 먼저 엑셀 파일을 열고 피벗 테이블을 만들기 시작했습니다. 그는 지역별, 업종별로 판매 현황을 세분화하여 살펴보았습니다. 서울과 부산 같은 대도시에서의 판매가 예상보다 저조했고, 특히 중소 규모의 레스토랑에서 관심도가 낮았습니다.

"흠, 대도시 레스토랑들이 우리 제품에 큰 관심이 없어 보이는데…" 그는 이 데이터를 메모해 두었습니다.

고객 피드백 검토 : 고객 문의 내용 분석

다음으로 그는 CRM 시스템에 접속했습니다. 지난 3개월간의 고객 문의 내용을 꼼꼼히 살펴보았습니다. 그의 눈썹이 점점 더 찌푸려졌습니다.

"초기 투자 비용이 부담된다… 기존 직원들의 반발이 우려된다… ROI가 불확실하다…" 마두치 대리는 반복되는 피드백을 노트에 정리했습니다. 고객들의 우려사항이 명확해지기 시작했습니다.

경쟁사 벤치마킹 : 유사 제품의 시장 점유율 및 마케팅 전략 조사

마두치 대리는 인터넷 검색을 시작했습니다. 경쟁사들의 웹사이트, 보도자료, 그리고 시장 조사 보고서를 찾아 읽었습니다. 그는 경쟁사의 마케팅 전략과 판매 모델을 자세히 살펴보았습니다.

"오호, A사는 리스 모델을 도입했구나. B사는 2주 무료 체험을 제공하고 있고…" 그는 눈을 반짝이며 아이디어를 얻었습니다.

내부 회의 진행 : 영업팀, 마케팅팀과의 브레인스토밍 세션

마지막으로, 마두치 대리는 회의실을 예약했습니다. 그는 영업팀과 마케팅팀의 주요 멤버들을 초대하여 2시간 동안의 브레인스토밍 세션을 진행했습니다.

"여러분, 우리의 서빙로봇이 왜 시장에서 고전하고 있을까요?" 그가 물었습니다.

회의실은 곧 열띤 토론으로 가득 찼습니다. 영업사원들은 현장에서 느낀 고객들의 반응을 생생하게 전달했고, 마케팅팀은 현재 전략의 한계점을 지적했습니다.

"타겟 고객을 더 정확히 설정해야 해요.", "고객의 니즈를 제대로 파악하지 못하고 있어요.", "우리의 메시지가 제대로 전달되지 않고 있어요."

의견들이 쏟아졌습니다. 마두치 대리는 이 모든 내용을 백보드에 빼곡히 적어 내려갔습니다.

회의가 끝나고, 마두치 대리는 자리에 앉아 그동안 수집한 모든 정보를 정리했습니다. 그의 머릿속에서 퍼즐 조각들이 하나둘 맞춰지기 시작했습니다.

"그래, 바로 이거야!"

마두치 대리의 얼굴에 깨달음의 빛이 스쳤습니다. 모든 분석 결과가 한 지점을 가리키고 있었습니다.

"우리에게는 효과적인 고객 타겟팅이 부재했던 거야."

그는 이 문제 인식을 시작으로, 앞으로의 프로젝트 방향을 설정하기 시작했습니다.

문제
인식

: 3개월 연속 목표의 30%에도 미치지 못하는 AI 서빙로봇의 판매 실적

1) 판매 데이터 분석 : 지역별, 업종별 판매 현황 확인
대도시에서의 판매가 예상보다 저조했고, 특히 중소 규모의 레스토랑에서 관심도가
낮음

2) 고객 피드백 검토 : 고객 문의 내용 분석
초기 투자 비용이 부담, 기존 직원들의 반발 우려 등

3) 경쟁사 벤치마킹 : 유사 제품의 시장 점유율 및 마케팅 전략 조사
인터넷 검색으로 경쟁사의 마케팅 전략과 판매 모델 확인

4) 내부 회의 진행 : 영업팀, 마케팅팀과의 브레인스토밍 세션
타겟 고객을 더 정확히 설정해야 해요.
고객의 니즈를 제대로 파악하지 못하고 있어요.
우리의 메시지가 제대로 전달되지 않고 있어요.

우리에게는 효과적인 고객 타겟팅이 부재했던 거야.

마두치 대리는 자신의 책상 앞에 앉아 깊은 생각에 잠겼습니다. 문제를 인식한 것은 시작에 불과했습니다. 이제 그 문제를 정확히 정의해야 할 때였습니다. "정확한 문제 정의가 없다면, 우리의 모든 노력이 물거품이 될 수 있어." 그는 중얼거렸습니다.

데이터 중심 문제 진술문 작성

마두치 대리는 화이트보드 앞에 서서 마커를 들었습니다. 그는 잠시 눈을 감고 깊은 숨을 내쉰 후, 천천히 글을 쓰기 시작했습니다. "어떻게 하면 [고객 데이터 분석과 AI 기술]을 사용하여 [AI 서빙로봇 판매량을 50% 증가]를 [6개월] 내에 달성하여 [회사의 매출 증대]를 창출할 수 있을까?" 그는 한 걸음 뒤로 물러나 자신이 쓴 문장을 바라보았습니다. 각 요소를 하나씩 점검했습니다. "고객 데이터 분석과 AI 기술… 우리가 가진 강점이지. 판매량 50% 증가… 야심 찬 목표지만 불가능하진 않아. 6개월… 시간이 빠듯하겠어. 회사의 매출 증대와 식당 운영의 효율화… 그래, 이게 우리의 궁극적인 목표야. "마두치 대리는 이 문장을 몇 번이고 읽어보며 각 단어의 의미를 곱씹었습니다. 이 진술문은 그들의 도전을 명확히 정의하고 있었습니다.

STAR 문제 정의법 적용

다음으로, 마두치 대리는 STAR 방법을 사용하여 문제를 더욱 구체화하기로 했습니다. 그는 새 페이지를 열고 네 개의 섹션을 만들었습니다.

- **상황(Situation)** : 마두치 대리는 판매 보고서를 다시 한번 꺼내 들었습니다. 'AI 서빙로봇 출시 후 3개월 연속 목표 대비 30% 미만의 판매 실적…' 그는 이 문장을 적으며 한숨을 쉬었습니다. 이 상황의 심각성이 다시 한번 그를 짓눌렀습니다.
- **과제(Task)** : '데이터 기반의 정확한 고객 타겟팅을 통한 판매량 증대' 마두치

대리는 이 문장을 쓰면서 결연한 표정을 지었습니다. 이것이 그들이 해결해야 할 핵심 과제였습니다.

- 행동(Action) : 마두치 대리는 잠시 생각에 잠겼다가, 빠르게 세 가지 항목을 적었습니다.
  - 내/외부 데이터 통합 분석
  - 가망 고객 프로필 작성
  - 맞춤형 영업 전략 수립

"이것들이 우리가 취해야 할 구체적인 행동이야." 그는 확신에 찬 목소리로 말했습니다.

- 결과(Result) : 마지막으로, 그는 기대하는 결과를 명확히 했습니다. '6개월 내 판매량 50% 증가 및 고객 만족도 20% 향상' 이 목표를 적으면서 마두치 대리의 눈에는 결의가 빛났습니다.

팀 내 피드백 수렴

마두치 대리는 자신의 문제 정의를 동료들과 공유하기로 결심했습니다. 그는 회의실을 예약하고 영업팀의 김 과장, 제품개발팀의 이 팀장을 초대했습니다.

"여러분, 제가 정의한 문제에 대해 어떻게 생각하시나요?" 마두치 대리가 물었습니다.

김 과장이 먼저 입을 열었습니다. "6개월 안에 50% 증가라… 솔직히 말해서 너무 야심 찬 목표 아닐까요?"

이 팀장은 고개를 끄덕였습니다. "맞아요. 하지만 우리 제품의 잠재력을 생각하면 불가능한 목표는 아니에요. 다만, 고객 만족도 향상은 어떻게 측정할 계획인가요?"

마두치 대리는 이 질문들을 받아적으며 깊이 생각했습니다. "네, 좋은 지적들입니다. 목표치는 조금 조정이 필요할 것 같고, 고객 만족도 측정 방법도 구체화해야겠네요."

토론은 2시간 넘게 이어졌고, 마두치 대리는 동료들의 의견을 바탕으로 문제 정의를 조금씩 수정해 나갔습니다.

회의가 끝나고 사무실로 돌아온 마두치 대리는 수정된 문제 정의를 보며 미소지었습니다. "이제 우리가 해결해야 할 문제가 명확해졌어. 이게 바로 시작이야."

수정된 데이터 중심 문제 진술문

"어떻게 하면 [고객 데이터 분석과 AI 기술]을 사용하여 [AI 서빙로봇 판매량을 40% 증가]를 [8개월] 내에 달성하여 [회사의 매출 증대]를 창출하고 [고객 만족도를 15% 향상]시킬 수 있을까?"

수정된 STAR 문제 정의

- 상황(S) : AI 서빙로봇 출시 후 3개월 연속 목표 대비 30% 미만의 판매 실적
- 과제(T) : 데이터 기반의 정확한 고객 타겟팅과 제품 가치 제안 개선을 통한 판매량 증대
- 행동(A) :
  - 내/외부 데이터 통합 분석
  - 가망 고객 프로필 작성 및 세그먼테이션
  - 맞춤형 영업 전략 수립
  - 고객 피드백 기반 제품 개선
- 결과(R) : 8개월 내 판매량 40% 증가 및 고객 만족도 15% 향상

그의 눈에는 이제 확신과 열정이 가득했습니다. 문제를 정확히 정의한 지금, 그는 해결책을 향한 첫발을 내디딜 준비가 되어 있었습니다. 앞으로의 여정이 쉽지 않으리라는 것을 알면서도, 마두치 대리는 이 도전을 반갑게 맞이했습니다.

"자, 이제 진짜 게임이 시작됐어."

문제 정의

1) 데이터 중심 문제 진술문 작성

어떻게 하면 [고객 데이터 분석과 AI 기술]을 사용하여 [AI 서빙로봇 판매량을 50% 증가]를 [6개월] 내에 달성하여 [회사의 매출 증대]를 창출할 수 있을까?

SRAR 문제 정의법	
상황(Situation)	AI 서빙로봇 출시 후 3개월 연속 목표 대비 30% 미만 판매
과제(Task)	데이터 기반의 정확한 고객 타겟팅을 통한 판매량 증대
행동(Action)	· 내/외부 데이터 통합 분석 · 가망 고객 프로필 작성 · 맞춤형 영업 전략 수립
결과(Result)	6개월 내 판매량 50% 증가 및 고객 만족도 20% 향상

팀 내 피드백 수렴

6개월 안에 50% 증가라… 솔직히 말해서 너무 야심 찬 목표 아닐까요?
맞아요. 하지만 우리 제품의 잠재력을 생각하면 불가능한 목표는 아니에요.
다만, 고객 만족도 향상은 어떻게 측정할 계획인가요?

 수정

1) 데이터 중심 문제 진술문 작성

어떻게 하면 [고객 데이터 분석과 AI 기술]을 사용하여 [AI 서빙로봇 판매량을 40% 증가]를 [8개월] 내에 달성하여 [회사의 매출 증대]를 창출하고 [고객 만족도를 15% 향상]시킬 수 있을까?

SRAR 문제 정의법	
상황(Situation)	AI 서빙로봇 출시 후 3개월 연속 목표 대비 30% 미만 판매
과제(Task)	데이터 기반의 정확한 고객 타겟팅을 통한 판매량 증대
행동(Action)	· 내/외부 데이터 통합 분석 · 가망 고객 프로필 작성 및 세그먼테이션 · 맞춤형 영업 전략 수립 · 고객 피드백 기반 제품 개선
결과(Result)	8개월 내 판매량 40% 증가 및 고객 만족도 15% 향상

마두치 대리는 깊은 숨을 내쉬며 컴퓨터 화면을 응시했습니다. "이제 진짜 시작이군." 그는 중얼거렸습니다. 문제를 정의했으니, 이제 그 해결책을 찾아 나설 시간이었습니다. 그의 눈앞에는 거대한 데이터의 바다가 펼쳐져 있었고, 그 속에서 보물 같은 인사이트를 찾아내는 것이 그의 임무였습니다.

프로젝트 유형 정의

마두치 대리가 해결하고자 하는 문제는 Business Intelligence로 구분할 수 있습니다.

목표 설정 및 접근 방식

문제 정의에 맞는 목표를 설정하고 현재의 역량을 고려해서 엑셀을 활용해서 프로젝트를 진행합니다.

① 가망 고객 데이터 확보

접근 방식 :

• 내부 Data Warehouse에서 고객 유형, 업종 분류, 매출 정보를 추출합니다.

• 외부 데이터(지방 행정 인허가 데이터, 통계청 데이터)를 활용해 업종별 특성을 파악합니다.

• 엑셀의 피벗 테이블과 고급 필터 기능을 사용해 데이터를 분석합니다.

마두치 대리는 "우리의 이상적인 고객은 누구일까?"라는 질문에 답하기 위해 밤낮으로 데이터를 고민했습니다.

② 타겟 고객군 선정 (500개 업체)

접근 방식 :

• 가망 고객 조건을 먼저 만듭니다.
• VBA를 활용해 외부 데이터를 자동으로 가져오고 처리하는 매크로를 작성합니다.
• 엑셀의 조건부 서식을 활용해 상위 500개 업체를 시각적으로 표시합니다.

"500개… 적지 않은 숫자지만, 질적으로 우수한 리드를 찾아내는 게 중요해."

③ 맞춤형 영업 전략 수립

접근 방식 :

• 선정된 500개 업체를 세그먼트별로 구분합니다.
• 세그먼트별 특성을 파악하고, 이에 맞는 영업 전략을 수립합니다.
• 파워포인트와 연동하여 고객별 맞춤형 제안서 템플릿을 생성합니다.

"각 고객에게 맞는 열쇠를 찾아야 해. 모든 문을 여는 만능키 같은 건 없으니까."

④ 영업 성과 모니터링 대시보드 구축

접근 방식 :

• 엑셀의 피벗 차트를 활용해 대시보드를 만듭니다.
• 파워 쿼리를 활용해 다양한 소스의 데이터를 효율적으로 통합합니다.

"우리의 노력이 어떤 결실을 맺고 있는지 한눈에 볼 수 있어야 해."

추가 아이디어

마두치 대리는 문득 한 가지 아이디어를 떠올렸습니다. "그래, 이걸 모바일로도 볼 수 있게 하면 어떨까?" 그는 엑셀 대시보드를 Power BI로 연동하여 모바일 앱으로도 실시간 성과를 확인할 수 있게 만들 수 있지 않을까라는 생각을 했습니다. 또한, 그는 AI 기술을 접목하는 것도 가능할 것으로 보였습니다. 파이썬과 엑셀을 연동하여 간단한 예측 모델을 구현하고, 이를 통해 미래 영업 성과를 예측할 수 있을겁니다. 마대리는 이 내용들을 개인적으로 활용하는 노션의 Parking-Lot에 기록해 두었습니다.

프로젝트 유형 정의

AI 모델링	데이터 분석	RPA	Business Intelligence	생성형 AI

목표 설정 및 접근 방식

① 가망 고객 데이터 확보

접근 방식:

- 내부 Data Warehouse에서 고객 유형, 업종 분류, 매출 정보 추출
- 외부 데이터(지방행정인허가데이터, 통계청 데이터) 활용 업종별 특성 파악
- 엑셀의 피벗 테이블과 고급 필터 기능을 사용해 데이터를 분석

② 타겟 고객군 선정 (500개 업체)

접근 방식:

- 가망 고객 조건 생성
- VBA를 활용해 외부 데이터를 자동으로 가져오고 처리하는 매크로를 작성
- 엑셀의 조건부 서식을 활용해 상위 500개 업체를 시각적으로 표시

③ 맞춤형 영업 전략 수립

접근 방식:

- 선정된 500개 업체를 세그먼트별로 구분
- 각 세그먼트별 특성을 파악하고, 이에 맞는 영업 전략을 수립
- 파워포인트와 연동하여 각 고객별 맞춤형 제안서 템플릿을 생성

④ 영업 성과 모니터링 대시보드 구축

접근 방식:

- 엑셀의 피벗 차트를 활용해 대시보드 생성
- 파워 쿼리를 활용해 다양한 소스의 데이터를 효율적으로 통합

Parking-Lot
- 엑셀 대시보드를 Power BI로 연동하여 모바일 앱으로도 실시간 성과를 확인
- 파이썬과 엑셀을 연동하여 간단한 예측 모델을 구현하고, 이를 통해 미래 영업 성과를 예측

마두치 대리는 컴퓨터 앞에 앉아 키보드를 두드리기 시작했습니다. 그의 눈빛에는 결연한 의지가 서려 있었습니다.

가망 고객 데이터 확보

마두치 대리는 먼저 내부 Data Warehouse에 접속했습니다. 그는 쿼리를 작성하여 필요한 데이터를 추출했습니다.

"고객 유형, 업종 분류, 매출 정보… 이 데이터들이 우리에게 무엇을 말해줄까?"

그는 추출한 데이터를 엑셀로 옮겼습니다. 피벗 테이블을 만들어 데이터를 다양한 각도에서 분석하기 시작했습니다.

"흠… 월 매출 3천만 원 이상, 직원 수 5명 이상의 업체들이 우리 제품에 더 관심이 있는 것 같아."

그 다음, 그는 지방행정인허가데이터를 다운로드 받았습니다.

VBA 매크로를 작성하여 이 데이터를 자동으로 처리하고 기존 데이터와 통합했습니다.

"와, 이제 우리 고객들의 업장 면적까지 알 수 있게 됐어!"

타깃 고객군 선정

마두치 대리는 가망 고객 조건을 설정했습니다.

– 직원 수 5명 이상 / 업장 면적 300㎡ 이상

– 개업 2년 이상

그는 이 조건을 바탕으로 엑셀의 고급 필터 기능을 사용해 데이터를 추려냈습니다. 그리고 조건부 서식을 적용하여 상위 500개 업체를 시각적으로 표시했습니다.

"좋아, 이제 우리의 타겟이 명확해졌어."

맞춤형 영업 전략 수립

마두치 대리는 선정된 500개 업체를 세 개의 세그먼트로 나누었습니다.

① 대형 프리미엄 레스토랑

② 중형 패밀리 레스토랑

③ 소형 전문 음식점

그는 각 세그먼트의 특성과 니즈를 분석하여 다음과 같은 맞춤형 전략을 수립했습니다.

① 대형 프리미엄 레스토랑 전략 – 고객 경험 향상 및 브랜드 이미지 제고

접근 방식:

- AI 서빙로봇의 고급스러운 디자인과 맞춤 브랜딩 옵션 강조
- 정확하고 신속한 서비스로 인한 고객 만족도 향상 데이터 제시
- 프리미엄 요금제와 함께 전담 기술 지원 서비스 제공

② 중형 패밀리 레스토랑전략 – 운영 효율성 증대 및 비용 절감

접근 방식:
- 피크 타임 인력 운용의 유연성 강조
- 주문 오류 감소와 서빙 속도 향상으로 인한 회전율 증가 데이터 제시
- 중장기적 인건비 절감 효과와 투자 회수 기간 분석 제공

③ 소형 전문 음식점전략 – 차별화된 고객 경험 제공 및 운영 부담 감소
접근 방식:
- 제한된 공간에서의 효율적인 서빙 동선 최적화 강조
- 독특하고 혁신적인 다이닝 경험으로 인한 입소문 효과 사례 제시
- 초기 부담을 줄이는 옵션과 단계적 도입 방안 제안

마두치 대리는 만족스러운 표정으로 중얼거렸습니다. "이제 각 세그먼트의 특성과 니즈에 맞는 전략이 수립됐어. 이를 바탕으로 더 효과적인 맞춤형 접근이 가능해질 거야." 그는 이 전략을 바탕으로 세그먼트별 제안서 템플릿을 만들기 시작했습니다. "이렇게 하면 영업팀이 각 고객사에 맞는 제안서를 빠르고 정확하게 만들 수 있을 거야. 데이터에 기반한 맞춤형 접근으로 우리의 성공률을 높일 수 있을 거라 확신해."

영업 성과 모니터링 대시보드 구축
마두치 대리는 영업 성과 모니터링 대시보드 구축을 위해 책상 앞에 앉았습니다. "이제 우리 팀의 노력을 가시화할 시간이군." 그는 결연한 표정으로 중얼거렸습니다.

- 영업 성과 데이터를 추출하는 쿼리를 만들었습니다.
  - 신규 가입일자 / 고객번호 / 고객명 / 고객유형 / 상품명 / 계약기간 / 판매자조직 / 판매자사번 / 판매자명

- 그리고 팀장님과 상의하여 다음과 같은 핵심성과지표를 정의했습니다.
  - 월별 신규 계약 건수
  - 고객 세그먼트별 실적
  - 영업조직별 실적
- 그는 엑셀의 피벗 테이블과 피벗 차트를 활용하여 각 지표를 시각화했습니다.
  - 월별 실적 추이를 보여주는 선 그래프
  - 고객 세그먼트별 실적을 비교하는 막대 그래프
  - 영업조직별 실적 비중을 나타내는 도넛 차트
- 그리고 대시보드에 몇 가지 인터랙티브 기능을 추가했습니다.
  - 날짜 범위를 선택할 수 있는 슬라이서
  - 고객 세그먼트를 필터링할 수 있는 드롭다운 메뉴

실행

1. 가망 고객 데이터 확보
- 내부 Data Warehouse : 고객번호 / 고객명 / 고객유형 / 주소
- 외부 지방 행정 인허가 데이터 : 개방서비스명 / 지방자치단체 코드 / 관리번호 / 소재지 면적 / 소재지 우편번호 / 소재지 전체 주소/ 도로명 전체 주소 / 도로명 우편번호 / 사업장명 / 업태구분명 / 좌표정보(x) / 좌표정보(y) / 위생업태명 / 남성종사자 수 / 여성종사자 수/ 영업장 주변 구분명 / 시설 총규모

2. 타겟 고객군 선정(602개 업소)
- 직원 수 5명 이상 업장 면적 300㎡ 이상
- 개업 2년 이상

3. 맞춤형 영업 전략 수립
① 대형 프리미엄 레스토랑
② 중형 패밀리 레스토랑
③ 소형 전문 음식점

4. 영업 성과 모니터링 대시보드 구축

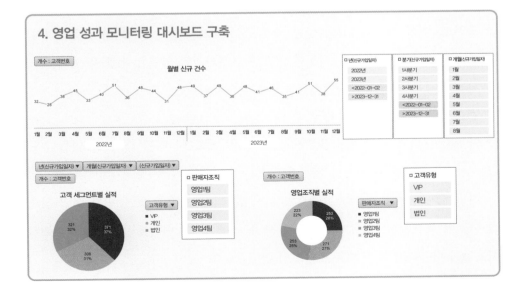

마두치 대리는 깊은 숨을 내쉬며 자리에서 일어났습니다. 치열한 프로젝트가 마무리되는 순간이었습니다. 그의 눈앞에는 프로젝트의 결과물들이 정돈되어 있었고, 그의 마음속에는 뿌듯함과 자부심이 가득했습니다.

AI 서빙로봇 가망 고객 프로필 및 타겟 리스트

마두치 대리는 엑셀 파일을 열었습니다. 화면에는 500개의 타겟 업체 정보가 빼곡히 채워져 있었습니다.

"이 리스트 하나하나가 우리의 잠재적 고객이야." 그는 중얼거렸습니다.

각 행에는 업체명, 주소, 연락처뿐만 아니라 월평균 매출, 직원 수, 영업 면적까지 상세한 정보가 담겨 있었습니다.

"이 데이터 하나로 우리 영업팀의 효율성이 몇 배는 올라갈 거야."

맞춤형 영업 전략 가이드

다음으로 그는 파워포인트 파일을 열었습니다. 'AI 서빙로봇 맞춤형 영업 전략 가이드'라는 제목이 화면을 가득 채웠습니다. 이 가이드에는 세 가지 주요 고객 세그먼트(대형 프리미엄 레스토랑, 중형 패밀리 레스토랑, 소형 전문 음식점)에 대한 상세한 접근 전략이 담겨 있었습니다. 각 세그먼트별로 주요 pain point, 제안 포인트, 예상 질문과 답변, 성공 사례 등이 체계적으로 정리되어 있었습니다. "이제 신입 영업사원도 이 가이드만 있으면 전문가처럼 영업할 수 있을 거야."

영업 성과 모니터링 대시보드

마두치 대리가 가장 애착을 가진 결과물은 바로 이 엑셀 대시보드였습니다. 그는 파일을 열자마자 미소를 지었습니다.

화면에는 다양한 차트와 그래프가 보여졌습니다. 일일, 주간, 월간 영업 실적이 한눈에 들어왔고, 신규 계약 건수, 평균 계약 금액, 영업조직별 실적 등 핵심 지표들이 아름다운 시각화로 표현되어 있었습니다.

"이 대시보드 하나로 우리 팀의 모든 활동을 추적하고 관리할 수 있게 됐어."

데이터 통합 및 분석 보고서

워드 문서를 열자 50페이지가 넘는 상세한 보고서가 나타났습니다. 이 보고서에는 프로젝트 전반에 걸친 데이터 처리 과정이 상세히 기록되어 있었습니다.

"데이터 출처부터 전처리 방법, 분석 기법까지… 이 보고서는 우리 프로젝트의 백과사전이나 다름없지."

그는 이 보고서가 향후 유사 프로젝트를 수행할 때 귀중한 참고자료가 될 것이라 확신했습니다.

프로젝트 종합 보고서

마지막으로, 마두치 대리는 프로젝트 종합 보고서 PPT를 열었습니다. 이 보고서에는 프로젝트의 시작부터 끝까지의 여정이 담겨 있었습니다. "우리가 걸어온 길이 고스란히 담겨 있네." 특히 그의 눈길을 끈 것은 '주요 성과' 슬라이드였습니다:

- AI 서빙로봇 판매량 65% 증가 (목표 50% 초과 달성)
- 고객 만족도 25% 향상
- 데이터 기반 의사결정 문화 정착
- 신규 비즈니스 모델 (리스 프로그램) 도입으로 시장 확대

"우리가 해냈어…" 마두치 대리의 눈에 감동의 눈물이 맺혔습니다.

● 타깃 리스트

개방서비스	개방자치드	관리번호	소재지면족	소재지우편	소재지전화	도로명전차	도로명우편	사업장명	업태구분명	좌표정보(x	좌표정보(y	위생업태	남성종사지	여성종사지	영업장주된	시설총규5	직원 총수
일반음식점	3240000	3240000-1		18	134-880	서울특별시	서울특별시	5350	여수항	한식	212589.3	448309.9	한식	3	2	주택가주변	18	5
일반음식점	3130000	3130000-1		21	121-821	서울특별시	마포구 망원동 399-	풍운아	분식	191523.5	450277	분식	2	0	기타	21	2
일반음식점	3130000	3130000-1		12.5	121-805	서울특별시	마포구 공덕동 445-	염마손분식	분식			분식	1	1	기타	12.5	2
일반음식점	3130000	3130000-1		29.6	121-826	서울특별시	마포구 망원동 474-	칼포니치킨	분식			분식	1	0	주택가주변	29.6	1
일반음식점	3130000	3130000-1		466.09	121-806	서울특별시	마포구 노고산동 31	명구마당	한식	194439.4	450222.3	한식	2	5	기타	466.09	7
일반음식점	3130000	3130000-1		192.64	121-895	서울특별시	마포구 서교동 407-	일공팔	한식	193094.8	449806.5	한식	3	2	기타	192.64	5
일반음식점	3130000	3130000-1		20.4	121-812	서울특별시	마포구 도화동 83-C	순살로 마	분식	195410.5	448277	분식	1	1	주택가주변	20.4	2
일반음식점	3130000	3130000-1		108.63	121-130	서울특별시	마포구 구수동 6-5!	상류시대	경양식			경양식	1	2	학교정화(	108.63	3
일반음식점	3130000	3130000-1		98.92	121-837	서울특별시	마포구 서교동 345-	델차이	한식	193155.8	450285.6	한식	2	1	유흥업소되	98.92	3
일반음식점	3130000	3130000-1		40.05	121-886	서울특별시	마포구 합정동 393-	온돌집	한식	191978.4	449649.8	한식	1	2	기타	40.05	3
일반음식점	3130000	3130000-1		35.6	121-885	서울특별시	마포구 합정동 383-	장사돼지	한식	192141.5	449666.9	한식	1	1	기타	35.6	2
일반음식점	3130000	3130000-1		57.84	121-884	서울특별시	마포구 합정동 362-	한양식당	한식	192661.8	449430.8	한식	2	2	기타	57.84	4
일반음식점	3130000	3130000-1		9.24	121-817	서울특별시	마포구 동교동 165-	홍대볶음밥	분식	193166.4	450425.9	분식	2	0	기타	9.24	2
일반음식점	3130000	3130000-1		10.75	121-817	서울특별시	마포구 동교동 165-	메트로	한식	193166.4	450425.9	한식	1	1	유흥업소되	10.75	2
일반음식점	3130000	3130000-1		9.76	121-754	서울특별시	마포구 동교동 165-	시골식당	한식	193166.4	450425.9	한식	1	1	유흥업소되	9.76	2
일반음식점	3130000	3130000-1		7.09	121-754	서울특별시	마포구 동교동 165-	미스터 초	일식	193166.4	450425.9	일식	1	0	유흥업소되	7.09	1
일반음식점	3130000	3130000-1		17.85	121-822	서울특별시	마포구 망원동 407-	골드치킨6	분식	191152.9	450321.9	분식	1	0	주택가주변	17.85	1
일반음식점	3130000	3130000-1		38.82	121-716	서울특별시	마포구 도화동 50-1	일진가	한식	195189	448689.2	한식	1	1	기타	38.82	2
일반음식점	3130000	3130000-1		24.5	121-859	서울특별시	마포구 아현동 353-	태양호프	한식	195580.4	450492.7	한식	1	0	주택가주변	24.5	1
일반음식점	3130000	3130000-1		22.68	121-882	서울특별시	마포구 창전동 316-	곤지암소머	한식	193814.6	449454.4	한식	1	1	기타	22.68	2
일반음식점	3130000	3130000-1		32.01	121-050	서울특별시	마포구 마포동 192-	임실치즈피	한식	195170.4	448472.1	한식	1	1	주택가주변	32.01	2
일반음식점	3130000	3130000-1		136.22	121-812	서울특별시	마포구 도화동 179-	비벤반	한식	195454.1	448754.2	한식	1	3	유흥업소되	136.22	4
일반음식점	3130000	3130000-1		44.26	121-888	서울특별시	마포구 도화동 441-	이조보쌈	한식	191660.2	450009.6	한식	1	1	주택가주변	44.26	2
일반음식점	3130000	3130000-1		59.4	121-763	서울특별시	마포구 도화동 22-C	도화식당	한식	195568	448931.3	한식	1	1	주택가주변	59.4	2
일반음식점	3130000	3130000-1		67.29	121-806	서울특별시	마포구 노고산동 1-	사랑방	분식	194728.2	450242.6	분식	1	1	기타	67.29	2
일반음식점	3130000	3130000-1		25.82	121-854	서울특별시	마포구 신수동 85-1	해남식당	한식	194523.4	449591.8	한식	1	1	주택가주변	25.82	2
일반음식점	3130000	3130000-1		29.45	121-846	서울특별시	마포구 성산동 572-	다솜분식	한식			한식	1	1	주택가주변	29.45	2
일반음식점	3130000	3130000-1		28.08	121-812	서울특별시	마포구 도화동 194-	무교동낙지마	한식	195600.3	448833.2	한식	1	1	주택가주변	28.08	2
일반음식점	3130000	3130000-1		63.96	121-843	서울특별시	마포구 성산동 59-1	알리브	경양식	192273.1	451386.8	경양식	1	1	주택가주변	63.96	2
일반음식점	3130000	3130000-1		39.2	121-873	서울특별시	마포구 염리동 160-	다슬기	한식			한식	1	1	주택가주변	39.2	2
일반음식점	3130000	3130000-1		455.68	121-812	서울특별시	마포구 도화동 18-2	서라벌	한식			한식	4	2	기타	455.68	6

● 영업성과 대시보드

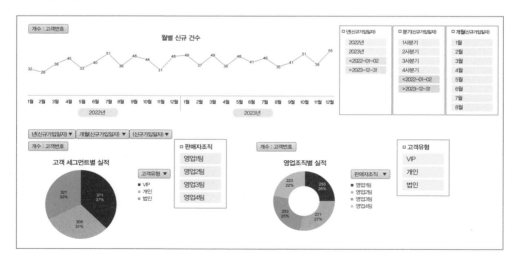

14 · B2B DX 트렌드 데스크 리서치 및 분석 리포트

#생성형 AI #리터러시 #ChatGPT

: 5G 특화망 사업 조사의 어려움

> 5G 특화망 사업에 대한 보고서를 작성해야 하는데, 어디서부터 시작해야 할지
> 모르겠네… 정보가 너무 많고 복잡해…
> 5G 특화망이 뭔지 잘 모르겠는데… 어떻게 시작할지 막막하네

> 일단, 내 업무를 파악해보고, 업무에서 느끼는 불편함을 기록해보자.
> 직관적 접근법으로 문제를 인식할 수 있을 거야.

업무 상황	느낀 불편함
웹 검색으로 5G 특화망 정보 수집	검색 결과가 너무 많고 산만함
기술 문서 읽기	전문 용어가 어려워 이해하는 데 시간이 오래 걸림
사례 조사	신뢰할 만한 최신 사례를 찾기 어려움
정보 정리 및 요약	핵심 포인트를 추출하고 구조화하는 데 어려움을 겪음
인사이트 도출	수집한 정보에서 의미 있는 인사이트를 끌어내기 힘듦

> 이런 불편함을 정리해 보니, 효율적인 정보 수집과 이해가 가장 큰 문제점인 것
> 같네! 역시 머리가 복잡할 땐 차분하게 정리해 보는 것이 도움이 되네.

기존의 웹 검색과 문서 읽기 방식으로는 5G 특화망에 대한 복잡한 정보를 효과적으로 수집하고 이해하는 데 한계가 있습니다. 더 효율적이고 체계적인 학습

및 정보 수집 방법이 필요함을 인식하고, 이 문제를 해결할 수 있는 혁신적인 접근 방식을 정의해야 합니다.

문제 인식

혁신 과제에서 문제 인식은 성공의 열쇠입니다. 정확한 문제 인식 없이는 올바른 해결책을 찾기 어렵고, 시간과 자원을 낭비할 수 있습니다. 이 단계는 전체 혁신 프로세스의 방향을 결정하는 나침반 역할을 하며, 후속 단계의 효과성을 좌우합니다.

KT 전략기획팀의 이민주 인턴은 빠르게 변화하는 통신 기술 트렌드에 대응하고자 생성형 AI를 업무에 활용하기로 결심했습니다. 그녀는 DX 기술의 기초 자료 리서치와 활용 사례 조사에 AI를 적용하고자 했습니다. 어느 날, 이민주 인턴은 5G 특화망 사업에 대한 조사와 보고서 작성이라는 중요한 업무를 맡게 되었지만, 복잡한 기술 개념과 방대한 정보량에 압도되어 어디서부터 시작해야 할지 막막함을 느꼈습니다.

이민주 인턴은 여러 문제 인식 방법 중 '직관적 접근 – 업무 수행 중 느끼는 불편함 기록'을 선택했습니다. 이 방법은 실제 업무 상황에서 직접 겪는 어려움을 바탕으로 문제를 파악할 수 있어, 현실적이고 구체적인 문제 정의가 가능하다고 판단했습니다. 또한, 다른 방법들(예: 데이터 기반 접근, 고객 중심 접근)에 비해 즉시 적용이 가능하고 개인의 경험을 충분히 반영할 수 있다는 장점이 있었습니다.

이민주 인턴은 5G 특화망 사업 조사를 진행하면서 느끼는 모든 불편함을 꼼꼼히 기록했습니다. 그녀는 먼저 자신의 고민을 명확히 표현했습니다. "5G 특화망 사업에 대한 보고서를 작성해야 하는데, 어디서부터 시작해야 할지 모르겠어요. 정보가 너무 많고 복잡해요." 이후 업무 상황별로 느낀 구체적인 불편함을 표로 정리했습니다. 예를 들어, 웹 검색 시 결과가 너무 많고 산만하다는 점, 기술 문서의 전문 용어 이해에 어려움을 겪는 점 등을 기록했습니다. 이 과정에서 이민주 인턴은 단순히 불편함을 나열하는 것이 아니라, 각 문제점이 업무 수행에 어떤 영향을 미치는지 깊이 생각하며 근본적인 원인을 파악하려 노력했습니다. 그녀는 이 과정을 통해 문제의 다양한 측면을 이해할 수 있었고, 이는 PPT 장표의 테이블로 명확히 정리되었습니다.

문제 인식 과정을 통해 이민주 인턴은 중요한 인사이트를 얻었습니다. "이런 불편함을 정리해 보니, 효율적인 정보 수집과 이해가 가장 큰 문제점인 것 같아요." 이 인사이트는 표면적으로 드러난 여러 문제점들의 근본 원인을 포착한 것으로, 문제의 본질을 이해하는 데 결정적인 역할을 했습니다. 이를 통해 이민주 인턴은 단순히 정보를 많이 모으는 것이 아니라, 효과적으로 정보를 수집하고 이해하는 방법을 찾아야 한다는 결론에 도달했습니다. 이는 향후 해결책을 모색하는 데 있어 명확한 방향성을 제시해 주었습니다.

문제 인식 단계에서 얻은 이 결과는 다음 단계인 문제 정의로 자연스럽게 연결됩니다. 이민주 인턴은 "기존의 웹 검색과 문서 읽기 방식으로는 5G 특화망에 대한 복잡한 정보를 효과적으로 수집하고 이해하는 데 한계가 있음"을 인식하고, "더 효율적이고 체계적인 학습 및 정보 수집 방법이 필요함"을 파악했습니다. 이는 향후 혁신적인 접근 방식을 정의하고 구체적인 해결책을 모색하는 데 중요한 기반이 되었으며, 전체 혁신 과제의 방향성을 명확히 하는 데 기여했습니다.

● 학습자를 위한 Tip

문제 인식 과정에서는 표면적인 현상에 집중하기보다 근본 원인을 파악하려는 노력이 중요합니다. 가능한 한 구체적이고 측정 가능한 형태로 문제를 기술하는 것이 좋습니다. 학습자 여러분이 자신의 과제에 이를 적용할 때는, 먼저 다양한 문제 인식 방법 중 자신의 상황에 가장 적합한 방법을 선택하세요. 또한, 문제를 인식하는 과정에서 동료들의 의견을 듣거나 다양한 관점을 고려하는 것도 도움이 될 수 있습니다. 마지막으로, 문제 인식은 한 번에 완벽하게 이루어지기 어려우므로, 필요에 따라 반복적으로 수행하며 점진적으로 개선해 나가는 자세가 필요합니다.

**문제
정의**

: 5G 특화망사업 조사의 혁신적 접근

내가 파악한 어려움을 어떻게 하면 구체적이고 해결 가능한 형태로
정의할 수 있을까? 대리님이 말씀해주신 혁신 중심 AI 문제 프레임을
활용해 보면 가닥이 잡히려나?

혁신 중심 AI 문제 프레임 구성 요소	내용
기존 방식	키워드 기반 웹 검색과 문서 읽기
혁신적 접근	ChatGPT를 활용한 대화형 학습 및 정보 수집
목표	5G 특화망 사업의 개념, 특징, 활용 사례를 효과적으로 이해하고 정리
기대 결과	KT의 B2B DX 전략 수립을 위한 인사이트가 담긴 보고서 작성
제약 조건	1주일 내 완료

혁신 중심 AI 문제 프레임이라고 해서 마냥 어려운 과정인 줄 알았는데,
내가 인식했던 문제를 AI로 어떻게 하면 풀어나갈 수 있을지 고민해 보면
금방 답을 찾을 수 있는 과정이었어! 해결하고자 하는 문제의 목표를
명확히 하고, 요즘 많이 쓰는 ChatGPT를 사용해서 진행하면 되겠지!

기존의 키워드 기반 웹 검색과 문서 읽기 방식을 넘어서 ChatGPT를 활용한 대화형 학
습 및 정보 수집 접근을 통해 5G 특화망 사업의 개념, 특징, 활용 사례를 효과적으로
이해하고 정리하여, KT의 B2B DX 전략 수립을 위한 인사이트가 담긴 보고서를 1주 이
내에 작성하는 방법은 무엇일까?

문제 정의

문제 인식에서 문제 정의로 넘어가는 과정은 막연한 불편함을 구체적이고 해결 가능한 형태로 바꾸는 중요한 단계입니다. 명확한 문제 정의는 혁신 과제의 방향을 결정하고, 효과적인 해결책을 찾는 데 결정적인 역할을 합니다. 이는 마치 목적지를 정확히 설정하는 것과 같아, 이후의 모든 노력이 올바른 방향으로 집중될 수 있도록 합니다.

이민주 인턴은 여러 문제 정의 방법 중 '혁신 중심 AI 문제 프레임'을 선택했습니다. 이 방법은 기존 방식의 한계를 인식하고, 새로운 기술(이 경우 AI)을 활용한 혁신적 접근을 모색하는 데 적합했기 때문입니다. 또한, 이 프레임은 목표, 기대 결과, 제약 조건 등을 명확히 하여 문제를 구조화하는 데 도움을 줍니다. 다른 방법들(예: 5W1H, TRIZ 등)도 고려했지만, AI 활용이라는 특성을 잘 반영할 수 있는 이 방법이 가장 적합하다고 판단했습니다.

이민주 인턴은 먼저 "문제 인식 단계에서 파악한 어려움을 어떻게 하면 구체적이고 해결 가능한 형태로 정의할 수 있을까요?"라는 질문으로 시작했습니다. 그녀는 혁신 중심 AI 문제 프레임의 각 구성 요소를 표로 정리하며 문제를 구조화했습니다. '기존 방식'에서는 키워드 기반 웹 검색의 한계를, '혁신적 접근'에서는 ChatGPT 활용을 명시했습니다. '목표'와 '기대 결과'를 구체화하면서, 이민주 인턴은 단순한 정보 수집을 넘어 인사이트 도출의 중요성을 깨달았습니다. '제약 조건'을 1주일로 설정하면서, 시간 관리의 중요성도 인식했습니다. 이 과정에서 그녀는 각 요소 간의 균형을 맞추는 것이 쉽지 않다는 것을 느꼈지만, 이를 통해 문제의 다양한 측면을 종합적으로 고려할 수 있었습니다.

최종적으로 도출된 문제 정의는 "기존의 키워드 기반 웹 검색과 문서 읽기 방식을 넘어서 ChatGPT를 활용한 대화형 학습 및 정보 수집 접근을 통해 5G 특화망 사업의 개념, 특징, 활용 사례를 효과적으로 이해하고 정리하여, KT의 B2B DX 전략 수립을 위한 인사이트가 담긴 보고서를 1주 내에 작성하는 방법은?"입니다. 이 문제 정의는 기존 방식의 한계, 새로운 접근 방법, 구체적인 목표, 기대 결과, 그리고 시간적 제약을 모두 포함하고 있어 문제의 본질을 종합적으로 포착하고 있습니다. 특히 "1주 이내에 작성"이라는 측정 가능한 목표를 포함함으로써, 해결책의 효과성을 평가할 수 있는 기준을 제시했습니다.

이렇게 정의된 문제는 다음 단계인 과제 구체화의 기초가 됩니다. 명확한 문제 정의를 통해 이민주 인턴은 ChatGPT를 활용한 정보 수집과 분석 방법, 인사이트 도출 과정 등을 더 구체적으로 계획할 수 있게 되었습니다. 이는 전체 혁신 과제의 방향성을 명확히 하고, 효율적인 자원 활용을 가능케 하여 최종 목표 달성의 가능성을 높입니다.

● 학습자를 위한 Tip

> 효과적인 문제 정의를 위해서는 문제의 다양한 측면을 균형 있게 고려해야 합니다. 기존 방식의 한계, 새로운 접근법, 구체적 목표, 기대 결과, 그리고 제약 조건을 모두 포함하되, 이들이 서로 일관성을 가지도록 해야 합니다. 또한, 가능한 한 측정 가능한 목표를 포함하여 문제해결의 성공 여부를 평가할 수 있게 하는 것이 중요합니다. 마지막으로, 문제 정의 과정에서 팀원들과의 논의와 피드백을 통해 다양한 관점을 반영하는 것도 도움이 될 수 있습니다.

이제 문제 정의까지 완료했으니 이 내용을 바탕으로 구체적인 과제 수행 계획을 세워봐야겠다. 생성형 AI를 활용하여 어떻게 효율적으로 정보를 수집하고 인사이트를 도출할 수 있을지 구체화해 봐야겠어.
먼저, 내가 보고서에 작성하려고 했던 내용을 기반으로 만들어봐야겠어!

항목	내용
생성형 AI 활용 포인트	- 5G 특화망 기본 개념 및 기술적 특징 학습 - 글로벌 및 국내 구축 사례 조사 - 산업별 적용 시나리오 탐색 - 인사이트 도출 및 보고서 작성 지원
활용 목표	- ChatGPT를 활용한 대화형 학습으로 5G 특화망에 대한 깊이 있는 이해 달성 - 효율적인 정보 수집 및 구조화를 통해 시간 절약 - KT의 B2B DX 전략 수립에 필요한 핵심 인사이트 도출 - 1주일 내 완성도 높은 보고서 작성

과제 수행 계획 개요

① 5G 특화망 기초 개념 학습 및 이해

② 글로벌 및 국내 구축 사례 조사

③ 산업별 적용 시나리오 및 비즈니스 모델 탐색

④ 수집 정보 검증 및 인사이트 도출

⑤ 최종 보고서 작성 및 검토

기대 효과

• 복잡한 기술 개념에 대한 빠른 이해와 학습 시간 단축

- 다양한 산업분야의 5G 특화망 적용 가능성 발견으로 신규 비즈니스 기회 창출
- 데이터 기반의 인사이트로 KT의 B2BDX 전략 수립에 기여

과제 구체화

문제 정의에서 과제 구체화로 넘어가는 과정은 추상적인 아이디어를 실행 가능한 계획으로 전환하는 중요한 단계입니다. 명확한 과제 구체화는 프로젝트의 방향을 설정하고, 필요한 자원과 시간을 효율적으로 배분하는 데 결정적인 역할을 합니다. 이는 마치 여행 계획을 세우는 것과 같아, 목적지(목표)를 정했다면 이제 구체적인 경로와 준비물을 정하는 단계라고 할 수 있습니다.

이민주 인턴은 여러 과제 유형 중 '생성형 AI' 유형을 선택했습니다. 이는 ChatGPT를 활용하여 5G 특화망에 대한 정보를 효율적으로 수집하고 이해하려는 그녀의 목표와 가장 잘 부합했기 때문입니다. 생성형 AI의 대화형 특성은 복잡한 기술 개념을 학습하고, 다양한 산업 사례를 탐색하는 데 특히 유용할 것으로 기대되었습니다.

이민주 인턴은 먼저 "문제 정의를 바탕으로 구체적인 과제 수행 계획을 세워볼까요?"라는 질문으로 시작했습니다. 그녀는 생성형 AI 활용 포인트와 활용 목표를 명확히 정의하기 위해 표를 작성했습니다. '생성형 AI 활용 포인트'에서는 5G 특화망의 기본 개념 학습부터 인사이트 도출까지의 전 과정을 포함시켰고, '활용 목표'에서는 깊이 있는 이해, 시간 절약, 인사이트 도출, 보고서 작성 등 구체적인 목표를 설정했습니다. 이 과정에서 생성형 AI를 단순한 정보 검색 도구가 아닌, 대화형 학습과 분석의 파트너로 활용하는 방안을 고민했습니다. 특히 1주일이라는 짧은 기간 내에 높은 품질의 결과물을 만들어내야 한다는 압박감 속에서, AI의 효율성을 최대한 활용할 방법을 모색하는 데 집중했습니다.

구체화된 과제를 바탕으로 이민주 인턴은 5단계의 수행 계획을 수립했습니다. 기초 개념 학습부터 최종 보고서 작성까지, 각 단계는 이전 단계의 결과를 기반

으로 하며 점진적으로 깊이를 더해가는 구조입니다. 특히 '수집 정보 검증 및 인사이트 도출' 단계에서는 AI가 제공한 정보의 신뢰성을 확보하고, 이를 KT의 비즈니스 컨텍스트에 맞게 해석하는 것이 중요한 도전 과제가 될 것으로 예상했습니다. 이민주 인턴은 이 과정에서 자신의 비판적 사고 능력과 AI의 정보 처리 능력을 효과적으로 결합해야 한다는 점을 인식했습니다.

이 과제 수행을 통해 이민주 인턴은 복잡한 기술 개념에 대한 이해도를 높이고 학습 시간을 대폭 단축할 수 있을 것으로 기대했습니다. 또한, 다양한 산업 분야의 5G 특화망 적용 가능성을 발견함으로써 KT에 새로운 비즈니스 기회를 제시할 수 있을 것으로 보았습니다. 이러한 데이터 기반의 인사이트는 KT의 B2B DX 전략 수립에 실질적인 기여를 할 수 있을 것이며, 나아가 회사의 미래 성장 동력을 발굴하는 데 중요한 역할을 할 것으로 예상되었습니다.

과제 구체화를 통해 얻은 명확한 계획은 실행 단계의 효율성을 크게 높일 것입니다. 단계별로 필요한 접근 방식과 예상되는 결과물이 명확히 정의되어 있어, 보다 체계적으로 프로젝트를 진행할 수 있게 되었습니다. 이는 전체 프로젝트의 성공 가능성을 높이고, 제한된 시간 내에 높은 품질의 결과물을 도출하는 데 핵심적인 역할을 할 것입니다.

● 학습자를 위한 Tip

효과적인 과제 구체화를 위해서는 목표를 명확히 하고, 이를 달성하기 위한 단계를 논리적으로 구성하는 것이 중요합니다. 또한, 각 단계에서 예상되는 도전 과제와 이를 극복할 방안을 미리 고민해보는 것이 좋습니다. 자신의 과제에 이를 적용할 때는, 선택한 기술(이 경우 생성형 AI)의 특성을 충분히 이해하고, 이를 자신의 업무 프로세스에 어떻게 효과적으로 통합할 수 있을지 고민해보세요. 마지막으로, 과제 구체화는 유연성을 가져야 합니다. 실행 과정에서 예상치 못한 상황이 발생할 수 있으므로, 필요에 따라 계획을 조정할 수 있는 여지를 남겨두는 것이 중요합니다.

실행

이제 드디어 구체적인 계획을 실행에 옮길 차례야. 생성형 AI를 활용하여 효율적으로 정보를 수집하고, 깊이 있는 인사이트를 도출을 해보겠어. 특히, 단계별로 주의 깊게 접근해서, 결과물의 품질을 지속적으로 점검해 나가며 원하는 답변이 나올 때까지 질문을 멈추지 않을 거야! 그리고, ChatGPT 가 생성한 결과물을 그대로 믿지 않고, 지속적인 검증을 진행해야겠어.

● 실행 과정 테이블

단계	내용
프롬프트 엔지니어링 기법 적용	• 5G 특화망 관련 핵심 질문 리스트 작성 • 단계적 학습을 위한 프롬프트 구조화 • 정확한 정보 요청을 위한 프롬프트 최적화
생성형 AI 모델 활용	• ChatGPT를 활용한 대화형 학습 진행 • 글로벌 및 국내 사례 수집 및 분석 • 산업별 적용 시나리오 탐색 및 비즈니스 모델 구상
결과 정리 및 리포트 작성	• 수집된 정보의 구조화 및 시각화 • KT B2B DX 전략 관련 인사이트 도출 • 최종 보고서 작성 및 검토

실행 과정에서의 주요 고려사항

- AI 생성 정보의 정확성 및 최신성 지속적 검증
- 프롬프트 작성 시 편향된 질문이나 가정 배제
- 수집된 정보의 KT 비즈니스 맥락에 맞는 해석 및 적용
- 일관된 형식과 구조로 정보 정리하여 가독성 확보
- 팀 내 전문가 리뷰를 통한 결과물 품질 향상

예상 결과 및 평가 지표

예상 결과: 5G 특화망에 대한 종합적 이해와 KT의 B2B DX 전략 수립을 위한 실행 가능한 인사이트가 담긴 보고서

평가 지표

보고서 완성도 (구조, 내용의 깊이, 논리적 일관성)

도출된 인사이트의 실행 가능성 및 혁신성

팀 내 피드백 반영 정도

프로젝트 완료 시간 (목표: 1주일 이내)

단계별 실행 과정 상세 설명

1단계 과정 : '프롬프트 엔지니어링 기법 적용'

- 핵심 질문 예시 : '5G 특화망의 정의와 주요 특징은?'
- 구조화 방법: 기본 개념 → 기술적 특징 → 응용 분야 순으로 구성
- 최적화 팁: 구체적이고 명확한 표현 사용, 원하는 출력 형식 지정

2단계 과정 : '생성형 AI 모델 활용'

- ChatGPT 활용 : 대화형 방식으로 개념 학습 및 질의응답
- 사례 수집 : 글로벌/국내 주요 기업의 5G 특화망 구축 사례 요청
- 시나리오 탐색 : 다양한 산업군에 대한 5G 특화망 적용 가능성 모색

3단계 과정 : '결과 정리 및 리포트 작성'

- 구조화 방법 : 주제별, 산업별로 정보 분류 및 요약
- 시각화 : 주요 통계, 트렌드를 수집하여 차트나 인포그래픽으로 표현
- 인사이트 도출 : SWOT 분석, 비즈니스 기회 포인트 식별
- 보고서 품질 향상 : AI를 활용한 문장 구조 개선, 논리적 흐름 점검

실행 단계

과제 구체화에서 실행 단계로 넘어가는 과정은 계획을 현실로 옮기는 중요한 전환점입니다. 이 단계에서는 앞서 정의한 문제와 구체화한 계획을 바탕으로 실제 행동을 취하게 됩니다. 실행의 질과 효율성은 프로젝트의 성패를 좌우하며, 이 단계에서의 경험은 향후 유사한 과제를 수행할 때 귀중한 자산이 됩니다.

실행 과정 상세 설명 (생성형 AI 과제)

프롬프트 엔지니어링 기법 적용

이민주 인턴은 먼저 효과적인 프롬프트 작성을 위한 전략을 수립했습니다. 그녀는 5G 특화망에 대한 기본 개념부터 시작해 점차 복잡한 주제로 나아가는 단계적 접근법을 채택했습니다. 예를 들어, "5G 특화망의 정의와 주요 특징을 설명해주세요"와 같은 기본적인 질문으로 시작하여 "5G 특화망이 제조업 분야에서 어떻게 활용될 수 있는지 구체적인 사례와 함께 설명해주세요"와 같은 심화 질문으로 발전시켰습니다. 또한, 답변의 형식을 지정하거나 특정 관점에서의 설명을 요청하는 등 다양한 프롬프트 기법을 실험했습니다.

생성형 AI 모델 활용

ChatGPT를 활용한 대화형 학습 과정에서 이민주 인턴은 대화의 맥락을 유지하면서 점진적으로 정보를 수집하고 이해를 심화시켜 나갔습니다. 그녀는 각 질문에 대한 AI의 답변을 꼼꼼히 검토하고, 이해가 부족한 부분에 대해서는 추가 질문을 통해 개념을 명확히 파악했습니다. 글로벌 및 국내 사례 조사 시에는 "가장 혁신적인 5G 특화망 구축 사례 3가지를 설명해주세요"와 같은 질문을 통해 주요 사례를 수집했고, 이를 바탕으로 더 구체적인 정보를 요청했습니다.

결과 정리 및 리포트 작성

수집된 정보는 주제별, 산업별로 체계적으로 정리되었습니다. 이민주 인턴은

ChatGPT에 "지금까지 수집한 정보를 바탕으로 5G 특화망 시장의 주요 트렌드를 3가지로 요약해주세요"와 같은 요청을 통해 핵심 인사이트를 도출했습니다. 보고서 작성 시에는 AI에게 목차 구성을 요청하고, 각 섹션별 주요 내용을 정리한 후 논리적 흐름과 문장 구조 개선을 위해 AI의 도움을 받았습니다. 최종적으로는 팀 내 선배들의 피드백을 반영하여 보고서를 완성했습니다.

실행 과정에서 이민주 인턴이 마주한 주요 고려사항은 AI 생성 정보의 신뢰성 검증, 편향된 질문 방지, 그리고 수집된 정보의 KT 비즈니스 맥락에 맞는 해석이었습니다. 이를 극복하기 위해 그녀는 AI의 답변을 무조건적으로 수용하지 않고, 웹 검색을 통한 교차 검증 과정을 도입했습니다. 또한, 다양한 관점에서 질문을 구성하여 편향을 최소화하고자 노력했으며, 정기적으로 팀 내 전문가들과 의견을 교환하여 비즈니스 관점에서의 적절성을 확인했습니다.

이 프로젝트를 통해 이민주 인턴은 5G 특화망에 대한 종합적인 이해와 KT의 B2B DX 전략 수립을 위한 실행 가능한 인사이트가 담긴 보고서를 작성할 것으로 예상했습니다. 결과의 평가는 다음과 같은 지표를 통해 이루어질 계획입니다. 1) 보고서의 완성도 (구조, 내용의 깊이, 논리적 일관성), 2) 도출된 인사이트의 실행 가능성 및 혁신성, 3) 팀 내 피드백 반영 정도, 4) 프로젝트 완료 시간 (목표: 1주일 이내). 이러한 평가를 통해 프로젝트의 성과를 객관적으로 측정하고, 향후 개선점을 파악할 수 있을 것입니다.

실행 단계에서 얻은 결과는 다음 단계인 결과 도출의 기반이 됩니다. 수집된 정보와 도출된 인사이트는 KT의 5G 특화망 B2B 사업 전략 수립에 직접적으로 활용될 것입니다. 특히, SWOT 분석이나 시장 기회 파악 등의 과정에서 이 단계에서 얻은 깊이 있는 이해가 중요한 역할을 할 것으로 예상됩니다. 실행 단계의 성과는 전체 프로젝트의 품질과 영향력을 결정짓는 핵심 요소가 될 것입니다.

● 학습자를 위한 Tip

효과적인 실행을 위해서는 먼저 명확한 목표와 단계별 계획을 수립하는 것이 중요합니다. 생성형 AI를 활용할 때는 질문의 구체성과 맥락의 일관성에 주의를 기울이세요. 또한, AI의 답변을 비판적으로 검토하고 추가 검증을 거치는 습관을 들이는 것이 좋습니다. 마지막으로, 정기적으로 진행 상황을 점검하고 필요에 따라 계획을 조정하는 유연성을 가지세요. 이러한 접근 방식은 여러분의 프로젝트 실행 효율성을 크게 높여줄 것입니다.

프롬프트를 도출하기 위한 과정

보고서 구조

– 개요

– 5G 특화망 기술 소개

– 시장 동향 및 전망

– 글로벌 및 국내 구축 사례 분석

– KT의 5G 특화망 사업 전략

– 산업별 적용 시나리오 및 비즈니스 모델

– 기대효과 및 전망

– 결론 및 제언

이 구조는 'ChatGPT를 활용하여 5G 특화망 사업의 개념, 특징, 활용 사례를 효과적으로 이해하고 정리'하려는 요구사항을 반영하여 설계되었습니다.

세부 구조 설명

먼저 개요 부분에서는 5G 특화망의 기본적인 정의와 중요성을 다룹니다. 이는 주제에 대한 이해도를 높이고 보고서의 목적과 범위를 명확히 하기 위함입니다. 기본적인 질문으로 시작하여 개념을 잡아나가는 방식을 취합니다.

다음으로 5G 특화망 기술 소개 부분에서는 핵심 기술 요소와 기존 네트워크와의 차별점을 설명합니다. 네트워크 슬라이싱, MEC 등의 기술적 특징을 상세히 다루고, 이에 따른 이점과 도전 과제를 분석합니다. 이를 통해 복잡한 기술 개념을 체계적으로 이해할 수 있도록 합니다.

시장 동향 및 전망, 그리고 글로벌 및 국내 구축 사례 분석 부분에서는 5G 특화망의 시장 규모와 성장률 예측, 주요 국가별 정책 현황, 그리고 구체적인 기업 사례들을 조사합니다. 최소 3개의 글로벌 기업 사례와 2개의 국내 기업 사례를 포함하여 실제 적용 현황을 파악합니다.

KT의 5G 특화망 사업 전략 부분에서는 현재 역량을 SWOT 분석을 통해 평가하고, 중장기 사업 목표와 전략 방향을 제시합니다. 차별화 전략과 경쟁 우위 확보 방안을 통해 KT의 B2B DX 전략 수립에 필요한 인사이트를 도출합니다.

산업별 적용 시나리오 및 비즈니스 모델 부분에서는 제조, 물류, 헬스케어, 스마트시티 등 주요 산업별로 5G 특화망의 적용 가능성을 탐색합니다. 각 산업에서 예상되는 비즈니스 모델과 수익 구조를 분석하여 실질적인 활용 방안을 제시합니다.

기대효과 및 전망, 그리고 결론 및 제언 부분에서는 5G 특화망 도입에 따른 산업별 기대효과와 KT의 예상 매출 및 시장 점유율을 전망합니다. 또한 KT의 5G 특화망 사업 성공을 위한 구체적인 제언 사항을 제시합니다.

마지막으로 유의 사항과 결과물 형식 작성 시 정보의 신뢰성과 효율적인 전달을 위해 몇 가지 사항을 고려합니다. 최신 데이터와 통계를 활용하여 현재 시장 상황을 정확히 반영하고, 객관적이고 중립적인 톤을 유지합니다. 마크다운 형식과 적절한 제목 단계를 사용해 내용을 체계적으로 구조화하며, 복잡한 정보는 표와 리스트로 정리하여 가독성을 높입니다. 이를 통해 복잡한 기술과 시장 동향을 효과적으로 전달하고, 유용한 인사이트를 제공할 수 있습니다.

이 프롬프트는 이민주 인턴이 ChatGPT를 활용해 5G 특화망에 대한 종합 보고서를 효율적으로 작성할 수 있도록 설계되었습니다. 각 섹션과 세부 내용은 제공된 시나리오의 요구사항과 문제 해결에 초점을 맞추고 있습니다.

chatGPT에 입력하는 프롬프트 예시

당신은 KT의 전략기획팀에서 5G 특화망 사업에 대한 종합 보고서를 작성하는 전문가입니다. 다음 지침에 따라 상세하고 전문적인 보고서를 작성해 주세요.

• 보고서 구조 : 다음 구조로 보고서를 작성해 주세요.
• 개요 : 5G 특화망 기술 소개 시장 동향 및 전망 글로벌 및 국내 구축 사례 분석 KT의 5G 특화망 사업 전략 산업별 적용 시나리오 및 비즈니스 모델 기대 효과 및 전망 결론 및 제언

• 세부 지침 : 각 섹션에 대해 다음 내용을 포함해 주세요.
① 개요 : 5G 특화망의 정의와 중요성 보고서의 목적과 범위
② 5G 특화망 기술 소개 : 5G 특화망의 핵심 기술 요소 (네트워크 슬라이싱, MEC 등) 기존 네트워크와의 차별점 기술적 이점과 도전 과제
③ 시장 동향 및 전망 : 글로벌 5G 특화망 시장 규모 및 성장률 예측 주요 시장 동인 요인과 저해 요인 산업별 수요 전망
④ 글로벌 및 국내 구축 사례 분석 : 주요 국가별 5G 특화망 정책 및 추진 현황, 글로벌 기업들의 구축 사례(최소 3개), 국내 기업들의 구축 사례(최소 2개), 각 사례의 주요 특징, 성과, 시사점
⑤ KT의 5G 특화망 사업 전략 : KT의 현재 5G 특화망 관련 역량 분석 (SWOT 분석 포함) 중장기 사업 목표 및 전략 방향 차별화 전략 및 경쟁 우위 확보 방안 주요 타겟 산업 및 고객군 정의
⑥ 산업별 적용 시나리오 및 비즈니스 모델 : 주요 산업별 (제조, 물류, 헬스케어, 스마트시티 등) 5G 특화망 적용 시나리오 각 산업별 예상되는 비즈니스 모델 및 수익 구조 산업별 주요 파트너십 전략
⑦ 기대효과 및 전망 : 5G 특화망 도입에 따른 산업별 기대효과 (생산성, 효율성, 비용 절감 등) KT의 예상 매출 및 시장 점유율 전망 사회경제적 파급효과 분석

⑧ 결론 및 제언 : 주요 발견사항 요약 KT의 5G 특화망 사업 성공을 위한 제언사항 향후 연구 및 검토가 필요한 영역

• 작성 시 유의사항 : 최신 데이터와 통계를 활용하여 주장을 뒷받침해 주세요. 객관적이고 중립적인 톤을 유지하면서, KT의 관점에서 유용한 인사이트를 제공해 주세요. 산업 전문용어를 적절히 사용하되, 필요시 간단한 설명을 덧붙여 주세요. 각 섹션마다 주요 포인트를 요약한 박스나 불릿 포인트를 포함해 주세요. 가능한 경우, 데이터를 시각화한 차트나 그래프를 제안해 주세요. 전체 보고서의 길이는 약 10 페이지 분량으로 작성해 주세요.

• 결과물 형식 : 마크다운 형식으로 작성해 주세요. 주요 섹션과 하위 섹션에 적절한 제목 단계(#, ##, ###)를 사용해 주세요. 표와 리스트를 활용하여 정보를 구조화해 주세요. 중요한 정보나 핵심 포인트는 볼드체로 강조해 주세요.

이 프롬프트를 바탕으로 5G 특화망 구축 및 운영에 대한 전문적이고 통찰력 있는 보고서를 작성해 주세요.

5G 특화망 구축 및 운영에 대한 종합 보고서

개요

① 5G 특화망의 정의와 중요성

5G 특화망Private 5G Network은 특정 기업이나 산업군이 자체적인 요구 사항에 맞게 구축하는 맞춤형 네트워크를 의미합니다. 일반 소비자용 5G 네트워크와는 달리, 특화망은 높은 보안성, 낮은 지연 시간, 대규모 장치 연결, 및 안정적인 서비스 품질을 필요로 하는 산업용 애플리케이션에 최적화되어 있습니다. 5G 특화망은 기업의 디지털 전환을 가속화하고, 스마트팩토리, 자율 주행, 원격 의료 등 다양한 혁신적 서비스를 가능하게 하여, 미래 산업의 경쟁력을 좌우할 핵심 인프라로 자리 잡고 있습니다.

② 보고서의 목적과 범위

본 보고서는 5G 특화망의 기술적 요소와 시장 동향을 분석하고, 국내외 구축 사례를 통해 KT가 이 시장에서 성공적으로 자리매김하기 위한 전략적 방향을 제시하는 것을 목적으로 합니다. 특히, KT의 경쟁력을 강화할 수 있는 차별화 전략과 산업별 비즈니스 모델을 제안하며, 이를 통해 KT가 5G 특화망 시장에서 선도적 위치를 확보할 수 있도록 돕는 데 그 범위를 두고 있습니다.

5G 특화망 기술 소개

① 5G 특화망의 핵심 기술 요소

네트워크 슬라이싱Network Slicing: 네트워크 슬라이싱은 물리적인 네트워크 인프라를 여러 개의 가상 네트워크로 분할하여, 각 네트워크 슬라이스가 특정 애플리케이션이나 서비스를 위한 맞춤형 네트워크를 제공합니다. 이를 통해 다양한 서비스 요구사항을 동시에 충족할 수 있습니다.

MEC Multi-access Edge Computing: MEC는 데이터 처리를 네트워크의 에지(Edge) 에서 수행하여, 서비스 지연을 최소화하고 실시간 처리를 가능하게 합니다. 이는 자율 주행차, 스마트 제조, 원격 의료 등 초저지연이 요구되는 애플리케이션에 필수적입니다.

보안 및 프라이버시 강화: 5G 특화망은 특정 기업 내부에서 운영되므로, 보안 성과 데이터 프라이버시가 강화됩니다. 이는 금융, 국방, 의료 등 민감한 데이터 를 다루는 산업에서 중요한 요소입니다.

② 기존 네트워크와의 차별점

맞춤형 네트워크 구성: 5G 특화망은 기업의 특정 요구에 맞춰 네트워크를 설 계하고 구성할 수 있으며, 이는 공용 5G 네트워크와의 큰 차이점입니다.

전용 자원 할당: 일반적인 5G 네트워크는 공공 자원을 공유하지만, 특화망은 전용 자원을 할당받아 성능 및 안정성을 보장받을 수 있습니다.

높은 보안성: 특화망은 물리적으로 분리된 전용 네트워크로 운영되어, 공용 네트워크에 비해 보안성이 대폭 강화됩니다.

③ 기술적 이점과 도전 과제

- 기술적 이점
- 초저지연 : MEC 기술을 활용하여 데이터 처리를 네트워크의 에지에서 수 행함으로써, 초저지연 통신이 가능합니다.
- 맞춤형 서비스 제공 : 네트워크 슬라이싱을 통해 각기 다른 요구사항을 가 진 서비스를 동시에 제공할 수 있습니다.
- 확장성 : 특화망은 네트워크 확장이 용이하여, 급격한 트래픽 증가에도 유 연하게 대처할 수 있습니다.

- 도전 과제
- 높은 초기 구축 비용 : 맞춤형 인프라를 구축하기 위한 초기 비용이 높습니다.
- 기술적 복잡성 : 네트워크 슬라이싱 및 MEC 기술의 구현은 고도의 기술적 전문성을 요구합니다.
- 규제 및 표준화 : 각국의 규제 및 표준화 문제로 인해 글로벌 확장이 어려울 수 있습니다.

시장 동향 및 전망

① 글로벌 5G 특화망 시장 규모 및 성장률 예측

5G 특화망 시장은 2023년 기준 약 40억 달러로 추산되며, 연평균 성장률(CAGR) 30% 이상으로 2028년까지 약 150억 달러 규모로 성장할 것으로 예상됩니다. 이러한 성장은 주로 제조업, 물류, 헬스케어, 스마트시티 등의 주요 산업에서의 수요 증가에 의해 견인될 것입니다.

② 주요 시장 동인 요인과 저해 요인

- 주요 시장 동인 요인
- 산업 자동화 및 디지털 전환 가속화 : 산업 전반에서 자동화 및 디지털 전환이 빠르게 진행되면서, 5G 특화망에 대한 수요가 증가하고 있습니다.
- 보안 요구 증가 : 데이터 보안 및 프라이버시 보호에 대한 요구가 높아지면서, 전용 네트워크를 구축하려는 기업이 늘어나고 있습니다.
- 초저지연 및 고신뢰성 요구 : 자율 주행, 원격 의료 등 초저지연이 요구되는 애플리케이션의 증가가 특화망 수요를 촉진하고 있습니다.
- 주요 시장 저해 요인
- 높은 구축 비용 : 초기 투자 비용이 높아 중소기업의 진입 장벽이 될 수 있습니다.

- 기술적 복잡성 : 네트워크 구축 및 운영의 복잡성으로 인해 전문인력 및 기술이 부족한 기업들이 어려움을 겪을 수 있습니다.

③ 산업별 수요 전망

- 제조업 : 스마트팩토리 구현을 위해 5G 특화망에 대한 수요가 급증할 것으로 예상됩니다.
- 물류 : 자동화된 물류 관리시스템 및 자율 드론을 위한 5G 특화망 수요가 증가할 것입니다.
- 헬스케어 : 원격 진료 및 실시간 환자 모니터링을 위해 5G 특화망이 필수적인 인프라로 자리잡을 것입니다.
- 스마트시티 : 스마트시티 프로젝트의 일환으로, 교통 관리, 에너지 관리 등을 위해 5G 특화망이 도입될 것입니다.

글로벌 및 국내 구축 사례 분석

① 주요 국가별 5G 특화망 정책 및 추진 현황

- 독일 : 독일은 제조업의 강국으로, 스마트팩토리 구현을 위해 5G 특화망 구축에 적극 나서고 있습니다. 특히, 연방 네트워크 기관(Bundesnetzagentur)이 5G 주파수 대역을 기업들에게 직접 할당하여 특화망 구축을 장려하고 있습니다.
- 미국 : 미국은 대형 IT 기업과 통신사들이 중심이 되어 5G 특화망 구축을 추진하고 있습니다. 특히, 자율주행차 및 스마트시티 프로젝트를 중심으로 특화망이 확산되고 있습니다.
- 중국 : 중국 정부는 국가 차원의 디지털 경제 전략에 따라 5G 특화망을 적극적으로 추진하고 있으며, 제조업 및 물류 산업에서 광범위하게 활용되고 있습니다.

② 글로벌 기업들의 구축 사례

- Siemens (독일) : Siemens는 독일 내 스마트팩토리를 구축하기 위해 5G 특화망을 도입하였습니다. 이를 통해 실시간 데이터 분석과 공장 내 자동화 시스템 간의 통신이 원활하게 이루어지고 있습니다.
- Ford (미국) : Ford는 자율 주행차 테스트를 위해 5G 특화망을 구축하였으며, 이를 통해 초저지연의 통신 환경을 구현하고 있습니다.
- Huawei (중국) : Huawei는 중국 내 대형 물류센터에 5G 특화망을 구축하여, 자율로봇 및 드론을 이용한 물류 관리시스템을 운영하고 있습니다.

③ 국내 기업들의 구축 사례

- 삼성전자 : 삼성전자는 수원 스마트팩토리에 5G 특화망을 구축하여, 생산 라인의 자동화 및 효율성을 극대화하였습니다. 이를 통해 생산성 향상과 운영 비용 절감에 크게 기여하고 있습니다.
- 포스코 : 포스코는 광양제철소에 5G 특화망을 도입하여, 실시간 설비 모니터링 및 원격 제어를 구현하고 있습니다. 이를 통해 안전성과 생산 효율성을 크게 향상시켰습니다.

④ 각 사례의 주요 특징, 성과, 및 시사점

• 주요 특징

- 고도화된 자동화 : 스마트팩토리 및 자율 시스템에서 5G 특화망이 중요한 역할을 하고 있음.
- 초저지연 통신 : 자율 주행 및 실시간 제어 시스템에서 5G 특화망의 필요성이 대두되고 있음.

• 성과

- 생산성 향상 : 스마트팩토리 구축을 통해 공장 운영 효율성이 크게 향상됨.

- 안전성 강화 : 원격 모니터링 및 제어 시스템을 통해 작업 현장의 안전성이 개선됨.

• 시사점

- 산업 맞춤형 네트워크 : 각 산업에 최적화된 5G 특화망 솔루션이 필요함.

- 협력 및 파트너십 : 성공적인 5G 특화망 구축을 위해 기술 파트너와의 협력이 중요함.

KT의 5G 특화망 사업 전략

① KT의 현재 5G 특화망 관련 역량 분석 (SWOT 분석 포함)

• 강점 (Strengths)

- 국내 5G 시장의 선도적 위치 : KT는 이미 국내 5G 시장에서 선도적 위치를 점하고 있으며, 이를 기반으로 특화망 사업에서도 유리한 입지를 확보하고 있습니다.

- 풍부한 인프라 및 기술력 : 광범위한 네트워크 인프라와 우수한 기술력을 보유하고 있어, 다양한 산업에 특화된 5G 솔루션을 제공할 수 있습니다.

• 약점 (Weaknesses)

- 높은 초기 비용 부담 : 특화망 구축을 위한 높은 초기 투자 비용이 부담으로 작용할 수 있습니다.

- 전문인력 부족 : 5G 특화망 관련 전문인력의 부족이 단기적으로 문제될 수 있습니다.

• 기회 (Opportunities)

- 디지털 전환 가속화 : 기업들의 디지털 전환 수요가 증가함에 따라 5G 특화망 수요도 동반 상승할 것으로 예상됩니다.

- 산업별 맞춤형 서비스 제공 : 특정 산업군을 대상으로 한 맞춤형 네트워크 솔루션 제공이 가능해집니다.

- 위협 (Threats)
  - 경쟁 심화 : 경쟁사들의 특화망 사업 진출로 인해 시장 경쟁이 심화될 수 있습니다.
  - 규제 불확실성 : 5G 특화망 관련 정부 규제의 변화 가능성이 존재합니다.

② 중장기 사업 목표 및 전략 방향

- 중장기 목표 : 2025년까지 국내 5G 특화망 시장 점유율 30% 달성 및 글로벌 진출 확대
- 전략 방향 : 주요 산업군(제조, 물류, 헬스케어 등)을 중심으로 맞춤형 솔루션 개발 및 제공, 기술 파트너십을 통해 혁신적 기술 도입 및 서비스 강화

③ 차별화 전략 및 경쟁 우위 확보 방안

- 산업별 맞춤형 솔루션 : 각 산업군의 특성에 맞는 차별화된 5G 특화망 솔루션을 개발하여 경쟁사와의 차별화 전략을 강화합니다.
- 기술 파트너십 강화 : 글로벌 기술 리더와의 파트너십을 통해 최신 기술을 도입하고, 경쟁 우위를 확보합니다.
- 고객 맞춤형 서비스 : 고객의 요구에 맞춘 맞춤형 네트워크 설계 및 운영 서비스를 제공하여, 고객 만족도를 극대화합니다.

④ 주요 타겟 산업 및 고객군 정의

- 제조업 : 스마트팩토리 구축을 위한 주요 타겟 산업으로 설정
- 물류 : 자동화된 물류 관리시스템 구축을 위한 주요 고객군
- 헬스케어 : 원격 의료 및 실시간 환자 모니터링시스템 구축을 위한 주요 고객군
- 스마트시티 : 도시 인프라 관리 및 스마트시티 프로젝트에 필요한 고객군

산업별 적용 시나리오 및 비즈니스 모델

① 주요 산업별 5G 특화망 적용 시나리오

- 제조업 : 공장 내 모든 설비와 장치를 실시간으로 연결하여 데이터 분석 및 자동화 프로세스를 최적화하는 스마트팩토리 구축

- 물류 : 자율 드론 및 로봇을 활용한 물류 관리 자동화 시스템 구축

- 헬스케어 : 원격 진료 및 실시간 환자 모니터링시스템 구축

- 스마트시티 : 도시 내 교통, 에너지, 보안 시스템을 통합 관리하는 스마트시티 구축

② 각 산업별 예상되는 비즈니스 모델 및 수익 구조

- 제조업 : 스마트팩토리 솔루션 판매 및 유지보수 서비스 제공

- 물류 : 물류 관리시스템 구축 및 운영 서비스 제공

- 헬스케어 : 원격 의료 시스템 구축 및 데이터 관리 서비스 제공

- 스마트시티: 스마트시티 인프라 구축 및 통합 관리 서비스 제공

③ 산업별 주요 파트너십 전략

- 제조업 : 자동화 솔루션 제공 업체와의 협력

- 물류 : 물류 솔루션 제공 업체 및 드론 제조업체와의 협력

- 헬스케어 : 의료기기 제조업체 및 헬스케어 IT 기업과의 협력

- 스마트시티 : 스마트시티 솔루션 제공 업체 및 지방 정부와의 협력

기대효과 및 전망

① 5G 특화망 도입에 따른 산업별 기대효과

- 생산성 향상 : 실시간 데이터 분석과 자동화를 통해 생산성과 효율성이 크게 향상될 것입니다.

- 비용 절감 : 운영 비용 절감 및 유지보수 비용 감소 효과가 기대됩니다.
- 보안성 강화 : 높은 보안성을 바탕으로 민감한 데이터 보호가 강화될 것입니다.

② KT의 예상 매출 및 시장 점유율 전망
- 2025년까지 매출 1조 원 돌파 예상 : 5G 특화망 사업을 통해 2025년까지 매출 1조 원을 돌파할 것으로 예상되며, 이는 전체 매출의 약 15%를 차지할 것으로 보입니다.
- 국내 시장 점유율 30% 달성 목표 : 중장기적으로 30%의 시장 점유율을 달성하여 국내 5G 특화망 시장에서의 확고한 위치를 확보할 것입니다.

③ 사회경제적 파급효과 분석
- 고용 창출 : 5G 특화망 구축 및 운영에 따른 새로운 일자리 창출이 기대됩니다.
- 산업 경쟁력 강화 : 국내 산업 전반의 디지털 전환을 가속화하고, 글로벌 경쟁력을 강화할 것입니다.
- 지역 경제 활성화 : 스마트시티 구축 등 지역 단위의 5G 특화망 프로젝트를 통해 지역 경제가 활성화될 것입니다.

결론 및 제언
① 주요 발견사항 요약
- 5G 특화망은 디지털 전환과 자동화의 핵심 인프라로 자리 잡고 있으며, 다양한 산업에서 필수적인 요소로 부각되고 있습니다.
- KT는 풍부한 인프라와 기술력을 바탕으로 5G 특화망 시장에서 경쟁 우위를 확보할 수 있는 잠재력을 가지고 있습니다.

– 산업별 맞춤형 솔루션과 기술 파트너십을 통해 차별화된 서비스를 제공하는 것이 KT의 성공 열쇠가 될 것입니다.

② KT의 5G 특화망 사업 성공을 위한 제언사항

– 기술 리더십 확보 : 최신 기술을 지속적으로 도입하고, 기술 파트너십을 강화하여 기술적 우위를 유지해야 합니다.

– 맞춤형 서비스 제공 : 고객의 요구에 맞춘 맞춤형 솔루션과 서비스를 제공함으로써, 고객 만족도를 극대화하고 시장 점유율을 확대해야 합니다.

– 규제 대응 전략 수립 : 정부 규제에 유연하게 대응할 수 있는 전략을 수립하고, 정책 변화에 신속하게 적응해야 합니다.

③ 향후 연구 및 검토가 필요한 영역

– 국제 시장 진출 전략 : 글로벌 5G 특화망 시장 진출을 위한 전략적 방안을 연구할 필요가 있습니다.

– 신기술 도입 가능성 검토 : 인공지능, 블록체인 등의 신기술과의 융합 가능성을 검토하고, 이를 통해 새로운 비즈니스 모델을 발굴할 필요가 있습니다.

– 사회적 수용성 연구 : 5G 특화망 도입에 따른 사회적 영향 및 수용성을 연구하여, 향후 도입 및 확산에 대한 전략적 접근이 필요합니다.

> 생성형 AI를 활용하니 정말 짧은 시간 안에 보고서를 작성할 수 있는 기반이 완성되었잖아…? 이제 이 보고서를 가지고 KT의 B2B DX 전략에 실질적으로 기여할 수 있는 인사이트를 도출해 보고, 수집한 정보를 종합하고 분석하여 실행 가능한 전략을 제시해 봐야겠어!

결과 도출 내용

항목	내용
인사이트 도출	• 5G 특화망 시장의 주요 트렌드 3가지 정리 • KT의 5G 특화망 사업 기회 요인 분석 • 산업별 5G 특화망 적용 시나리오 요약
생성된 콘텐츠 정리	• 5G 특화망 기술 개요 및 특징 요약본 • 글로벌 및 국내 구축 사례 목록 • 산업별 비즈니스 모델 제안서
활용 프롬프트 문서화	• 효과적인 질문 구조와 패턴 정리 • 정보 검증을 위한 프롬프트 예시 • 인사이트 도출을 위한 프롬프트 템플릿

주요 결과 및 인사이트

- 제조업과 스마트시티 분야에서 5G 특화망 수요가 급증하는 추세
- 네트워크 슬라이싱 기술이 5G 특화망의 핵심 경쟁력으로 부상
- 보안과 안정성이 기업들의 5G 특화망 도입 시 주요 고려사항
- KT의 기존 통신 인프라와 기업 고객 기반이 5G 특화망 사업의 강점으로 작용
- 산업 특화 솔루션 개발과 파트너십 확대가 성공적인 시장 진입의 핵심 요소

비즈니스 임팩트

- 5G 특화망 시장은 2025년까지 연평균 40% 성장 전망
- KT의 B2B 통신 서비스 매출 20% 증대 예상 (3년 내)
- 제조업 분야 5G 특화망 도입으로 고객사 생산성 15% 향상 기대
- 스마트시티 프로젝트에서 KT의 시장 점유율 10%p 상승 전망

향후 계획 및 개선 사항

- 산업별 특화 솔루션 개발 로드맵 수립

- 5G 특화망 구축 및 운영을 위한 전문인력 양성 계획 수립
- 핵심 기술 파트너와의 전략적 제휴 강화
- 고객 맞춤형 컨설팅 서비스 확대
- 생성형 AI를 활용한 지속적인 시장 동향 모니터링 및 분석 체계 구축

결과 도출 및 프로젝트 마무리

실행 단계에서 수집한 방대한 정보와 분석 내용을 의미 있는 결과로 정제하는 결과 도출 단계는 프로젝트의 핵심입니다. 이 단계에서는 모든 노력이 실질적인 비즈니스 가치로 전환됩니다. 결과 도출의 질은 전체 프로젝트의 성공을 좌우하며, 이를 통해 도출된 인사이트는 KT의 미래 전략 방향을 결정짓는 중요한 기반이 됩니다.

결과 도출 과정 상세 설명 (생성형 AI 과제)

이민주 인턴은 ChatGPT를 활용하여 수집한 방대한 정보를 체계적으로 분석했습니다. 그녀는 "지금까지 수집한 정보를 바탕으로 5G 특화망 시장의 주요 트렌드 3가지를 도출해주세요"와 같은 프롬프트를 사용하여 AI의 도움을 받아 핵심 인사이트를 추출했습니다. 이 과정에서 제조업과 스마트시티 분야에서의 5G 특화망 수요 증가, 네트워크 슬라이싱 기술의 중요성 부각, 보안과 안정성에 대한 기업들의 높은 관심 등 주요 트렌드를 파악했습니다. 또한, KT의 강점과 기회 요인을 분석하여 전략 수립의 기반을 마련했습니다.

수집된 정보와 분석 결과는 체계적으로 정리되었습니다. 이민주 인턴은 5G 특화망의 기술적 특징, 글로벌 및 국내 구축 사례, 산업별 적용 시나리오 등을 각각 별도의 문서로 정리했습니다. 특히, ChatGPT를 활용하여 각 문서의 핵심 내용을 요약하고, 이를 통합하여 전체적인 맥락을 파악할 수 있는 종합 보고서를 작성했습니다. 이 과정에서 AI의 문장 구조 개선 및 논리적 흐름 최적화 기능을 적극 활용하여 보고서의 가독성과 전달력을 높였습니다.

이민주 인턴은 프로젝트 진행 과정에서 효과적이었던 프롬프트들을 별도로 정리하여 문서화했습니다. 이 문서에는 5G 특화망의 기본 개념을 학습하기 위한 단계별 질문 구조, 사례 조사를 위한 효과적인 질문 패턴, 인사이트 도출을 위한 프롬프트 템플릿 등이 포함되었습니다. 또한, 정보의 신뢰성을 검증하기 위해 사용한 프롬프트 예시도 함께 정리했습니다. 이 문서는 향후 유사한 프로젝트를 수행할 때 유용한 가이드라인으로 활용될 수 있을 것입니다.

주요 결과 및 인사이트

프로젝트를 통해 5G 특화망 시장의 주요 트렌드와 KT의 기회 요인을 명확히 파악할 수 있었습니다. 제조업과 스마트시티 분야에서의 5G 특화망 수요 급증, 네트워크 슬라이싱 기술의 중요성 부각, 보안과 안정성에 대한 높은 관심 등이 주요 인사이트로 도출되었습니다. 특히, KT의 기존 통신 인프라와 기업 고객 기반이 5G 특화망 사업에서 큰 강점으로 작용할 수 있음을 확인했습니다. 이러한 인사이트는 KT가 5G 특화망 시장에서 선도적 위치를 차지하기 위한 전략 수립의 핵심 기반이 될 것입니다.

이 프로젝트의 결과는 KT의 B2B 사업 전략에 상당한 영향을 미칠 것으로 예상됩니다. 5G 특화망 시장이 2025년까지 연평균 40% 성장할 것으로 전망되는 가운데, KT는 이를 통해 B2B 통신 서비스 매출을 3년 내 20% 증대시킬 수 있을 것으로 예상됩니다. 특히 제조업 분야에서 5G 특화망 도입으로 고객사의 생산성을 15% 향상시킬 수 있다는 점은 KT의 서비스 가치를 크게 높일 수 있는 요인입니다. 또한, 스마트시티 프로젝트에서 KT의 시장 점유율이 10%p 상승할 것으로 전망되어, 신규 사업 영역에서의 성장 가능성도 확인할 수 있었습니다.

이민주 인턴은 프로젝트 결과를 바탕으로 다음과 같은 향후 계획을 수립했습니다. 첫째, 산업별 특화 솔루션 개발 로드맵을 수립하여 고객 니즈에 더욱 밀접하게 대응할 계획입니다. 둘째, 5G 특화망 구축 및 운영을 위한 전문인력 양성 계획을 수립하여 내부 역량을 강화할 것입니다. 셋째, 핵심 기술 파트너와의 전략적 제휴를 강화하여 기술 경쟁력을 높일 예정입니다. 넷째, 고객 맞춤형 컨설팅 서비스를 확대하여 고객 가치를 극대화할 것입니다. 마지막으로, 생성형 AI를 활용한 지속적인 시장 동향 모니터링 및 분석 체계를 구축하여 시장 변화에 신속하게 대응할 수 있는 기반을 마련할 계획입니다.

이 프로젝트를 통해 이민주 인턴은 생성형 AI를 활용한 효율적인 정보 수집 및 분석 방법을 습득했습니다. 초기에는 ChatGPT의 답변을 무비판적으로 수용하는 실수를 범했지만, 점차 정보의 신뢰성 검증 과정의 중요성을 깨닫고 이를 프로세스에 통합했습니다. 또한, 효과적인 프롬프트 작성 능력을 키우면서 AI와의 상호작용을 통해 더 깊이 있는 인사이트를 도출할 수 있었습니다. 가장 큰 도전 과제였던 복잡한 기술 개념의 이해와 요약은 ChatGPT와의 대화형 학습을 통해 효과적으로 극복할 수 있었습니다. 이러한 경험은 향후 다른 신기술 분야의 조사 프로젝트에도 유용하게 적용될 수 있을 것입니다.

이 프로젝트는 생성형 AI를 활용한 비즈니스 리서치의 가능성을 확실히 보여주었습니다. 이민주 인턴은 짧은 기간 내에 5G 특화망이라는 복잡한 주제에 대한 깊이 있는 이해와 실행 가능한 인사이트를 제공함으로써, 전략기획팀에 큰 기여를 했습니다. 이러한 성과는 팀 내에서 AI 활용에 대한 관심을 불러일으켰고, 일부 팀원들은 이미 자신들의 업무에 ChatGPT를 시험적으로 적용하기 시작했습니다. 향후 AI 기술의 발전과 함께, 이러한 접근 방식은 기업의 의사결정 과정과 전략 수립에 더욱 중요한 역할을 할 것으로 전망됩니다.

Part II

- 문제 발견부터 해결까지, 혁신의 전 과정을 함께 걸어갑니다.
- 직관과 체계적인 방법을 모두 활용하여 진짜 문제를 찾아냅니다.
- 데이터를 중심으로 문제를 명확히 정의하고, 다양한 관점에서 바라봅니다.
- AI, 데이터 분석, RPA, BI, 생성형 AI 등 최신 기술을 어떻게 활용할지 구체적으로 안내합니다.
- 여러분의 아이디어를 실제 프로젝트로 구현하는 방법을 상세히 설명합니다.

업무혁신 과제
레시피

문제 인식

⬤ 직관적 접근

업무를 수행하다 보면 자연스럽게 느끼는 불편함이나 비효율적인 부분들이 있습니다. 직관적 접근은 이러한 일상적인 경험을 바탕으로 문제를 인식하고, 이를 개선하는 방법을 모색하는 것입니다. 여기에서는 직관적으로 문제를 인식할 수 있는 몇 가지 상황을 예로 들어 설명하겠습니다.

업무 중 느끼는 불편함 기록

업무를 하면서 반복적으로 발생하는 불편함이나 비효율적인 절차를 기록해 보세요. 예를 들어, 문서를 작성하는 데 사용하는 소프트웨어가 자주 멈추거나, 데이터 입력 과정에서 오류가 빈번하게 발생하는 경우 등이 있습니다. 이러한 불편함을 적어두면 나중에 문제를 체계적으로 분석할 때 중요한 단서가 될 수 있습니다.

팀 내 불만사항 수집

팀원들과의 회의나 일상적인 대화를 통해 불만사항을 수집해보세요. 팀원들이 느끼는 불만은 종종 공통적인 문제에서 비롯되며, 이를 해결하면 팀 전체의 효율성을 크게 향상시킬 수 있습니다. 예를 들어, 특정 업무 프로세스가 너무 복잡하거나, 필요한 도구가 부족하다는 등의 의견을 수렴하는 것이 중요합니다.

고객 피드백 분석

고객 피드백은 문제를 인식하는 데 있어 매우 중요한 자료입니다. 고객이 제공하는 피드백을 통해 제품이나 서비스의 문제점을 파악하고, 이를 개선하는 데 집중할 수 있습니다. 예를 들어, 고객이 자주 불평하는 문제나 개선을 요구하는 사항을 분석하면, 직접적인 혁신의 기회를 찾을 수 있습니다.

경쟁사 대비 열위점 파악

경쟁사를 분석하여 우리 회사의 약점을 파악하는 것도 중요한 방법입니다. 경쟁사와 비교하여 우리 제품이나 서비스가 뒤처지는 부분을 인식하고, 이를 개선하는 방향으로 나아갈 수 있습니다. 예를 들어, 경쟁사의 제품이 더 저렴하거나 기능이 더 다양하다는 점을 파악하면, 이를 극복하기 위한 전략을 세울 수 있습니다.

산업 트렌드와의 격차 인식

산업 트렌드와의 격차를 인식하는 것도 문제를 직관적으로 파악하는 방법입니다. 최신 기술이나 트렌드를 따르지 못하고 있다면, 이는 곧 경쟁력 저하로 이어질 수 있습니다. 예를 들어, AI 기술이 급격히 발전하고 있는 상황에서 이를 도입하지 못하고 있다면, 빠르게 대응할 필요가 있습니다.

🎯 직관적 접근의 중요성

이처럼 직관적 접근을 통해 문제를 인식하면, 이미 명확히 드러난 문제를 해결하는 데 집중할 수 있습니다. 이러한 문제들은 이미 인식되어 있는 만큼, 별도의 탐색 과정 없이 바로 혁신을 시작할 수 있는 장점이 있습니다. 이는 시간과 자원을 절약하며, 빠르게 개선 효과를 볼 수 있도록 도와줍니다.

따라서, 직관적으로 인식된 문제는 곧바로 혁신 과제로 전환하여 해결 방안을 모색하는 것이 중요합니다. 이를 통해 업무 효율성을 높이고, 더 나은 결과를 도출할 수 있습니다. 여러분이 느끼는 작은 불편함이나 불만이 바로 혁신의 출발점이 될 수 있음을 기억하시길 바랍니다.

⭕ 체계적 탐색

체계적 탐색은 문제를 보다 객관적이고 구체적으로 파악하기 위해 다양한 방법과 도구를 사용하는 접근법입니다. 이는 주관적인 직관적 접근과는 달리, 데이터와 체계적인 분석을 통해 문제를 명확히 정의하는 데 초점을 맞춥니다. 여기에서는 체계적 탐색의 두 가지 주요 방법인 일과 분석과 업무 R&R 분석에 대해 상세히 설명하겠습니다.

일과 분석
일과 분석은 개인의 업무 패턴을 자세히 살펴보고, 비효율적인 부분을 찾아내기 위한 방법입니다. 일일 업무 로그를 작성하여 시간 사용 패턴을 분석함으로써 개선할 수 있는 지점을 발견합니다.

일일 업무 로그 작성
- 시간대별 수행 업무 기록 : 하루 동안 수행한 업무를 시간대별로 기록합니다. 이를 통해 하루 동안 어떤 업무에 얼마만큼의 시간을 투자했는지 명확히 파악할 수 있습니다.
- 각 업무에 소요된 시간 측정 : 각 업무에 소요된 시간을 측정하여, 업무의 시간 소비를 구체적으로 분석합니다.

업무 카테고리 분류

- **핵심 업무 vs 부가 업무** : 업무를 핵심 업무와 부가 업무로 분류합니다. 핵심 업무는 주요 목표 달성에 직접적으로 기여하는 업무를 의미하며, 부가 업무는 보조적인 역할을 하는 업무를 의미합니다.
- **정기적 업무 vs 비정기적 업무** : 업무의 빈도에 따라 정기적 업무와 비정기적 업무로 나눕니다. 정기적 업무는 일정한 주기로 반복되는 업무이며, 비정기적 업무는 필요에 따라 발생하는 업무입니다.

시간 사용 패턴 분석

- **가장 많은 시간이 소요되는 업무 식별** : 어떤 업무에 가장 많은 시간이 소요되는지 파악합니다. 이는 업무 효율성을 개선하는 데 중요한 단서가 됩니다.
- **업무 간 전환 빈도 확인** : 업무 간 전환 빈도가 높은 경우, 집중력 저하와 생산성 감소가 발생할 수 있습니다. 이를 최소화하기 위한 방법을 모색합니다.

시간	업무 내용	소요 시간 (분)	업무 카테고리	핵심/부가	정기/ 비정기	사용 도구
09:00–09:30	이메일 확인 및 응답	30	커뮤니케이션	부가	정기	Outlook
09:30–10:30	프로젝트 A 보고서 작성	60	보고서	핵심	비정기	Word, Excel
10:30–11:00	팀 미팅	30	회의	핵심	정기	Teams
11:00–12:00	데이터 분석	60	분석	핵심	정기	Python, Excel
13:00–14:30	고객 상담	90	고객 서비스	핵심	비정기	CRM 시스템
14:30–15:00	업무 전환 및 잡무	30	기타	부가	비정기	다양함
15:00–16:30	프로젝트 B 개발 작업	90	개발	핵심	정기	IDE, Git
16:30–17:00	일일 업무 정리 및 보고	30	관리	부가	정기	Excel, 사내 시스템

❙ 분석 예시

업무 R&R 분석 : 중요도 / 시간 10점 척도

업무 R&RRole and Responsibility 분석은 각 업무의 중요도와 소요 시간을 평가하여, 업무 효율성을 높일 수 있는 방법을 찾는 과정입니다.

중요도/시간 평가

- **중요도** : 각 업무의 중요도를 1점(매우 낮음)에서 10점(매우 높음)까지 평가합니다.
- **소요 시간** : 각 업무에 소요되는 시간을 1점(매우 적음)에서 10점(매우 많음)까지 평가합니다.

중요도 / 시간 매트릭스 작성

- **고중요-저시간** : 효율적인 업무로, 현재 상태를 유지하거나 소폭의 개선을 통해 더 나은 성과를 기대할 수 있습니다.
- **고중요-고시간** : 핵심 업무로, 프로세스 최적화 또는 자원 추가 할당을 통해 효율성을 높일 필요가 있습니다.
- **저중요-고시간** : 개선 필요 업무로, 불필요한 시간 낭비를 줄이기 위한 방안을 모색해야 합니다.
- **저중요-저시간** : 제거 고려 업무로, 업무의 필요성을 재평가하고, 가능한 경우 제거하는 것이 좋습니다.

업무 재분배 또는 프로세스 개선 기회 식별

- **중요도-시간** : 매트릭스를 통해 업무를 재분배하거나 프로세스를 개선할 기회를 찾아냅니다.

업무 내용	중요도 (1~10)	소요 시간 (1~10)	매트릭스 분류	개선 기회
고객 상담	9	7	고중요-고시간	프로세스 최적화, AI 챗봇 도입 검토
이메일 확인 및 응답	5	6	저중요-고시간	이메일 관리 시스템 도입, 응답 템플릿 작성
프로젝트 A 보고서 작성	8	4	고중요-저시간	현재 효율적, 유지
데이터 분석	9	8	고중요-고시간	자동화 도구 도입, 분석 프로세스 표준화
팀 미팅	7	3	고중요-저시간	현재 효율적, 유지
일일 업무 정리 및 보고	4	2	저중요-저시간	자동화 검토, 필요성 재평가
프로젝트 B 개발 작업	10	9	고중요-고시간	리소스 추가 할당, 업무 분담 검토
사내 행정 업무	3	5	저중요-고시간	프로세스 간소화, 일부 업무 위임 검토
전문성 개발 (학습/연구)	8	2	고중요-저시간	시간 투자 확대 검토
고객 피드백 분석	7	6	고중요-고시간	데이터 분석 도구 도입, 자동화 검토

❚ 분석 예시

◎ 체계적 탐색의 중요성

체계적 탐색은 문제를 객관적이고 구체적으로 파악하는 데 필수적입니다. 이를 통해 직관적으로 인식되지 않았던 숨겨진 문제를 발견하고, 보다 효과적으로 해결할 수 있습니다. 일과 분석과 업무 R&R 분석을 통해 업무 효율성을 높이고, 조직의 생산성을 극대화할 수 있습니다.

이 과정을 통해 발견된 문제들은 명확한 데이터와 분석 결과를 바탕으로 혁신을 시작할 수 있는 중요한 기반이 됩니다. 체계적 탐색은 여러분이 직면한 문제를 명확히 정의하고, 효과적인 해결책을 모색하는 데 큰 도움이 될 것입니다.

문제 정의

문제를 정확하게 정의하는 것은 성공적인 문제 해결의 첫 번째 단계입니다. 문제 정의 단계에서는 문제를 명확하고 구체적으로 진술하여, 해결을 위한 방향성을 잡고, 적절한 해결책을 모색할 수 있도록 합니다. 이 챕터에서는 데이터 중심 문제 진술문, 혁신 중심 AI 문제 프레임, 그리고 'STAR' 문제 정의법에 대해 상세히 살펴보겠습니다.

○ 데이터 중심 문제 진술문

데이터 중심 문제 진술문은 데이터와 AI 기술을 활용하여 구체적이고 측정 가능한 목표를 설정하는 방법입니다. 이 방법은 문제를 명확하게 정의하고, 이를 통해 기대하는 비즈니스 가치를 구체적으로 제시합니다. 데이터 중심 문제 진술문을 작성할 때는 다음의 템플릿을 사용합니다.

어떻게 하면 [데이터/AI 기술]을 사용하여 [측정 가능한 목표]를 [시간 프레임] 내에 달성하여 [비즈니스 가치]를 창출할 수 있을까?

▷ 예시

어떻게 하면 머신러닝을 사용하여 고객 이탈률 20% 감소를 6개월 이내에 달성하여 연간 수익 10%를 증가시킬 수 있을까?

이와 같이, 데이터 중심 문제 진술문은 문제 해결을 위한 구체적인 기술과 목표, 시간 프레임, 비즈니스 가치를 명확하게 제시합니다. 이는 문제를 해결하기 위한 명확한 로드맵을 제공하며, 목표 달성 여부를 평가할 수 있는 기준이 됩니다.

○ 혁신 중심 AI 문제 프레임

혁신 중심 AI 문제 프레임은 기존의 방식을 뛰어넘어 혁신적인 AI와 데이터 접근을 통해 핵심 비즈니스 과제를 해결하고, 이를 통해 실질적인 파급 효과를 달성하는 방법을 정의하는 것입니다. 이 프레임워크는 문제를 보다 창의적이고 혁신적으로 접근하는 데 도움을 줍니다.

> [기존 방식]을 넘어서 [혁신적 AI/데이터 접근]을 통해 [핵심 비즈니스 과제]를 해결하여 [파급 효과]를 [기간] 내에 실현하는 방법은?

▷ 예시

> 기존의 수동 품질 검사를 넘어서 컴퓨터 비전과 실시간 분석을 통해 제품 불량률을 90% 감소시켜 연간 100만 달러의 비용 절감을 1년 이내에 실현하는 방법은?

이 프레임워크는 기존의 비효율적인 방식이나 한계를 극복하고, AI와 데이터 기술을 활용하여 보다 효과적이고 혁신적인 해결책을 모색하는 데 초점을 맞춥니다. 이를 통해 비즈니스의 핵심 과제를 해결하고, 실질적인 성과를 달성할 수 있습니다.

○ 'STAR' 문제 정의법

'STAR' 문제 정의법은 상황Situation, 과제Task, 행동Action, 결과Result의 네 가지 요소를 통해 문제를 체계적으로 정의하는 방법입니다. 이 방법은 문제의 맥락을 이해하고, 해결해야 할 과제와 이를 위한 행동, 그리고 기대되는 결과를 명확히 합니다.

Situation(상황)

현재의 상황을 간단히 설명합니다. 이는 문제의 배경과 맥락을 이해하는 데 도움을 줍니다.

▶ 예시
현재 회사는 고객 이탈률이 높아 수익 감소에 직면해 있습니다.

Task(과제)

해결해야 할 구체적인 과제를 정의합니다. 이는 문제의 핵심을 명확히 하고, 해결책을 모색하는 데 집중할 수 있도록 합니다.

▶ 예시
고객 이탈률을 감소시키기 위한 방안을 모색해야 합니다.

Action(행동)

AI나 데이터 분석을 통해 취할 수 있는 행동을 제시합니다. 이는 문제를 해결하기 위한 구체적인 방법을 제안하는 단계입니다.

▶ 예시
머신러닝 알고리즘을 사용하여 고객 이탈 예측 모델을 구축하고, 이를 바탕으로 맞춤형 마케팅 전략을 실행합니다.

Result(결과)

기대하는 결과를 명확히 합니다. 이는 문제 해결을 통해 얻고자 하는 성과를 구체적으로 제시하는 단계입니다.

> ▶ 예시
>
> 이를 통해 6개월 이내에 고객 이탈률을 20% 감소시키고, 연간 수익을 10% 증가시킬 수 있습니다.

이와 같이 'STAR' 문제 정의법은 문제를 체계적으로 정의하고, 해결책을 모색하는 데 도움을 줍니다. 이는 문제 해결의 방향성을 명확히 하고, 구체적인 행동 계획을 수립하며, 기대되는 결과를 명확히 함으로써 성공적인 문제 해결을 가능하게 합니다.

문제 정의는 문제 해결의 첫 단계로서 매우 중요합니다. 데이터 중심 문제 진술문, 혁신 중심 AI 문제 프레임, 그리고 'STAR' 문제 정의법을 통해 문제를 명확히 정의하면, 보다 구체적이고 효과적인 해결책을 모색할 수 있습니다. 이러한 문제 정의 방법들은 문제 해결의 방향성을 제시하고, 목표 달성 여부를 평가할 수 있는 기준을 제공하며, 체계적이고 혁신적인 접근을 가능하게 합니다. 이를 통해 여러분은 다양한 비즈니스 과제를 성공적으로 해결하고, 실질적인 비즈니스 가치를 창출할 수 있을 것입니다.

과제구체화

||||||○ **AI** |||||||||||||||||||||||||||||||||||||||||||||||||||||||||||||||||||||||||||||||||||||||||||||||||||||||||||||||||||||||||||||

AI 과제를 구체화하는 단계는 문제를 명확히 정의하고, 이를 해결하기 위한 구체적인 계획을 수립하는 과정입니다. 이 과정에서는 문제의 유형을 결정하고, 필요한 데이터를 정의하며, 데이터 확보 여부를 검토하고, 최종적으로 모델링 성능 목표를 설정합니다.

모델링 과제 구체화

모델링 과제를 구체화하는 첫 단계는 해결하고자 하는 문제의 유형을 명확히 정의하는 것입니다. 이는 문제를 적절하게 해결하기 위해 필요한 AI 접근 방식을 결정하는 중요한 과정입니다. 다음은 모델링 과제를 구체화하기 위한 주요 요소들입니다.

문제 유형 정의
• **회귀 문제** : 연속적인 값을 예측하는 문제입니다. 예를 들어, 주택 가격 예측, 판매량 예측 등이 포함됩니다.
• **분류 문제** : 정해진 클래스 중 하나를 예측하는 문제입니다. 예를 들어, 스팸 메일 분류, 질병 진단 등이 포함됩니다.

- **시각 지능** : 이미지나 비디오 데이터를 분석하는 문제입니다. 예를 들어, 객체 인식, 얼굴 인식, 이미지 분류 등이 포함됩니다.
- **자연어 처리(NLP)** : 텍스트 데이터를 분석하고 이해하는 문제입니다. 예를 들어, 감정 분석, 텍스트 요약, 번역 등이 포함됩니다.

모델링 접근 방식 결정

- **노코드 도구 활용** : 실무자의 AI 역량에 따라 노코드 도구를 활용할 수 있습니다. 이러한 도구는 직관적인 인터페이스를 제공하여, 코딩 없이도 모델을 구축하고 배포할 수 있게 합니다. 예를 들어, AIDUez, KNIME 등이 있습니다.
- **코드 기반 모델링** : AI 역량이 충분한 경우, 프로그래밍 언어와 라이브러리를 사용하여 직접 모델링을 구현할 수 있습니다. Python의 scikit-learn, TensorFlow, PyTorch 등이 대표적인 도구입니다.

가용 인프라 확인

모델링 과제를 수행하려면 인프라를 확인하는 것도 중요한 단계입니다. 이는 모델 훈련과 배포에 필요한 컴퓨팅 자원과 소프트웨어 환경을 포함합니다.

- **하드웨어 자원** : GPU, TPU와 같은 고성능 컴퓨팅 자원
- **클라우드 서비스** : AWS, Google Cloud, Azure와 같은 클라우드 플랫폼을 통한 자원 확장
- **소프트웨어 환경** : 필요한 라이브러리와 프레임워크 설치 및 관리

구현 가능성과 제약사항 검토

모델링 과제의 성공적인 구현을 위해서는 현실적인 가능성과 제약사항을 검토해야 합니다.

- **데이터 가용성** : 필요한 데이터가 충분히 확보 가능한지, 데이터의 품질은 적절한지 검토합니다.

- **시간과 비용** : 프로젝트 완료까지 소요되는 시간과 비용을 고려합니다.
- **기술적 제약** : 사용 중인 시스템과의 호환성, 보안 이슈, 데이터 프라이버시 문제 등을 검토합니다.
- **조직적 지원** : 프로젝트 진행을 위한 조직 내 지원과 협력이 충분한지 확인합니다.

데이터 및 활용 변수 정의

모델링 과제를 구체화한 후, 문제 해결에 필요한 데이터를 정의합니다. 이는 데이터의 유형, 수집 방법, 사용될 변수 등을 포함합니다.
- **데이터 유형** : 정형 데이터(숫자, 카테고리), 비정형 데이터(텍스트, 이미지) 등
- **데이터 수집 방법** : 내부 데이터베이스, 외부 API, 공공 데이터셋 등
- **사용될 변수** : 종속 변수(예측하고자 하는 대상), 독립 변수(예측에 사용될 데이터)정의

데이터 확보 여부 검토

정의된 데이터를 실제로 확보할 수 있는지 검토합니다. 이는 데이터의 접근 가능성, 데이터의 양과 질, 데이터 수집의 법적/윤리적 문제 등을 포함합니다.
- **접근 가능성** : 데이터에 접근할 수 있는 권한이 있는지 확인합니다.
- **데이터의 양과 질** : 모델 훈련에 충분한 양의 데이터가 있는지, 데이터의 품질이 적절한지 평가합니다.
- **법적/윤리적 문제** : 데이터 수집과 사용이 법적 규제를 준수하고 윤리적 기준에 부합하는지 확인합니다.

모델링 성능 목표 설정

마지막으로, 모델링의 성능 목표를 설정합니다. 이는 모델의 성능을 평가하고 개선하는 기준이 됩니다.

- **성능 지표** : 정확도, 정밀도, 재현율, F1 스코어, RMSE(평균 제곱근 오차) 등
- **목푯값** : 성능 지표에 대한 구체적인 목푯값 설정
- **모니터링 및 평가 계획** : 모델의 성능을 지속적으로 모니터링하고 평가할 계획 수립

○ 데이터 분석

데이터 분석 과제를 구체화하는 과정은 문제를 명확히 정의하고, 이를 해결하기 위한 구체적인 계획을 수립하는 단계입니다. 이 과정에서는 분석 과제를 구체화하고, 필요한 데이터를 정의하며, 데이터 확보 여부를 검토하고, 최종적으로 분석 기법과 목표를 설정합니다.

데이터 분석 과제 구체화

데이터 분석 과제를 구체화하는 첫 단계는 해결하고자 하는 문제의 유형을 명확히 정의하는 것입니다. 이는 문제를 적절하게 해결하기 위해 필요한 데이터 분석 접근 방식을 결정하는 중요한 과정입니다.

문제 유형 정의

- **탐색적 데이터 분석(EDA)** : 데이터를 시각화하고 주요 특성을 이해하는 단계입니다. 예를 들어, 판매 데이터의 패턴을 시각화하거나 고객 특성을 분석하는 작업 등이 포함됩니다.
- **설명적 분석** : 과거 데이터를 분석하여 현상이나 사건의 원인을 설명합니다. 예를 들어, 판매 감소의 원인을 분석하거나, 특정 캠페인의 효과를 평가하는 작업 등이 포함됩니다.

- **예측적 분석** : 과거 데이터를 기반으로 미래를 예측합니다. 예를 들어, 다음 분기의 판매량을 예측하거나, 고객 이탈을 예측하는 작업 등이 포함됩니다.

분석 접근 방식 결정

- **노코드도구 활용** : 실무자의 데이터 분석 역량에 따라 노코드 도구를 활용할 수 있습니다. 이러한 도구는 직관적인 인터페이스를 제공하여, 코딩 없이도 데이터를 분석하고 시각화할수 있게 합니다. 예를 들어, Tableau, Power BI 등이 있습니다.
- **코드 기반 분석** : 데이터 분석 역량이 충분한 경우, 프로그래밍 언어와 라이브러리를 사용하여 직접 데이터를 분석할 수 있습니다. Python의 pandas, statsmodels 등이 대표적인 도구입니다.

구현 가능성과 제약사항 검토

데이터 분석 과제의 성공적인 구현을 위해서는 현실적인 가능성과 제약사항을 검토해야 합니다.

- **데이터 가용성** : 필요한 데이터가 충분히 확보 가능한지, 데이터의 품질은 적절한지 검토합니다.
- **시간과 비용** : 프로젝트 완료까지 소요되는 시간과 비용을 고려합니다.
- **기술적 제약** : 사용 중인 시스템과의 호환성, 보안 이슈, 데이터 프라이버시 문제 등을 검토합니다.
- **조직적 지원** : 프로젝트 진행을 위한 조직 내 지원과 협력이 충분한지 확인합니다.

데이터 및 활용 변수 정의

데이터 분석 과제를 구체화한 후, 문제 해결에 필요한 데이터를 정의합니다. 이는 데이터의 유형, 수집 방법, 사용될 변수 등을 포함합니다.

- **데이터 유형** : 정형 데이터(숫자, 카테고리), 비정형 데이터(텍스트, 이미지) 등
- **데이터 수집 방법** : 내부 데이터베이스, 외부 API, 공공 데이터셋 등
- **사용될 변수** : 종속 변수(예측하고자 하는 대상), 독립 변수(예측에 사용될 데이터)정의.

데이터 확보 여부 검토

정의된 데이터를 실제로 확보할 수 있는지 검토합니다. 이는 데이터의 접근 가능성, 데이터의 양과 질, 데이터 수집의 법적/윤리적 문제 등을 포함합니다.

- **접근 가능성** : 데이터에 접근할 수 있는 권한이 있는지 확인합니다.
- **데이터의 양과 질** : 분석에 충분한 양의 데이터가 있는지, 데이터의 품질이 적절한지 평가합니다.
- **법적/윤리적 문제** : 데이터 수집과 사용이 법적 규제를 준수하고 윤리적 기준에 부합하는지 확인합니다.

분석 기법 및 목표 정의

마지막으로, 데이터 분석에 사용할 기법과 목표를 설정합니다. 이는 분석의 방향성과 목표 달성 여부를 평가할 수 있는 기준을 제공합니다.

- **분석 기법** : 회귀 분석, 분류 분석, 군집 분석, 연관성 분석 등
- **목표 설정** : 분석의 구체적인 목표를 설정하고, 성과 지표를 정의합니다.

⦿ RPA

RPA(로봇 프로세스 자동화) 과제를 구체화하는 단계는 비효율적인 반복 업무를 자동화하여 생산성과 효율성을 높이는 데 초점을 맞춥니다. 이 과정에서는 자동화할 프로세스를 정의하고, 개선 목표를 설정하며, 프로세스 단계와 규칙을 명확

히 합니다. 또한, 필요 데이터와 시스템 접근 권한을 정의하고, 예상 시간 절감 및 효율성 향상 목표를 설정하며, 구현 가능성과 제약사항을 검토합니다.

자동화 대상 프로세스 정의

첫 번째 단계는 자동화할 프로세스를 명확히 정의하는 것입니다. 이는 반복적이고 규칙 기반의 업무를 자동화 대상으로 선정하는 것을 의미합니다. 자동화 대상 프로세스를 정의할 때 고려할 요소들은 다음과 같습니다.

- 반복성 : 해당 프로세스가 얼마나 자주 반복되는가?
- 규칙 기반 : 프로세스가 명확한 규칙에 따라 수행되는가?
- 시간 소모 : 프로세스를 완료하는 데 얼마나 많은 시간이 소요되는가?
- 에러 발생 가능성 : 수동으로 수행할 때 에러가 자주 발생하는가?

프로세스 단계 및 규칙 정의

자동화할 프로세스를 선정한 후에는 각 단계와 규칙을 명확히 정의해야 합니다. 이는 RPA 봇이 작업을 정확하게 수행할 수 있도록 하는 중요한 단계입니다.

- 프로세스 단계 : 단계별로 수행해야 할 작업을 상세히 기술합니다.
- 업무 규칙 : 각 단계에서 적용되는 규칙과 조건을 명확히 정의합니다.

◉ 정기적인 보고서 작성 및 배포 업무 자동화 예시

1) 자동화 대상 프로세스 정의

항목	내용
자동화 대상	보고서 생성 및 배포
반복성	매일, 매주, 매월 등 정기적으로 반복됨
규칙 기반	보고서 작성과 배포는 일정한 규칙과 절차에 따라 수행됨
시간 소모	수동으로 수행할 경우 상당한 시간 소요
에러 발생 가능성	수동 수행 시 데이터 입력 오류, 배포 누락 등의 에러 발생 가능

2) 프로세스 단계 및 규칙 정의

단계	작업 내용	업무 규칙
데이터 수집	여러 소스(DW시스템)에서 필요한 데이터 추출	각 소스에서 데이터를 추출하는 기준과 방법 정의
데이터 정리 및 통합	추출된 데이터를 정리하고, 통합된 보고서 형식에 맞게 조정	데이터 형식 통일, 불필요 데이터 제거, 필요 데이터 추가
보고서 생성	정리된 데이터를 기반으로 지정된 템플릿에 따라 보고서 작성	템플릿 사용, 표준 형식 준수
검토 및 승인	생성된 보고서를 검토하고, 필요한 경우 수정 및 승인	검토 기준, 승인 절차 정의
보고서 배포	승인된 보고서를 이메일, 내부 시스템 등을 통해 관련자에게 배포	배포 대상, 배포 방법, 배포 시점 정의

3) 필요 데이터 및 시스템 접근 권한 정의

항목	내용
필요 데이터	DW 데이터: 고객 접촉 정보, 판매 기록 데이터
	기타 데이터: 외부 데이터 소스, 공공 데이터
시스템 접근 권한	DW 시스템: 데이터 읽기 권한
	이메일 서버: 보고서 배포를 위한 접근 권한
	파일 시스템: 보고서 저장 및 접근 권한

4) 예상 시간 절감 및 효율성 향상 목표

항목	내용
예상 시간 절감	보고서 생성 시간: 수동 1건당 평균 2시간 → RPA 도입 시 1건당 30분
	검토 및 승인 시간: 자동화된 데이터 정리로 검토 시간 50% 감소
효율성 향상 목표	오류 감소 목표: 데이터 입력 및 보고서 작성 오류 95% 감소
	처리 속도 향상 목표: 보고서 생성 및 배포 속도 4배 향상
	배포 정확성: 보고서 배포 누락률0% 달성

⬤ BI (Business Intelligence)

BI Business Intelligence 과제를 구체화하는 과정은 데이터를 효과적으로 분석·시각화해 비즈니스 인사이트를 도출하고 의사결정을 지원하는 데 집중합니다. 이 과정에서는 분석 대상 비즈니스 영역을 정의하고, KPI 설정, 데이터 소스 통합, 시각화 요구사항, BI 도구 선정, 사용자 그룹 및 권한 설정, 기대 인사이트와 목표를 명확히 합니다.

분석 대상 비즈니스 영역 정의

BI 프로젝트의 첫 단계는 분석 대상 비즈니스 영역을 정의하는 것입니다. 조직의 주요 활동 데이터를 분석해 인사이트를 도출하고 성과 개선에 집중합니다.

예시

- **판매 및 마케팅** : 판매 데이터, 마케팅 캠페인 성과, 고객 세그먼트 분석
- **재무 및 회계** : 매출, 비용, 이익, 예산 대비 실제 성과 분석
- **네트워크** : 품질, 운영 효율성 분석
- **인적 자원** : 직원 만족도, 이직률, 채용 성과 분석

핵심 성과 지표(KPI) 정의

KPI는 조직의 목표 달성 여부를 평가하는 주요 지표로, BI 프로젝트에서는 이를 명확히 정의해 성과를 측정하고 개선 기준을 설정합니다.

예시

- **판매 및 마케팅** : 월별/분기별/연간 매출, 고객 획득 비용(CAC), 고객 생애 가치(LTV),, 마케팅 캠페인 ROI
- **재무 및 회계** : 순이익, 매출 대비 비용 비율, 현금 흐름, 예산 대비 실제 지출

- 네트워크 : 품질 지표(예: 장애), VOC 지표
- 인적 자원 : 직원 이직률, 직원 만족도 점수, 채용 성공률

시각화 요구사항 정의

데이터 분석 결과를 시각적으로 표현하는 것은 BI 프로젝트의 핵심 요소입니다. 이를 위해 시각화 요구사항을 명확히 정의합니다.

예시

- **대시보드 구성** : 실시간 데이터 업데이트, 사용자 정의 가능한 위젯
- **차트 유형** : 막대차트, 파이차트, 라인차트, 히트맵 등
- **인터랙티브 요소** : 필터링, 드릴다운, 상호작용 가능한 그래프

BI 도구 선정

BI 도구를 선택할 때는 조직의 요구사항과 기술적 환경을 고려해야 합니다.

예시

- Power BI : Microsoft 생태계와의 높은 호환성, 강력한 데이터 분석 기능
- Excel : 광범위한 사용성과 접근성, 다양한 데이터 분석 및 시각화 기능
- Tableau : 강력한 데이터 시각화 기능, 사용자 친화적인 인터페이스

기대 인사이트 및 의사결정 지원 목표 정의

BI 프로젝트의 최종 목표는 유의미한 인사이트를 도출하여 의사결정을 지원하는 것입니다. 이를 위해 기대하는 인사이트와 목표를 정의합니다.

예시

- **판매 및 마케팅** : 고객 세그먼트별 매출 분석을 통해 타겟 마케팅 전략 수립, 마케팅 캠페인 ROI 분석을 통해 효과적인 캠페인 식별 및 최적화

- **재무 및 회계** : 예산 대비 실제 지출 분석을 통해 비용 절감 기회 식별, 현금 흐름 분석을 통해 재무 건전성 강화
- **네트워크** : 품질 지표 분석을 통해 효율성 향상 방안 개선 기회 식별
- **인적 자원** : 직원 만족도 분석을 통해 이직률 감소 방안 수립, 채용 성과 분석을 통해 효과적인 채용 전략 수립

⃝ 생성형 AI

생성형 AI 과제를 구체화하는 단계는 생성형 AI 기술을 활용하여 비즈니스 문제를 해결하고, 혁신적인 솔루션을 도출하는 데 초점을 맞춥니다. 이 과정에서는 생성형 AI 활용 포인트를 정리하고, 이를 통해 달성하고자 하는 목표를 명확히 정의합니다.

생성형 AI 활용 포인트 정리

생성형 AI 과제를 구체화하는 단계는 생성형 AI 기술을 활용해 비즈니스 문제를 해결하고 혁신적인 솔루션을 도출하는 데 중점을 둡니다. 이 과정에서는 생성형 AI 활용 포인트를 정리하고, 이를 통해 달성할 목표를 명확히 정의합니다.

콘텐츠 생성
- **마케팅 콘텐츠** : 블로그 글, 소셜 미디어 게시물, 광고 카피 등을 자동으로 생성하여 마케팅팀의 작업 효율성을 높입니다.
- **비디오 및 이미지 생성** : 홍보 영상, 그래픽 디자인, 제품 이미지 등을 자동으로 생성하여 디자인 팀의 창의적 작업을 지원합니다.
- **문서 작성** : 보고서, 백서, 뉴스레터 등의 작성 업무를 자동화하여 문서 작성 시간을 단축합니다.

제품 및 서비스 개발

- **제품 디자인** : AI를 활용한 새로운 제품 디자인 아이디어 생성, 시제품 제작 지원
- **고객 서비스** : 챗봇을 통해 고객의 질문에 실시간으로 응답하고, 개인 맞춤형 서비스 제공
- **개인화 추천** : 고객의 선호도, 행동을 기반으로 개인화된 제품과 콘텐츠 제공

데이터 분석 및 인사이트 도출

- **데이터 시각화** : 복잡한 데이터를 시각적으로 표현하여 이해하기 쉽게 만듭니다
- **예측 분석** : 과거 데이터를 기반으로 미래의 트렌드와 패턴을 예측합니다
- **고급 분석** : 자연어 처리(NLP), 컴퓨터 비전 등 고급 분석 기법을 활용하여 데이터에서 유의미한 인사이트를 도출합니다

프로세스 자동화

- **자동화된 워크플로우** : 반복적이고 시간 소모적인 업무를 자동화하여 직원들의 생산성을 높입니다
- **지능형 문서 처리** : 문서 스캔, 데이터 추출, 분류 등의 작업을 자동화하여 효율성을 향상시킵니다
- **업무 자동화** : RPA와 결합하여 더욱 지능적인 자동화 솔루션 구현

활용 목표 정리

생성형 AI를 활용하여 달성하고자 하는 목표를 명확히 정의하는 단계입니다. 이는 생성형 AI 프로젝트의 방향성을 설정하고, 성공 여부를 평가하는 데 중요한 기준이 됩니다.

생산성 향상

- **자동화된 콘텐츠 생성** : 마케팅, 문서 작성, 디자인 등 다양한 분야에서 AI를 활

용하여 자동으로 콘텐츠를 생성함으로써 직원들의 생산성을 향상시킵니다.

- 업무 효율화 : 반복적이고 시간 소모적인 작업을 자동화하여 직원들이 더 창의적이고 가치 있는 업무에 집중할 수 있도록 합니다.

비용 절감

- 인건비 절감 : 자동화된 시스템을 통해 인건비를 절감하고, 보다 효율적인 업무 처리가 가능합니다.
- 운영 비용 절감 : 프로세스 자동화로 효율성을 높이고 비용을 절감합니다.

고객 경험 개선

- 개인화 서비스 제공 : 고객의 선호도와 행동을 분석하여 맞춤형 추천과 서비스를 제공함으로써 고객 만족도를 높입니다.
- 신속한 응답 : AI 챗봇을 통해 고객의 질문에 실시간으로 응답하여 고객 서비스의 질을 향상시킵니다.

혁신 및 경쟁력 강화

- 신제품 개발 : AI를 활용하여 혁신적인 제품 디자인과 아이디어를 생성하고, 경쟁력을 강화합니다.
- 시장 예측 : 예측 분석을 통해 시장 트렌드를 파악하고, 선제적인 전략을 수립합니다.

데이터 활용도 증대

- 데이터 시각화 : 복잡한 데이터를 이해하기 쉽게 시각화하여 데이터 기반 의사 결정을 지원합니다.
- 고급 분석 : 자연어 처리, 컴퓨터 비전 등의 고급 분석 기법을 통해 데이터에서 유의미한 인사이트를 도출합니다.

실행

‖‖‖○ **AI** ‖‖

AI 프로젝트의 실행 단계는 데이터를 수집하고 전처리하며, 모델을 구축하고 성능을 평가한 후, 최적화하는 일련의 과정을 포함합니다. 이 단계에서는 구체적인 실행 계획을 통해 프로젝트의 목표를 실현합니다.

데이터 수집 및 전처리

데이터 수집 및 전처리는 AI 모델의 성능을 좌우하는 중요한 단계입니다. 이 단계에서는 다양한 소스에서 데이터를 추출하고, 품질을 검증하며, 전처리 작업을 수행하여 모델 학습에 적합한 형태로 만듭니다.

데이터 수집

다양한 소스에서 데이터 추출

- 데이터베이스(DB) : 내부 데이터베이스에서 필요한 데이터를 쿼리하여 추출합니다.
- API : 외부 서비스의 API를 이용하여 데이터를 가져옵니다.
- 웹 크롤링 : 웹 페이지에서 자동화된 스크립트를 사용하여 데이터를 수집합니다.

데이터 품질 검증 및 결측치처리

- 데이터 품질 검증 : 데이터의 일관성, 정확성, 완전성을 검증합니다.
- 결측치처리 : 결측치를 제거 혹은평균, 중앙값, 예측값으로 대체합니다.

전처리

Feature Engineering

- 새로운 특성 생성 : 기존 데이터를 바탕으로 새로운 특성을 생성합니다.
- 불필요한 특성 제거 : 모델 성능에 기여하지 않는 특성을 제거합니다.

데이터 정규화/표준화

- 정규화 : 데이터의 범위를 일정한 범위로 조정하여 모델이 데이터에 과적합 되지 않도록 합니다.
- 표준화 : 데이터의 평균을 0, 표준편차를 1로 조정하여 분포를 일관되게 만듭니다.

이상치 처리

- 이상치 탐지 및 제거 : 데이터 분포에서 벗어난 이상치를 탐지하여 제거하거나 수정합니다.

모델링 및 성능평가

모델링 단계에서는 문제에 적합한 알고리즘을 선택하고, 모델을 학습시키며, 성능을 평가합니다. 성능평가 단계에서는 모델의 예측 정확도를 평가하고, 개선할 부분을 식별합니다

모델링

문제에 적합한 알고리즘 선택

- 회귀 알고리즘 : 연속적인 값을 예측하는 문제에 사용됩니다. (예 : 선형 회귀, 랜덤 포레스트 회귀)

- 분류 알고리즘 : 특정 클래스에 데이터를 분류하는 문제에 사용됩니다. (예 : 로지스틱 회귀, SVM, KNN)
- 군집 알고리즘 : 데이터 포인트를 그룹화하는 문제에 사용됩니다. (예 : K-평균, DBSCAN)

하이퍼파라미터 튜닝

- 하이퍼파라미터 최적화 : 모델의 성능을 최적화하기 위해 하이퍼파라미터를 조정합니다. (예 : Grid Search, Random Search)

성능평가

적절한 평가 지표 선정

- 회귀 문제 : 평균 제곱 오차(MSE), 평균 절대 오차(MAE), 결정 계수(R^2)
- 분류 문제 : 정확도(Accuracy), 정밀도(Precision), 재현율(Recall), F1 점수(F1 Score)

테스트 세트를 이용한 최종 성능평가

- 모델 평가 : 학습된 모델을 테스트 세트에 적용하여 최종 성능을 평가합니다.
- 결과 분석 : 평가 결과를 분석하여 모델의 강점과 약점을 파악합니다.

모델 최적화

모델 최적화 단계에서는 모델의 성능을 최대화하기 위해 다양한 기법을 적용합니다. 여기에는 모델 앙상블, 모델 경량화, 추론 속도 개선 등이 포함됩니다.

모델 최적화

모델 앙상블

- 배깅(Bagging) : 여러 모델을 병렬로 학습시킨 후 결과를 평균하여 예측 정확도를 높입니다. (예: 랜덤 포레스트)
- 부스팅(Boosting) : 순차적으로 모델을 학습시켜 이전 모델의 오류를 보완합니

다. (예: XGBoost, Gradient Boosting)

정규화 기법

- **L1/L2 정규화** : 모델의 과적합을 방지하기 위해 가중치의 크기를 제어합니다.
- **드롭아웃**Dropout : 학습 시 무작위로 일부 뉴런을 제외하여 모델의 일반화 성능을 향상시킵니다.

데이터 증강(Data Augmentation)

- **데이터 증대** : 데이터셋의 다양성을 높이기 위해 기존 데이터를 변형하여 새로운 데이터를 생성합니다. (예: 이미지 회전, 자르기, 색상 변화)

○ 데이터 분석

데이터 분석 프로젝트의 실행 단계는 데이터를 수집하고 전처리하며, 분석을 수행하고, 통계적 유의성 검증 및 인사이트 도출을 통해 비즈니스 문제를 해결하는 과정입니다. 각 단계는 체계적이고 구체적으로 계획되고 실행되어야 합니다.

데이터 수집 및 전처리

데이터 수집, 전처리 및 분석 단계는 데이터 분석의 기초 를 형성하며, 데이터의 신뢰성과 품질을 보장하는 중요한 과정입니다.

데이터 수집

다양한 소스의 데이터 통합

- **내부 데이터베이스** : 기업 내의 ERP, CRM 시스템 등에서 데이터 추출.
- **외부 데이터 소스** : 웹 크롤링, API 등을 통해 외부 데이터를 수집.
- **파일 기반 데이터** : CSV, Excel 파일 등 다양한 형식의 데이터 파일 통합.

데이터 신뢰성 검증

- **데이터 품질 점검** : 데이터의 완전성, 일관성, 정확성을 검증.
- **중복 데이터 제거** : 중복 데이터를 식별하고 제거하여 정확성 유지.
- **결측치처리** : 결측 데이터를 제거하거나, 평균, 중앙값, 예측값으로 대체.

전처리

데이터 클리닝

- **오류 수정** : 데이터 입력 오류, 오타 등을 수정.
- **불필요한 데이터 제거** : 분석에 필요하지 않은 특성(열)이나 행 제거.

변수 변환 및 생성

- **스케일링** : 데이터의 범위를 일정하게 맞추기 위해 정규화(Normalization) 또는 표준화(Standardization) 적용.
- **파생 변수 생성** : 기존 데이터에서 새로운 변수를 생성하여 분석의 깊이를 더함. 예를 들어, 날짜 데이터를 이용해 요일, 월, 분기 등의 새로운 변수를 생성.

분석

기술 통계 분석

- **기초 통계량 계산** : 평균, 중앙값, 분산, 표준편차 등 주요 통계량을 계산하여 데이터의 기본 특성 이해.
- **분포 분석** : 히스토그램, 박스 플롯 등을 통해 데이터의 분포를 시각화하고 분석.

그룹간 데이터 비교

- **동일 계위확인** : 여러 그룹 간 데이터의 차이를 비교하고, 그룹 간 유사성 또는 차이점 식별.
- **t-검정, ANOVA** : 두 그룹 간의 평균 차이를 검정(t-검정)하거나, 세 그룹 이상 간의 차이를 검정(ANOVA).

고급 통계 기법 적용

- 회귀 분석 : 변수 간의 관계를 모델링하고, 예측 모델을 생성.
- 군집 분석 : 데이터 포인트를 그룹화하여 유사한 특성을 가진 군집을 식별.
- 주성분 분석(PCA) : 데이터 차원을 축소하여 중요한 패턴을 식별.

통계적 유의성 검증 및 인사이트 도출

통계적 유의성 검증 및 인사이트 도출 단계는 데이터 분석 결과의 신뢰성을 확인하고, 실질적인 비즈니스 인사이트를 도출하는 과정입니다.

통계적 유의성 검증

가설 검정

- 귀무가설(H0) 설정 : 기본적으로 참이라고 가정하는 명제 설정.
- 대립가설(H1) 설정 : 귀무가설에반대되는 명제 설정.검정 통계량 계산: 표본 데이터로부터 검정 통계량 계산.

p-값 해석

- p-값 계산 : 검정 통계량에 기반하여 p-값 계산.
- 유의 수준과 비교 : 일반적으로 0.05의 유의 수준과 p-값을 비교하여 귀무가설 기각 여부 결정.
- 결과 해석 : p-값이 유의 수준보다 작으면 귀무가설을기각하고, 대립가설을 채택.

인사이트 도출

데이터 시각화를 통한 패턴 발견

- 시각화 도구 활용 : 히스토그램, 박스 플롯, 산점도, 시계열 그래프 등 다양한 시각화 도구를 활용하여 데이터의 패턴과 추세를 발견.
- 대시보드 생성 : 주요 지표와 분석 결과를 시각적으로 표현한 대시보드를 생성하여 직관적으로 데이터 인사이트 제공.

비즈니스 관점에서의 결과 해석

- **인사이트 도출** : 데이터 분석 결과를 바탕으로 중요한 인사이트를 도출하고, 이를 비즈니스 전략에 반영.
- **의사결정 지원** : 분석 결과를 경영진 및 관련 부서에 공유하여 데이터 기반 의사결정을 지원.
- **실행 계획 수립** : 도출된 인사이트를 바탕으로 구체적인 실행 계획을 수립하고, 비즈니스 개선 방안을 마련.

⬤ RPA

RPA(로봇 프로세스 자동화) 프로젝트의 실행 단계는 자동화할 프로세스의 입출력 및 규칙을 구현하고, 테스트 및 디버깅을 통해 시스템의 안정성과 효율성을 검증하는 과정입니다. 이 과정은 자동화의 정확성을 높이고, 목표 대비 성과를 평가하는 중요한 단계입니다.

프로세스 입출력 및 규칙 구현

프로세스 입출력 및 규칙 구현 단계에서는 각 자동화 단계에서 사용될 데이터와 처리 로직을 명확히 정의하고 구현합니다. 이는 RPA 봇이 정확하게 작동하도록 보장하는 데 필수적입니다.

프로세스 별 입출력 구현

단계별 정확한 입력 데이터 정의

- **입력 데이터 명세** : 각 프로세스 단계에서 필요한 데이터의 형태와 내용 정의
- **데이터 소스** : 입력 데이터를 제공하는 시스템 또는 데이터베이스 명시

예상 출력 결과 명세

- **출력 데이터 명세** : 각 단계의 처리 결과로 생성되는 데이터 정의
- **출력 형식** : 결과 데이터의 형식과 저장 위치 명시 (예: PDF 파일, Excel 파일, 데이터베이스 기록)

단계별 규칙 구현

조건문 및 예외 처리 로직 구현

- **조건문 구현** : 각 단계에서의 조건문과 분기 처리 로직 작성 (예 : 데이터 부족 시 중단)
- **예외 처리** : 예상치 못한 상황에 대한 예외 처리 로직 구현 (예 : 데이터 입력 오류 시 알림 발송)

로그 기록 및 오류 처리 메커니즘 구축

- **로그 기록** : 각 단계의 처리 과정을 기록하여 추후 분석 및 디버깅에 활용 (예 : 처리 시작 시간, 종료 시간, 처리 결과)
- **오류 처리 메커니즘** : 오류 발생 시 알림 발송, 재시도 로직 구현, 관리자에게 보고 (예: 이메일 알림, 재시도 횟수 제한)

테스트 및 디버깅

테스트 및 디버깅 단계에서는 구현된 RPA 프로세스의 정확성과 안정성을 검증하고, 필요한 조정을 통해 최적의 성능을 보장합니다.

테스트 및 디버깅

단위 테스트 및 통합 테스트 수행

- **단위 테스트** : 개별 프로세스 단계별로 테스트를 수행하여 각 단계의 기능과 로직이 정상적으로 작동하는지 검증
- **통합 테스트** : 전체 프로세스를 연계하여 테스트를 수행하고, 각 단계가 연속적으로 원활히 작동하는지 확인

다양한 시나리오에 대한 강건성 검증

- **정상 시나리오 테스트** : 정상적인 입력 데이터와 조건을 사용하여 테스트 수행
- **예외 시나리오 테스트** : 비정상적 상황과 데이터에 대한 예외 처리 로직 검증 (예: 결측 데이터, 잘못된 형식의 데이터)
- **경계값 테스트** : 데이터 입력값의 경계 조건을 테스트하여 극한 상황에서도 안정적인 작동 여부 확인 (예 : 최대 / 최소값 입력)

목표 대비 향상 여부 검토

자동화 전후 프로세스 효율성 비교

- **처리 시간 비교** : 자동화 전과 후의 처리 시간을 비교하여 효율성 향상 정도 평가 (예: 처리 시간이 수동 2시간에서 자동화 10분으로 감소)
- **오류율 비교** : 자동화 전후의 오류 발생 빈도와 유형을 비교하여 자동화의 안정성 평가 (예: 데이터 입력 오류율 90% 감소)

ROI 분석

- **비용 절감 효과** : 자동화로 인해 절감된 인건비, 운영비 등을 평가하여 비용 절감 효과 분석 (예: 연간 인건비 30% 절감)
- **수익 증가 효과** : 자동화로 인한 생산성 향상으로 추가적인 수익 증가 분석

|||||| ⬤ **BI** ||||||||||||||||||||||||||||||||||||||||||||||||||||||||||||||||||||

BIBusiness Intelligence 프로젝트의 실행 단계는 데이터를 수집하고 전처리하며, 시각화를 통해 인사이트를 도출하는 과정입니다. 이 단계에서는 데이터를 효과

- **파일 기반 데이터** : CSV, Excel, JSON 등의 파일에서 데이터 불러오기.

실시간/배치 데이터 업데이트 메커니즘 구축

- 실시간 데이터 업데이트 : 스트리밍 데이터를 처리하여 실시간 분석 가능. - 배치 데이터 업데이트 : 정해진 주기마다 데이터베이스를 업데이트하는 배치 프로세스 설정. (예: 작업 스케줄링)

데이터 수집 및 전처리

ETL^{Extract, Transform, Load} 프로세스 구현

- 추출(Extract) : 다양한 소스에서 데이터를 추출.
- 변환(Transform) : 데이터 정제, 통합, 집계 및 변환 작업 수행.
- 적재(Load) : 변환된 데이터를 적재.

데이터 모델링

- 스타 스키마 : 중앙에 사실 테이블(Fact Table)과 주변에 차원 테이블(Dimension Table)로 구성된 데이터 모델.
- 스노우플레이크스키마 : 차원 테이블이 정규화된 형태로 더 세분화된 데이터 모델.

시각화 및 인사이트 도출

데이터 시각화 및 인사이트 도출 단계는 데이터를 시각적으로 표현하여 비즈니스 인사이트를 제공하고, 의사결정을 지원하는 중요한 과정입니다.

시각화

목적에 맞는 차트 및 그래프 선택

- 막대차트(Bar Chart) : 범주형 데이터를 비교할 때 사용.
- 파이차트(Pie Chart) : 전체에 대한 부분의 비율을 나타낼 때 사용.
- 라인차트(Line Chart) : 시간에 따른 데이터 변화를 나타낼 때 사용.
- 히트맵(Heatmap) : 데이터의 밀도나 강도를 시각화할때 사용.

인터랙티브 대시보드 구현

- 필터 기능 : 사용자가 원하는 데이터 범위를 선택할 수 있는 필터 기능 구현.
- 드릴다운 기능 : 차트를 클릭하여 더 상세한 데이터를 볼 수 있는 드릴다운 기능 제공.
- 동적 업데이트 : 데이터 변경 시 실시간으로 대시보드 업데이트.

인사이트 도출

데이터 드릴다운 및 필터링 기능 구현

- 드릴다운 : 사용자가 데이터를 더 깊이 분석할 수 있도록 지원.
- 필터링 : 특정 조건에 따라 데이터를 필터링하여 다양한 관점에서 분석 가능.

예측 분석 및 What-if 시나리오 분석

- 예측 분석 : 과거 데이터를 기반으로 미래를 예측하는 분석 기법 적용. (예: 시계열 분석, 회귀 분석)
- What-if 시나리오 분석 : 다양한 가정하에서 결과를 예측하고, 최적의 의사결정을 지원.

○ 생성형 AI

생성형 AI 프로젝트의 실행 단계는 생성형 AI 모델을 활용하여 구체적인 작업을 수행하고, 그 결과를 정리 및 리포트하는 과정입니다. 이 단계에서는 프롬프트 엔지니어링 기법을 활용하여 모델의 성능을 최적화하고, 결과를 체계적으로 분석하여 보고합니다.

생성형 AI 활용

생성형 AI 모델을 효과적으로 활용하기 위해서는 프롬프트 엔지니어링 기법을 포함한 구체적인 방법들을 적용합니다. 이는 모델의 출력을 최적화하고, 다양한 비즈니스 요구를 충족시키는 데 도움을 줍니다.

프롬프트 엔지니어링 기법

프롬프트 설계

- **명확하고 구체적인 지시** : 모델에게 명확하고 구체적인 지시를 제공하여 원하는 출력을 얻도록 합니다.
- **컨텍스트 제공** : 모델이 이해할 수 있도록 충분한 컨텍스트를 제공합니다. 예를 들어, 특정 주제에 대해 글을 작성할 때 주제와 관련된 배경 정보를 포함합니다.

예제 기반 학습 (Few-shot Learning)

- **예제 제공** : 모델에게 몇 가지 예제를 제공하여 원하는 출력 형식을 학습시킵니다.
- **점진적 학습** : 간단한 예제에서 시작하여 점차 복잡한 예제로 학습을 확장합니다.

반복적 피드백

- **출력 검토 및 수정** : 모델의 출력을 검토하고, 필요한 경우 프롬프트를 수정하여 더 나은 결과를 얻습니다.
- **피드백 루프 구축** : 지속적인 피드백을 통해 모델의 성능을 개선합니다.

생성형 AI 활용 사례

콘텐츠 생성

- **마케팅 콘텐츠** : 블로그 글, 소셜 미디어 게시물, 광고 카피 등을 생성하여 마케팅 팀의 작업을 지원합니다.
- **문서 작성** : 문서를 자동으로 작성하여 문서 작성 시간을 단축합니다.

- 창작 활동 지원 : 소설, 시나리오, 음악 가사 등 창의적인 콘텐츠를 생성하여 창작 활동을 지원합니다.

데이터 분석 및 인사이트 도출

- 데이터 요약 : 대량의 데이터를 요약하고, 주요 인사이트를 도출하여 보고서에 활용합니다.
- 패턴 인식 : 데이터 내에서 패턴을 식별하고, 비즈니스 인사이트를 제공합니다.

결과 정리 및 리포트

생성형 AI를 활용한 결과를 체계적으로 정리하고, 이를 리포트 형태로 작성하는 단계입니다. 이 단계에서는 프로젝트의 성과를 평가하고, 향후 개선점을 도출합니다.

결과 정리

데이터 수집 및 정리

- 생성된 콘텐츠 및 데이터 정리 : 생성형 AI가 생성한 모든 콘텐츠와 데이터를 체계적으로 정리합니다.
- 성과 지표 측정 : 프로젝트 목표 대비 성과를 평가하기 위한 주요 지표를 측정합니다. (예: 콘텐츠 생성 시간 절감, 마케팅 효과 증가)

분석 결과 정리

- 분석 보고서 작성 : 데이터 분석 결과를 요약하고, 주요 인사이트를 포함한 보고서를 작성합니다.
- 시각적 자료 준비 : 그래프, 차트, 이미지 등 시각적 자료를 포함하여 결과를 명확히 전달합니다.

리포트 작성

리포트 구조화

- **서론** : 프로젝트의 배경과 목적을 설명합니다.
- **방법론** : 생성형 AI 모델의 활용 방법과 데이터 처리 과정을 설명합니다.
- **결과** : 생성형 AI의 활용 결과와 주요 성과를 상세히 기술합니다.
- **인사이트** : 도출된 인사이트와 비즈니스에 미치는 영향을 분석합니다.
- **결론 및 향후 계획** : 프로젝트의 결론과 향후 개선점 및 추가 연구 과제를 제안합니다.

리포트 배포

- **내부 배포** : 경영진 및 관련 부서에 리포트를 배포하여 의사결정에 활용할 수 있도록 합니다.
- **외부 배포** : 필요한 경우, 고객이나 외부 이해관계자에게 리포트를 공유하여 투명성을 높이고 신뢰를 구축합니다.

결과

|||||| ○ **AI** ||||||||||||||||||||||||||||||||||||||||||||||||||||||||||||||||||||||||||||||||||||||||

AI 프로젝트의 결과 도출 단계에서는 전체 분석 과정, 모델링 파일, 성능 보고서 등 주요 결과물을 체계적으로 정리하고 문서화합니다. 이는 프로젝트의 성과를 평가하고, 향후 유지보수 및 개선 작업에 중요한 자료로 활용됩니다.

Jupyter Notebook

Jupyter Notebook은 AI 프로젝트의 모든 분석 과정과 코드를 문서화하는 데 사용되는 중요한 도구입니다. 주요 내용은 다음과 같습니다.

- **전체 분석 과정 기록** : 데이터 수집, 전처리, 모델링, 평가 등 프로젝트의 모든 단계를 코드와 함께 문서화합니다.
- **코드 설명 및 주석** : 각 코드 블록에 대해 상세한 설명과 주석을 달아 코드의 목적과 동작을 명확히 합니다.
- **데이터 시각화 포함** : 데이터 탐색, 모델 평가 등 주요 단계에서 생성된 그래프와 시각적 결과를 포함하여 분석 과정을 시각적으로 표현합니다.
- **결과 요약** : 주요 분석 결과와 인사이트를 텍스트 셀에 요약하여 프로젝트의 전체 흐름과 성과를 명확히 전달합니다.

모델링 파일

모델링 파일은 학습된 모델을 저장하고 배포하는 데 사용됩니다. 주요 내용은 다음과 같습니다.

- **학습된 모델 저장** : 최종 학습된 모델을 파일로 저장합니다. 이는 모델을 재사용하거나 배포하는 데 필요합니다.

  예) model.pkl 또는 model.h5

- **모델 경로 명시** : 모델 파일의 저장 위치와 경로를 명확히 기록하여 다른 팀원이 쉽게 접근할 수 있도록 합니다.

  예) AIDUez 플랫폼을 사용하는 경우 모델 경로를 명확히 명시.

- **모델 아키텍처 및 하이퍼파라미터 설정** : 모델의 구조와 학습에 사용된 주요 하이퍼파라미터를 기록하여 재현성을 보장합니다.

성능 보고서

성능 보고서는 모델의 성능을 평가하고, 주요 지표와 결과를 문서화하는 중요한 자료입니다. 주요 내용은 다음과 같습니다.

- **주요 평가 지표** : 모델의 성능을 나타내는 주요 지표를 포함합니다.

  예) 정확도, 정밀도, 재현율, F1 점수, 평균 제곱 오차, 평균 절대 오차

- **평가 결과 시각화** : 혼동 행렬(Confusion Matrix), ROC 곡선, PR 곡선 등 시각적 자료를 포함하여 모델 성능을 시각적으로 표현합니다.

- **베이스라인 모델과의 비교** : 현재 모델과 베이스라인 모델의 성능을 비교하여 향상된 점을 강조합니다.

  예) 본 모델은 베이스라인 모델보다 정확도가 5% 향상되었습니다.

- **결과 요약** : 모델의 강점과 약점을 요약하고, 실무 적용 가능성을 평가합니다.

AI 예시

[JupyterNotebook 목차 예시]

AI 프로젝트: 고객 이탈 예측

데이터 수집 및 전처리

- 데이터 로드
- 결측치처리
- 특성 엔지니어링

모델링

- 모델 선택: Random Forest
- 하이퍼파라미터튜닝
- 교차 검증

성능평가

- 혼동 행렬
- ROC 곡선
- 주요 평가 지표

결론

- 모델 성능 요약

[성능 보고서 목차 예시]

성능 보고서: 고객 이탈 예측 모델

주요 평가 지표

- 정확도: 85%
- 정밀도: 80% – 재현율: 75%
- F1 점수: 77.5%
- 모델의 강점: 높은 정확도와 정밀도

평가 결과 시각화

베이스라인 모델 비교

- 베이스라인 모델 정확도: 75%

- 현재 모델 정확도: 85%

  결론

- 모델의 약점: 재현율개선 필요

- 실무 적용 가능성: 높은 수준의 예측 정확도를 바탕으로 고객 이탈 예측에 유용할 것으로 기대됨

◯ 데이터 분석

데이터 분석 프로젝트의 결과 도출 단계에서는 전체 분석 과정과 결과를 체계적으로 정리하고 문서화합니다. 이 단계에서는 JupyterNotebook을 통해 분석 과정을 기록하고, 분석 보고서와 데이터 사전을 작성하며, 추가 분석 제안을 포함하여 후속 작업의 방향성을 제시합니다.

JupyterNotebook

JupyterNotebook은 데이터 분석프로젝트의 모든 분석 과정과 코드를 문서화하는 데 사용되는 중요한 도구입니다. 주요 내용은 다음과 같습니다.

- **전체 분석 과정 기록** : 데이터 수집, 전처리, 분석, 시각화 등 프로젝트의 모든 단계를 코드와 함께 문서화합니다.

- **코드 설명 및 주석** : 각 코드 블록에 대해 상세한 설명과 주석을 달아 코드의 목적과 동작을 명확히 합니다.

- **통계 결과 및 시각화 포함** : 기술 통계, 회귀 분석 결과, 시각적 결과 등을 포함하여 분석 과정을 시각적으로 표현합니다.
- **결과 요약** : 주요 분석 결과와 인사이트를 텍스트 셀에 요약하여 프로젝트의 전체 흐름과 성과를 명확히 전달합니다.

분석 보고서

분석 보고서는 데이터 분석의 주요 발견사항과 인사이트를 요약하고, 경영진 및 이해관계자를 위한 핵심 메시지를 도출하는 중요한 문서입니다. 주요 내용은 다음과 같습니다.

- **변수 정의** : 사용된 변수의 정의와 설명을 포함합니다.

  예) 고객 만족도 : 고객이 제품에 대해 평가한 만족도 점수 (1-5)
- **주요 발견사항 요약** : 데이터 분석을 통해 발견한 주요 패턴, 트렌드, 상관관계 등을 요약합니다.

  예) 고객 만족도와 재구매율 간의 강한 양의 상관관계 발견
- **인사이트 도출** : 분석 결과를 바탕으로 비즈니스에 유용한 인사이트를 도출합니다.

  예) 고객 만족도를 10% 향상시키면 재구매율이 15% 증가할 것으로 예상됨
- **경영진을 위한 핵심 메시지** : 분석 결과를 쉽게 이해할 수 있도록 경영진에게 전달할 핵심 메시지를 명확히 작성합니다.

  예) 고객 서비스 개선을 통해 매출 증가 가능성

추가 분석 제안

추가 분석 제안은 현재 분석에서 도출된 결과를 바탕으로 후속 연구와 추가 분석의 방향을 제시하는 중요한 문서입니다. 주요 내용은 다음과 같습니다.

- **후속 연구 방향** : 현재 분석 결과를 확장하여 추가로 연구할 방향을 제안합니다.

예) 고객 만족도와 재구매율 간의 관계를 심층 분석하여 고객 세그먼트별로 차이를 분석

- **추가 데이터 수집 제안** : 더 나은 분석을 위해 추가로 수집해야 할 데이터를 제안합니다.

예) 고객의 구매 이력 데이터 추가 수집

- **새로운 분석 기법 제안** : 현재 분석에서 사용되지 않은 추가적인 분석 기법을 제안합니다.

예) 머신러닝기법을 사용하여 고객 이탈 예측 모델 구축

데이터 분석 예시

[JupyterNotebook 목차 예시]

데이터 분석프로젝트: 고객 만족도 분석

데이터 수집 및 전처리

- 데이터 로드
- 결측치처리
- 데이터 정제 및 변환

기술 통계 분석

- 주요 통계량 계산
- 데이터 분포 분석

상관 분석

- 변수 간 상관관계 분석
- 시각적 표현(히트맵)

회귀 분석

- 다중 회귀분석 결과

결론

- 주요 분석 결과 요약

분석 보고서 : 고객 만족도 분석

데이터 변수

- 고객 만족도: 제품에 대한 만족도 점수(1-5)
- 재구매율: 고객의 재구매 여부(0 또는 1)

주요 발견사항 요약

- 고객 만족도와 재구매율 간의 강한 양의 상관관계 발견
- 높은 고객 만족도가 재구매율 증가에 기여

인사이트 도출

- 고객 만족도를 10% 향상시키면 재구매율이 15% 증가할 것으로 예상됨
- 특정 고객 세그먼트에서 만족도가 낮은 이유 분석 필요

추가 분석 제안

- 고객 만족도와 재구매율 간의 관계를 심층 분석하여 고객 세그먼트별로 차이를 분석
- 머신러닝기법을 사용하여 고객 이탈 예측 모델 구축

⬤ RPA

RPA(로봇 프로세스 자동화) 프로젝트의 결과 도출 단계에서는 자동화된 프로세스의 상세 내용을 문서화하고, 사용자 매뉴얼을 작성하며, 성과를 평가하여 보고합니다. 이 단계에서는 .xaml 프로젝트 폴더, 프로세스 문서화, 사용자 매뉴얼, 성과 보고서를 체계적으로 정리합니다.

xaml 프로젝트 폴더

xaml 프로젝트 폴더는 모든 자동화 스크립트 및 워크플로우 파일을 포함하는 폴더입니다. 주요 내용은 다음과 같습니다.

- **자동화 스크립트** : 단계별로 작성된 RPA 스크립트를 포함합니다.
  예) 고객 데이터 추출, 인보이스 생성, 보고서 작성 등의 작업을 자동화한 스크립트
- **워크플로우 파일** : 전체 자동화 프로세스를 정의한 워크플로우 파일을 포함합니다.
  예) Main.xaml, ProcessData.xaml등의 파일
- **참고 자료** : 자동화에 필요한 추가 자료나 설명 파일을 포함합니다.
  예) ReadMe.txt, config.json

프로세스 문서화

프로세스 문서화는 자동화된 프로세스의 상세 단계와 로직을 설명하는 문서입니다. 주요 내용은 다음과 같습니다.

- **프로세스 개요** : 자동화된 프로세스의 목적과 주요 기능을 설명합니다.
  예) 본 프로세스는 매일 성과 데이터를 수집하여 리포트를 생성하고, 이를 이메일로 발송하는 작업을 자동화합니다.
- **단계별 상세 설명** : 각 단계의 작업 내용을 상세히 설명합니다.
  예) 1단계 : 성과 데이터 수집 – DW 시스템에서 데이터를 추출하여 CSV 파일로 저장
- **조건문 및 예외 처리 로직** : 프로세스 내의 주요 조건문과 예외 처리 로직을 설명합니다.
  예) 데이터 부족 시 중단 로직을 포함

- **시스템 요구사항** : 프로세스를 실행하기 위한 시스템 요구사항을 명시합니다.

  예) Windows 10, RPADU 버전 2021.4

사용자 매뉴얼

사용자 매뉴얼은 RPA 봇의 실행 및 관리 방법을 안내하는 문서입니다. 주요 내용은 다음과 같습니다.

- **설치 및 설정** : RPA 봇을 설치하고 설정하는 방법을 설명합니다.

  예) RPADU 설치 후, Main.xaml파일을 열어 설정을 완료합니다.
- **실행 방법** : RPA 봇을 실행하는 절차를 설명합니다.

  예) RPADU Studio에서 Run 버튼을 클릭하여 자동화를 시작합니다.
- **관리 및 유지보수** : RPA 봇의 관리와 유지보수 방법을 설명합니다.

  예) 주기적으로 로그 파일을 검토하고, 필요한 경우 스크립트를 업데이트합니다.
- **문제 해결** : RPA 봇 사용 중 발생할 수 있는 문제와 해결 방법을 설명합니다.

  예) 오류 발생 시, ErrorLog.txt 파일을 확인하고, 문제가 지속되면 관리자에게 문의하십시오.

성과 보고서

성과 보고서는 RPA 프로젝트의 성과를 평가하고, 자동화로 인한 효율성 향상과 비용 절감 효과를 분석하는 문서입니다. 주요 내용은 다음과 같습니다.

- **시간 절감 효과** : 자동화 전후의 작업 시간을 비교하여 줄어든 시간을 표시합니다.

  예) 자동화 전에는 하루 4시간이 소요되었으나, 자동화 후에는 30분으로 단축되었습니다.

- **효율성 향상** : 자동화로 인한 작업 효율성 향상 정도를 평가합니다.

  예) 데이터 입력 오류율이 95% 감소하였으며, 처리 속도가 8배 향상되었습니다.

- **비용 절감 효과** : 인건비, 운영비 등 자동화로 인한 비용 절감 효과를 분석합니다.

  예) 연간 인건비가 20% 절감되었으며, 운영비가 15% 감소하였습니다.

RPA 예시

[프로세스 문서화 목차 예시]

프로세스 문서화 : 고객 데이터 자동화

프로세스 개요

단계별 상세 설명

- 데이터 수집 – DW 시스템에서 데이터를 추출
- 리포트 생성 – 추출된 고객 데이터를 기반으로 생성
- 이메일 발송 – 생성된 리포트를 이메일로 발송

조건문 및 예외 처리 로직

- 데이터 부족 시, 중단 로직 포함
- 데이터 추출 실패 시, 관리자에게 알림 발송

시스템 요구사항

- Windows 10
- RPADU 버전 2021.4

[사용자 매뉴얼 목차 예시]

사용자 매뉴얼 : 고객 데이터 자동화 RPA 봇

설치 및 설정

- RPADU Studio 설치
- '/RPA_Project/' 폴더에서 'Main.xaml' 파일 열기
- 'config.json' 파일에서 설정 값 확인 및 수정

실행 방법

- RPADU Studio에서 'Run' 버튼 클릭
- 자동화 진행 상황 모니터링

관리 및 유지보수

- 주기적으로 로그 파일 검토
- 필요 시 스크립트 업데이트

문제 해결

- 오류 발생 시: 'ErrorLog.txt' 파일 확인
- 지속적 문제: 관리자에게 문의

[성과 보고서 목차 예시]

성과 보고서 : 고객 데이터 자동화

시간 절감 효과

- 자동화 전: 하루 4시간 소요
- 자동화 후: 30분 소요

효율성 향상

- 데이터 입력 오류율 95% 감소
- 처리 속도 8배 향상

||||||| ◯ **BI** ||||||||||||||||||||||||||||||||||||||||||||||||||||||||||||||||||||||||||||||||||||||||||

BI 프로젝트의 결과 도출 단계에서는 최종 대시보드 및 보고서, 데이터 모델 문서, 사용자 가이드, 정기 보고서 템플릿, 액세스 권한 문서를 체계적으로 정리하고 문서화합니다. 이 단계는 BI 솔루션의 효과적인 배포와 활용을 보장합니다.

PBIX, XLSX, PDF 파일

PBIX, XLSX 또는 PDF 파일은 최종 대시보드 및 보고서를 포함하는 파일입니다. 주요 내용은 다음과 같습니다.

- **최종 대시보드** : 데이터 시각화 및 분석 결과를 포함한 대시보드 파일.
  예) Power BI 파일(.pbix), Excel 파일(.xlsx), PDF 파일(.pdf).
- **보고서** : 주요 지표와 인사이트를 포함한 정기 보고서.
  예) 월간 판매 보고서, 분기별 성과 보고서.

데이터 모델 문서

데이터 모델 문서는 데이터 스키마와 관계도를 설명하는 문서입니다. 주요 내용은 다음과 같습니다.

- 데이터 스키마 : 데이터베이스의 구조와 테이블 정의.

  예) 고객 테이블 : 고객 ID, 이름, 이메일, 등록 날짜

- 데이터 관계도 : 테이블 간의 관계를 시각적으로 표현.

  예) 고객 테이블과 주문 테이블 간의 일대다 관계.

사용자 가이드

사용자 가이드는 대시보드 사용법과 주요 기능을 설명하는 문서입니다. 주요 내용은 다음과 같습니다.

- 대시보드 탐색 방법 : 대시보드의 구성 요소와 탐색 방법 설명.

  예) 좌측 메뉴에서 원하는 보고서를 선택하고, 상단의 필터를 사용하여 데이터를 필터링합니다.

- 주요 기능 설명 : 대시보드의 주요 기능과 사용 방법 설명.

  예) 차트 클릭 시 세부 데이터를 드릴 다운할 수 있습니다.

- FAQ : 자주 묻는 질문과 답변.

  예) 필터가 작동하지 않는 경우 어떻게 해야 하나요?

정기 보고서 템플릿

정기 보고서 템플릿은 자동화된 정기 보고서 양식을 포함하는 템플릿입니다. 주요 내용은 다음과 같습니다.

- 보고서 구조 : 보고서의 표준 구조와 내용.

  예) ①요약, ②주요 지표, ③상세 분석, ④결론 및 추천사항

- 자동화된 보고서 생성 방법 : 정기 보고서를 자동으로 생성하는 방법 설명.

  예) Power BI 서비스에서 매월 1일 자동으로 보고서를 생성하여 이메일로 발송합니다.

- 커스터마이징 방법 : 템플릿을 조직의 필요에 맞게 수정하는 방법.

  예) 보고서 템플릿의 표지를 회사 로고와 색상으로 커스터마이징 하십시오.

BI 예시

[정기 보고서 템플릿 목차 예시]

정기 보고서 템플릿

요약

주요 지표

- 총 매출: $X,XXX,XXX
- 신규 고객 수: XXX명
- 고객 만족도: XX%

상세 분석

- 월별 매출 추이
- 제품별 매출 분포
- 지역별 판매 성과

결론 및 추천사항

- 이번 달 성과 요약 및 다음 달을 위한 추천 전략

[사용자 가이드 목차 예시]

사용자 가이드: 판매 대시보드

대시보드 탐색 방법

- 좌측 메뉴에서 '판매 대시보드'를 선택합니다.
- 상단의 필터를 사용하여 기간과 지역별로 데이터를 필터링합니다.

○ 생성형 AI

생성형 AI 프로젝트의 결과 도출 단계에서는 생성형 AI 모델을 활용하여 도출된 인사이트와 생성된 콘텐츠, 사용된 프롬프트를 체계적으로 정리합니다. 이 단계에서는 모델의 성과를 평가하고, 향후 개선 및 활용 방안을 마련합니다.

인사이트 도출

인사이트 도출은 생성형 AI를 활용하여 얻은 주요 인사이트를 문서화하는 과정입니다. 주요 내용은 다음과 같습니다.

- **주요 발견사항 요약** : 생성형 AI 모델을 통해 얻은 주요 인사이트와 패턴을 요약합니다.

  예) 고객 리뷰 분석을 통해 제품의 주요 장점과 단점을 파악

- **비즈니스 인사이트** : 도출된 인사이트를 바탕으로 비즈니스에 유용한 전략적 결론을 도출합니다.

  예) 고객 피드백을 기반으로 제품 개선 방향 제안

- **추천사항** : 인사이트를 바탕으로 한 실행 가능한 추천사항을 제시합니다.

  예) 마케팅 캠페인을 강화하여 특정 제품의 판매를 촉진

생성된 콘텐츠

생성된 콘텐츠는 생성형 AI 모델을 활용하여 생성된 모든 콘텐츠를 포함합니다. 주요 내용은 다음과 같습니다.

- **생성된 텍스트 콘텐츠** : 블로그 글, 소셜 미디어 게시물, 광고 카피, 보고서 등
  예) 새로운 제품 출시를 알리는 블로그 글, 소셜 미디어 캠페인을 위한 광고 카피
- **생성된 이미지 및 비디오 콘텐츠** : 그래픽 디자인, 프로모션 비디오 등
  예) 제품 홍보를 위한 그래픽 이미지, 소셜 미디어용 짧은 프로모션 비디오
- **콘텐츠 샘플** : 각 유형별로 대표적인 생성 콘텐츠 샘플을 포함합니다.
  예) AI가 생성한 블로그 글 샘플, 광고 카피 예시

활용 프롬프트

활용 프롬프트는 생성형 AI 모델에 입력된 프롬프트와 그 결과를 문서화하는 과정입니다. 주요 내용은 다음과 같습니다.

- **사용된 프롬프트** : 생성형 AI 모델에 입력된 구체적인 프롬프트를 포함합니다.
  예) 신제품 X에 대한 고객 리뷰 요약을 작성해 주세요.
- **프롬프트 예시** : 다양한 시나리오에 사용된 프롬프트 예시를 포함합니다.
  예) 마케팅 캠페인 계획을 위한 아이디어를 제안해 주세요.
- **프롬프트 최적화 방법** : 효과적인 결과를 얻기 위해 사용된 프롬프트 엔지니어링 기법을 설명합니다.
  예) 명확하고 구체적인 지시를 포함한 프롬프트 사용, 예제 기반 학습 적용

생성형 AI 예시

[활용프롬프트 예시]

마케팅 캠페인 아이디어 제안

- **프롬프트** : 마케팅 캠페인 계획을 위한 아이디어를 제안해 주세요.

- **결과**

  소셜 미디어 챌린지 : 인스타그램과 페이스북에서 참여할 수 있는 소셜 미디어 챌린지를 시작합니다. 사용자가 신제품 X를 사용하면서 촬영한 사진이나 영상을 해시태그와 함께 게시하면 추첨을 통해 상품을 증정합니다.

  인플루언서 협업 : 인기 인플루언서와 협력하여 신제품 X의 리뷰와 사용 후기를 공유합니다. 인플루언서의 팔로워들에게 제품의 장점을 홍보하고, 구매 유도를 강화합니다.

  한정판 프로모션 : 특정 기간 동안만 구매할 수 있는 한정판 패키지를 출시하여 긴급성을 높입니다. 이 패키지에는 특별한 액세서리나 추가 혜택이 포함됩니다.

고객 리뷰 요약

- **프롬프트** : 신제품 X에 대한 고객 리뷰 요약을 작성해 주세요.

- **결과**

  신제품 X는 뛰어난 성능과 디자인으로 많은 고객들에게 호평을 받고 있습니다. 특히, 배터리 수명과 카메라 성능에 대한 긍정적인 리뷰가 많습니다. 다만, 몇몇 고객들은 가격이 다소 높다는 의견을 제시했습니다. 전반적으로 신제품 X는 높은 만족도를 제공하며, 최신 기술을 원하는 사용자들에게 적합한 선택입니다.

과제 템플릿

문제
인식

문제 인식 방법에는 직관적 접근과 체계적 탐색 두 가지가 있으며, 상황에 따라 선택하여 활용할 수 있습니다.

직관적 접근

- 업무를 수행하면서 반복적으로 느끼는 불편함이나 비효율적인 점은 무엇일까요?

- 팀원들이나 고객으로부터 자주 듣는 불만사항이나 개선 요청은 무엇일까요?

- 경쟁사와 비교했을 때 우리 회사의 약점이나 산업 트렌드와의 격차를 느끼는 부분이 있나요?

체계적 탐색

- 일일 업무 로그를 작성했을 때, 각 업무에 소요된 시간은 어떻게 되나요?

- 수행하는 업무를 '핵심과 부가;' 또는 '정기적과 비정기적' 업무로 나누었을 때 각각 어떤 업무에 해당되나요?

- 각 업무의 중요도(1-10), 소요시간(1-10)을 평가했을 때, 개선이 필요한 업무는 무엇일까요?

문제 정의

문제 정의 단계에서는 문제를 명확하고 구체적으로 진술하여, 해결을 위한 방향성을 잡아가는 과정입니다. '데이터 중심', '혁신 중심', 'STAR 문제 정의법'을 활용해 구체적으로 문제를 정의하고 해결 방안을 모색할 수 있습니다.

데이터 중심 문제 진술문

﹨ 어떻게 하면 데이터/AI 기술을 사용하여 측정 가능한 목표를 시간 프레임 내에 달성할 수 있을까요?

﹨ 이 목표를 통해 어떤 비즈니스 가치를 창출할 수 있을까요?

혁신 중심 AI 문제 프레임

﹨ 어떻게 하면 기존 방식을 넘어서 혁신적 AI / 데이터 접근을 통해 핵심 비즈니스 과제를 해결할 수 있을까요?

﹨ 이 접근 방식을 통해 파급 효과를 기간 내에 실현할 수 있을까요?

STAR 문제 정의법

﹨ (Situation) 현재의 상황은 어떠합니까?

﹨ (Task) 이 상황에서 해결해야 할 구체적인 과제는 무엇입니까?

﹨ (Action) AI나 데이터 분석을 통해 어떤 행동을 취할 수 있습니까?

﹨ (Result) 문제 해결을 통해 얻고자 하는 성과는 무엇입니까?

과제 구체화 단계는 문제를 명확히 정의하고, 해결을 위한 구체적인 계획을 수립하는 과정입니다. 이를 통해 문제의 유형과 목표를 설정하고, 필요한 데이터와 자원을 검토하며, 성공적인 구현을 위한 제약사항과 성과 지표를 정립합니다.

AI 과제

ﾍ 해결하고자 하는 문제의 유형은 무엇입니까? (예: 회귀, 분류, 자연어 처리 등)

ﾍ 문제 해결에 필요한 데이터의 유형과 출처는 무엇입니까?

  (정형/비정형 데이터, 내부 데이터베이스, 공공 데이터셋 등)

ﾍ 모델링을 위해 사용할 접근 방식은 무엇입니까? (노코드 도구 vs. 코드 기반 도구)

ﾍ 필요한 인프라 자원(GPU, 클라우드 서비스 등)은 무엇이며, 확보 가능한가요?

ﾍ 목표 성능 지표(정확도, F1 스코어 등)와 이를 달성하기 위한 구체적인 평가 계획은 무엇입니까?

데이터 분석 과제

↘ 해결하고자 하는 문제의 유형은 무엇입니까? (탐색적 분석, 설명적 분석, 예측적 분석 등)

↘ 문제 해결에 필요한 데이터의 유형과 수집 방법은 무엇입니까? (정형/비정형 데이터, 내부 데이터베이스, 외부 API 등)

↘ 데이터 분석에 사용할 접근 방식은 무엇입니까? (노코드도구 vs. 코드 기반 도구)

↘ 분석을 수행하는 데 있어 시간, 비용, 기술적 제약사항은 무엇이며, 이를 어떻게 해결할 수 있습니까?

↘ 데이터 분석에 사용할 구체적인 기법은 무엇입니까? (회귀 분석, 분류 분석, 군집 분석 등)

RPA 과제

╲ 자동화할 업무 프로세스는 무엇이며, 반복성이 높은 작업입니까?

╲ 프로세스가 명확한 규칙에 따라 수행됩니까? (반복성, 규칙 기반, 시간소모, 에러 발생 가능성)

╲ RPA도입으로 예상되는 시간 절감 효과와 효율성 향상 목표는 무엇입니까?

╲ 자동화를 위해 필요한 시스템 접근 권한과 필요 데이터는 무엇입니까?

BI과제

↘ 분석 대상 비즈니스 영역은 무엇입니까? (예: 판매, 마케팅, 재무, 인적 자원 등)

↘ 이 영역에서 핵심 성과 지표(KPI)는 무엇이며, 어떻게 설정할 것입니까?

↘ 데이터 소스는 어디에서 가져올 예정입니까? (내부 DB, 외부 API 등)

↘ 분석 결과를 시각화하기 위한 주요 요구사항은 무엇입니까? (대시보드, 차트 유형, 상호작용 요소 등)

↘ 어떤 BI 도구를 사용할 것인가요?

↘ 의사결정 지원을 위해 도출한 유의미한 인사이트는 무엇인가요?

생성형 AI과제

ﹶ 생성형 AI를 활용하여 해결하고자 하는 비즈니스 문제는 무엇입니까? (예: 콘텐츠 생성, 고객 서비스 등)

ﹶ 생성형 AI 모델이 필요로 하는 데이터는 무엇이며, 이를 어떻게 수집할 것입니까?

ﹶ 생성형 AI의 성능을 평가할 지표와 기준은 무엇입니까? (예: 생성된 콘텐츠의 품질, 고객 반응 등)

ﹶ 생성형 AI 솔루션 도입으로 기대되는 비즈니스 효과는 무엇입니까? (예: 비용 절감, 생산성 향상 등)

실행 단계는 각 프로젝트 유형에서 목표를 달성하기 위해 데이터를 수집하고 처리하며, 필요한 도구와 기법을 사용하여 분석, 자동화, 모델 구축, 또는 시각화 등의 작업을 수행하는 일련의 과정입니다. 이 단계에서는 실행한 방법과 결과를 검토하고, 최적화를 통해 프로젝트의 성과를 극대화하는 데 중점을 둡니다.

AI 과제

⟍ 데이터를 수집 및 전처리과정에는 어떤 방법을 사용하였습니까?

⟍ AI모델을 학습시키기 위해 어떤 알고리즘을 선택하였으며, 그 이유는 무엇입니까?

⟍ 모델의 성능을 평가할 때 어떤 평가 지표를 적용하였으며, 그 결과는 무엇입니까? (예: MSE, 정확도, F1 점수 등)

⟍ 모델 성능을 최적화하기 위해 추가적으로 적용한 기법이나 개선 방법은 무엇입니까? (예: 앙상블, 정규화 등)

데이터 분석 과제

⟍ 데이터를 수집 및 전처리과정에는 어떤 방법을 사용하였습니까?

⟍ 통계적 유의성 검증 및 인사이트 도출 단계에서 데이터 분석 결과의 신뢰성을 확인후, 어떤 주요 인사이트를 도출하였습니까?

⟍ 분석 결과를 바탕으로 실질적인 비즈니스 문제 해결에 어떤 접근을 적용하였습니까?

RPA 과제

↘ 각 자동화 단계에서 필요한 데이터를 어떻게 정의하고 구현하였습니까?

↘ 단위 테스트와 통합 테스트를 통해 구현된 RPA 프로세스의 정확성과 안정성을 어떻게 검증하였습니까?

↘ 자동화 전후의 프로세스 효율성(처리 시간, 오류율등)을 비교하고, 그 결과는 어떠했습니까?

BI과제

↘ 데이터를 수집하고 전처리하는과정에서 어떤절차를 수행하였습니까?-

↘ 데이터를 시각화하기 위해 선택한 차트와 그래프는 무엇이며, 이를 통해 어떤 인

　사이트를 발견하였습니까?

↘ 시각화 및 분석 결과를 통해 비즈니스 의사결정에 어떤 구체적인 도움을 제공하

　였습니까?

생성형 AI과제

↘프롬프트 엔지니어링을 통해 모델의 출력을 최적화하는 과정에서 사용한 구체적인 방법과 그 효과는 무엇이었습니까?

↘생성형 AI 모델을 사용하여 구체적인 작업(콘텐츠 생성 등)을 수행한 후, 어떤 결과물을 도출하였습니까?

↘생성된 결과물을 정리하여 리포트를 작성할 때 사용한 접근법과, 이를 통해 도출한 인사이트는 무엇입니까?

결과

결과 단계는 프로젝트의 모든 과정과 성과를 체계적으로 정리하여 최종 산출물을 문서화하고 제출하는 단계입니다. 여기에는 모델 파일, 성능 보고서, 분석 보고서, 자동화 스크립트, 대시보드 파일, 사용자 매뉴얼 등 각 프로젝트 유형에 맞는 핵심 산출물이 포함되며, 이를 통해 프로젝트 성과를 평가하고 향후 개선 및 유지보수에 활용할 수 있도록 합니다.

AI 과제

- ⬎ *upyterNotebook 파일: 프로젝트의 전체 분석 과정(데이터 수집, 전처리, 모델링, 평가 등)을 코드와 설명, 주석과 함께 포함합니다.*
- ⬎ *모델 파일: 최종 학습된 모델을 저장하여 배포 및 재사용이 가능하도록 합니다. (예: model.pkl, model.h5)*
- ⬎ *모델 정보 문서: 모델의 아키텍처, 사용된 하이퍼파라미터설정 등을 기록하여 재현성과 유지보수를 지원합니다.*
- ⬎ *성능 보고서: 주요 평가 지표(정확도, 정밀도, 재현율, F1 점수 등)를 포함하며, 혼동 행렬, ROC 곡선 등의 시각적 자료를 포함하여 모델 성능을 시각적으로 표현합니다.*
- ⬎ *결과 요약 및 향후 계획: 모델의 강점과 약점을 요약하고, 실무 적용 가능성을 평가하며 향후 개선 및 유지보수 방향을 제시합니다.*

데이터 분석 과제

↘ *JupyterNotebook 파일: 데이터 수집, 전처리, 분석, 시각화 과정을 코드와 함께 문서화합니다.*

↘ *분석 보고서: 주요 발견사항, 분석 결과, 통계적 인사이트를 요약하고, 비즈니스에 미치는 영향과 경영진을 위한 핵심 메시지를 포함합니다.*

↘ *시각적 자료: 기술 통계, 회귀 분석, 상관 분석 등의 결과를 그래프와 차트 등으로 시각화하여 포함합니다.*

↘ *추가 분석 제안서: 후속 연구 방향과 추가로 필요한 데이터 수집, 새로운 분석 기법 적용 등의 제안을 포함합니다.*

RPA 과제

↘ *xaml프로젝트 폴더: 자동화 스크립트 및 워크플로우 파일(Main.xaml등)과 참고 자료(ReadMe.txt, config.json등)를 포함합니다.*

↘ *프로세스 문서: 자동화된 프로세스의 각 단계, 조건문, 예외 처리 로직, 시스템 요구사항 등을 상세히 설명합니다.*

↘ *사용자 매뉴얼: 설치 및 설정, 실행 방법, 유지보수 절차, 문제 해결 방법을 포함한 RPA 봇 사용 지침서를 작성합니다.*

↘ *성과 보고서: 자동화로 인한 시간 절감 효과, 효율성 향상 정도, 비용 절감 효과 등을 정량적 수치로 정리하여 문서화합니다.*

BI과제

↘ *대시보드 파일 (PBIX, XLSX, PDF 등): 최종 대시보드와 보고서를 저장하여 배포 및 접근성을 제공합니다.*

↘ *데이터 모델 문서: 데이터 스키마와 관계도를 설명하여 BI 솔루션의 구조를 명확 히 정리합니다.*

↘ *사용자 가이드: 대시보드의 탐색 방법, 주요 기능 설명, FAQ 등을 포함하여 사용 자들이 쉽게 활용할 수 있도록 안내합니다.*

↘ *정기 보고서 템플릿: 보고서의 표준 구조와 자동화 방법(예: Power BI 서비스에 서 정기 보고서 생성)을 포함하여 조직의 요구에 맞게 커스터마이징합니다.*

ꜱ 인사이트 보고서: 생성형 AI 모델을 통해 도출된 주요 인사이트와 비즈니스에 유용한 전략적 결론을 요약합니다.

ꜱ 생성된콘텐츠 : 생성된 텍스트, 이미지, 비디오 콘텐츠의 예시를 포함하여 각 유형별 대표 샘플을 정리합니다.

ꜱ 활용 프롬프트 사용 문서: 모델에 입력된 프롬프트와 그 결과를 문서화하고, 다양한 시나리오별 프롬프트 최적화 방법을 설명합니다.

무작정 따라하는 AI 활용 업무혁신 레시피

초판 1쇄 발행 2024년 10월 28일

지은이 정호용, 석재민, 김명석, 한주원

발행인 양필성
책임 편집 박미경
디자인 노지혜

펴낸곳 모노북스
이메일 monobooks.one@gmail.com

ISBN 979-11-979308-8-1 (93000)